Law-Related Education and Juvenile Justice:
Promoting Citizenship Among Juvenile offenders

법교육학개론

베보라 윌리엄슨 외 지음
박성혁 · 곽한영 옮김

Law-Related Education and Juvenile Justice:
Promoting Citizenship Among Juvenile offenders

한국학술정보㈜

법교육 총서 시리즈는 자녀 안심하고 학교보내기운동 국민재단 오주언
이사장님이 출연해주신 학술기금을 바탕으로 발간되고 있습니다.

법교육 총서 시리즈를 펴내면서……

　법교육은 건전한 법의식 함양을 통해 자신의 권리를 분명히 인식하고 사회에 적극적으로 참여할 수 있는 시민을 길러내는 민주시민교육의 핵심적 영역입니다. 법관련 전문가를 길러내는 것을 목표로 하는 법학교육과 달리 청소년 및 일반 시민의 법의식 함양을 목표로 한다는 점에서 차이가 있습니다. 전통적인 의미에서의 법교육은 어느 나라에나 있었지만, 민주시민교육으로서 법교육은 1950년대 초반 미국에서 처음 시작되어 크게 확산되었으며 현재 일본, 대만, 영국, 독일, 프랑스 등 각국에서 활발하게 이루어지고 있습니다.

　우리나라에서도 학계에서 법교육에 대한 논의가 산발적으로 이루어져오다가 7차 교육과정에 '법과 사회' 교과가 독립되고 한국법교육학회가 설립되는 한편, 법무부에서 강력한 의지를 가지고 법교육 사업을 펼치면서 법교육이 확산되는 과정에 있습니다. 법교육 관련 학술연구와 프로그램 개발 등을 목표로 2006년 1월 자녀안심하고 학교보내기 운동 국민재단 산하에 설립된 한국법교육센터에서는 이러한 법교육 연구의 내실을 다지고 이론적 기반을 제공하기 위해 국내외 법교육 관련 학술서적과 연구 성과를 묶어 '법교육 총서 시리즈'로 발간하고 있습니다. 본 시리즈가 법교육에 관심을 가지고 있는 연구자 및 현장 교육자분들께 보탬이 되길 기대하며 아울러 법교육 관련 연구성과나 번역물을 출간하실 계획이 있는 분들은 한국법교육센터로 연락주시기 바랍니다.

Law-Related Education and Juvenile Justice: Promoting Citizenship Among Juvenile Offenders

Deborah Williamson, Kevin I. Minor, James Walker Fox

Publisher: C.C. Thomas (June 1997)

ISBN-10: 0398067643
ISBN-13: 978-0398067649

역자서문

우리나라에서 법교육은 익숙하면서도 생소한 영역이기도 하다. 특히 학교 시민교육의 영역에서 더욱 그러하다. 사실 시민교육을 위해 제공되는 학습 경험에서 법을 제외하는 것은 생각하기 어렵다. 왜냐하면 법은 공동생활을 가능하게 해주는 약속들이기 때문이다. 그래서 학교 시민교육을 담당하는 교과인 '사회과'가 탄생한 초기, 학습 내용 가운데 상당 부분은 법 영역 특히 헌법 영역으로 구성되었다. 그 후 사회과의 학습 경험이 다양해지면서 법 영역이 차지하는 비중은 변화를 겪었지만, 헌법을 포함한 법 관련 내용들이 일관되게 사회과의 중요한 학습 경험에 포함되어 현재에 이르고 있다. 비록 학교 시민교육에서 다루어야 할 내용의 범위와 폭에 관한 공통 인식이 형성되지 못한 관계로 어려움을 겪고는 있지만, 현재 고등학교에서 적용 중인 '법과 사회'같은 과목을 고려하면 대부분의 법 영역이 이미 사회과의 학습 경험으로 들어 온 상황이다. 이런 점에서 교사나 학생 모두에게 법교육은 학교 시민교육의 영역에서 대단히 익숙한 내용들이다.

한편 우리나라에서 아직 법교육은 생소한 영역이기도 하다. 왜냐하면 교육을 학교의 울타리 안에서 이루어지는 활동으로만 여기는 생각이 완고한 현실에서, 학교 교사들에 의해 이루어지는 법교육을 외부의 전문가들이 지원하고 보완하는 과정을 거치면서 다양한 프로그램 위주의 실천적인 법교육으로 확대한 상황이 우리에게는 아직 생소하기 때문이다. 실제 법교육이 가장 포괄적으로 발전한 미국의 경우를 살펴보면, 애당초 1950년대 이후 법교육 운동(law studies movement)이 시작된 계기는 생활과 동떨어진 '화석화된 지식'을 반복하여 암기, 이해시키려는 전통적 교과교육을 개선하려는 교육적 반성에서 출발하였다. 그 후 학교 교육을 지원하는 지역사회와 전문가 단체의 각종 활동이 학교 교육과 결합하면서 법교육 개념의 내포와 외연이 점점 확대되었다. 현재 미국에서 법교육은 법과대학과 변호사협회의 폭넓은 후원에 힘입어 학교와 지역 사회가 협력하여 운영하는 다양한 교육프로그램까지 포괄하는 의미로 확대되었다. 다시 말하면 현재 미국의 법교육(Law-Related Education)이라 함은 학교의 교과교육 뿐만 아니라 법과대학과 전문가 단체에서 지원하는 모든 실천적 활동을 포괄적으로 지칭하고 있다. 바로 이런 점에서, 우리나라에서 법교육은 아직 생소한 영역이기도 하다.

이 책의 주요 내용은 제목[Law Related Education And Juvenile Justice: Promoting Citizenship Among Juvenile Offenders]을 통해 짐작할 수 있듯이, 우리에게 '익숙한 법교육'에서 '생소한 법교육'으로 확대·발전해 간 미국 법교육의 역사와 주요 내용 그리고 전망을 소개하고 있다. 먼저 제Ⅰ부에서는 법교육에 관한 기본적인 정보를 제공하고 있다. 미국의 법교육이 학교 교과교육의 반성에서 출발하여 현재의 실천적인 다양한 프로그램 위주의 교육으로 확대·발전해 온 과정을 세 시기로 구분하여 정리해 주고 있다. 또한 법교육의 본질이나 성격에 관한 이론과 관련 연구들을 정리하고 있다. 법교육을 처음 접하는 과정에서는 반드시 읽어 봄직한 내용들이다. 제Ⅱ부에서는 법교육이 학교 밖의 전문가 집단의 역량과 결합하면서 발전한 대표적인 법교육 프로그램들을 소개하고 있다. 마지막 제Ⅲ부에서는 법교육의 혁신적 변화상과 전망을 소개하고 있다.

현재 우리나라에서도 법교육에 대한 정부의 인식 제고와 전문가 집단의 지원에 힘입어 학교 교과교육을 지원하기 위한 법교육 활동뿐만 아니라, 학교 울타리를 넘어서 실천적인 법교육을 하기 위한 다양한 활동들이 이루어지고 있다. 이런 차제에 비록 우리의 경험을 정리한 책은 아니지만, 우리보다 먼저 법교육의 발달 과정을 경험한 미국의 지난 발자취와 내용 그리고 앞으로의 전망을 살펴보는 것은 우리의 경우에도 많은 점을 시사해 주리라고 믿는다. 이런 작은 노력들이 쌓여서 훗날 우리나라 법교육의 발자취와 논리 그리고 발달상을 당당하게 정리할 수 있는 기회가 올 것이고 또 그렇게 되기를 기대해 본다.

2007년 10월
관악산 자락에서
역자들이

서 문 (preface)

　법교육은 청소년 범죄자들이 책임 있는 시민의 태도를 배우고, 법과 법적 과정에 대해 더 잘 이해하고, 법 분야의 공무원들과의 긍정적인 상호 작용을 경험하면 사회에 참여할 가능성이 높아져 범죄율이 낮아진다는 생각에 기반을 두고 있다. 국가정책을 통해 공립학교에서 선구적으로 시행되고 최근에 청소년 사법제도에 적용되고 있는 법교육은 전국적인 지지를 얻으며 성장하고 있는 전도유망한 분야이다.

　법교육 관련 국가기관에서 이용할 수 있는 교육 과정 내용들만 해도 광범위하지만 청소년 사법 법교육 프로그램에 관한 연구물들은 프로그램의 증가 속도를 따라가지 못하고 있다. 이러한 연구물들은 양이 적을 뿐 아니라 흩어져서 파편화된 자료로만 존재하고 있다. 이러한 상황을 극복하고자 본 저서는 17장에 걸쳐서 이 주제에 대한 문헌을 양적으로 확장하여 다루고 있으며 이 17장 중 14장은 다른 곳에 발표되지 않은 이 책만의 독자적인 저작물들이다. 우리의 목표는 청소년 사법제도에서의 법교육에 대한 든든한 자료로서 집중적이고 체계적이며 충분히 포괄적인 내용을 다루고 있는 책을 만드는 것이었다.

　이 책의 기본적인 목적은 다음과 같다. (a) 독자들에게 법교육의 개념과 청소년 사법제도에서 법교육의 전망을 조망해 볼 수 있는 배경지식을 전달하는 것 (b) 다양한 청소년 사법제도에서 법교육 프로그램의 발전 과정과 작용에 대해 이해하는 것 (c) 법교육의 새롭게 나아갈 방향에 대해 파악하는 것 등이다. 대체로 이 내용들은 책의 Ⅰ장에서

Ⅲ장의 부분과 관련되어 있다. 각 부분의 들어가는 말은 장간의 적절성을 보여주고 장간의 연관관계를 이끌어내며 각 장에서 다루고 있는 내용에 대한 개요를 제공하려는 것이다.

다루는 주제는 독자들의 필요를 우선적으로 고려한 것이다. 한 명의 저자가 이런 주제들을 제대로 서술할 만한 전문성을 가지기를 기대하기는 어렵다. 이 책에는 미국의 법교육을 이끌어가는 실천가와 학자들에 의해 쓰인 장들도 있지만 다양한 상황에 놓인 다양한 저자들의 생각을 담고 있고 필연적으로 실천적 내용과 이론적 내용이 뒤섞이게 되었다. 편집자로서 우리는 모든 저자의 중요한 주장을 담아내면서 전체 구성이나 문체의 일관성을 유지하기 위해 최선을 다하였다.

전체적으로 이 책을 읽는 사람들은 두 가지 사실을 확인하게 될 것이다. 첫째, 장간에 특정부분들이 중복되는 곳이 있다. 우리는 편집 작업 동안 불필요한 중복과 필요한 중복을 구분하려는 노력을 했다는 점을 분명히 밝힌다. 그래서 중복이 있다면 이는 계획된 것이다. 몇몇 내용(예를 들면 청소년법정에서의 법교육을 위한 이론적 기반, 법교육 프로그램 실행 과정에서 지역 자원인사들의 활용 그리고 평가연구의 중요성)은 여러 번 주지할 필요가 있는 것들이다. 우리는 많은 독자들이 각 장을 필요에 따라 선택해서 읽을 것으로 예상하여 중요한 내용들은 가능한 한 넓게 제시하였다.

둘째, 이 책이 내용상 전국적이지만 Kentucky의 법교육 모델에 대한 내용이 많이 담겨 있다. 이는 당연하다. Kentucky의 프로그램은 국가적 모델로서 인식되고 있고, 장기간 대규모의 실행과정을 통해 지속적으로 수정되고 다양화되며 확장되어 왔다. 다른 주나 나라의 수많은 사람들이 Kentucky 모델에 대해서 자주 문의하고 있기 때문에 이 내용은 일부 장에서 특별히 다뤄진다.

본 저서는 폭넓은 독자를 염두에 두고 고안되었다. 청소년 범죄와 사법제도를 다루는 자료로 학부생이나 대학원생들이 사용할 수도 있고 청소년사법 분야의 직업을 선택한 사람들에게도 유용하다. 법교육에 관심이 있는 연구자나 교사들에게도 유용하며 실천가나 정책 결정가에게도 참고가 될 것이다. 우리는 이 책이 더 나은 프로그램 발전과 연구를 위한 도약대로서 작용하기를 희망한다.

이러한 책을 만들어 본 사람이라면 누구나 이런 작업에 진정한 협조와 강한 팀워크가 필요하다는 것을 알 것이다. 우리는 이 책이 나오기까지 도움을 준 많은 분들의 협력과 노력에 대해 감사하고 싶다. the National Institute for Citizen Education in the Law(NICEL)의 Elizabeth Chorak, Lee Arbetman, 시민교육 센터에서 청소년법정 프로그램의 전문가인 Beth Farnbach, 이 글의 독자로서 다양한 장을 검토해 준 Kentucky 대학의 Clinton Collins 등에게 감사를 표한다.

우리에게 수많은 도움을 준 많은 이들에게 차례로 특별한 감사를 드린다. 실수로 빠뜨릴 위험도 있지만 Valerie Barnett, Carole Henderson, Tara Hess, Jan Mays, Jennifer Moore, Mae Philbeck, Jennifer NanHoose, Darren Warner, Brooke Young에게 감사드리고 싶다. Thor Morrison과 James B. Wells의 컴퓨터 도움은 필수적이었고 크게 감사드린다. 동부 Kentucky 대학에서 교정 부장인 Richard Snarr는 저술에 큰 도움이 되었다. Kentucky 1심 법원(Supreme Court)의 재판장인 Fobert F. Stephens와 Kentucky의 법원의 행정업무 책임자인 Paul Isaacs는 법교육 프로그램 관리자와 보조자로서 그 책을 편집하는 데 도움을 주었다. 마지막으로 우리는 지도와 노력, 친절한 프로근성 그리고 정교한 작업을 해 준 출판업자 Charles C. Thomas에게 감사를 표하고 싶다.

Section Ⅱ

특정 환경에서의 법교육

법교육의 배경지식

모든 청소년 사법 프로그램은 보다 큰 틀 내에 자리 잡고 있으며, 독특한 배경을 갖고 있다. 이는 법교육도 예외가 아니다. 이 다양한 배경에 대한 정보는 법교육을 종합적으로 이해하는 데 필수적이다. 이를 위해 Section I의 다섯 장들은 법교육의 역사적, 개념적, 이론적 그리고 조사방법론적 문제들을 다룬다.

법교육은 풍부한 역사를 가지고 있다. Paul Knepper는 1장에서 그 역사에 대한 상세한 서술을 제공한다. 1960년대의 Isidore Starr와 Vivian Monroe, 1970년대의 Leon Jaworski의 법교육에 대한 선구적인 노력을 추적하며, 공립학교에서 시작된 미미한 법교육이 어떻게 다양한 청소년 사법제도를 포함하여 다양한 맥락을 겨냥하는 국가적 운동으로 진화했는지를 보여준다. 사실 그렇게 짧은 시간 동안 이렇게 광범위한 지지를 받고 성장한 운동은 거의 없다.

어떤 개념의 의미는 다른 것들에 대조되어 정립된 개념을 통해 만들어지기도 한다. 이 대조는 의미를 분명하게 하는 데 도움을 준다. 이 책 전반적으로 '법교육'이라는 개념이 사용되고 있는데 법교육의 개념을 분명하게 하기 위한 노력으로 2장의 저자들은 법교육에 대한 세 가지 접근들을 보여준다. James Fox, Kevin Minor, James Wells는 법을 지키지 않았을 때의 부정적 결과를 통한 협박이나 법에 대한 환상을 갖도록 하여 법에 복종하도록 하는 접근 대신에 '실천에 의한 학습' 또는 '참여적' 접근이라고 부르는 접근 방식을 개념화했다. 기존 접근 방식의 오류들을 지적하면서 이러한 접근들은 교육적이지 않으며 법교육에 대한 진정으로 교육적인 접근의 본질은 시민적 참여를 통해 시민적 원리들을 지속적으로 가르치는 것이라고 주장한다.

모든 청소년 사법 프로그램들에는 청소년 비행에 대한 이론적 전제들이 들어 있다. 중요한 것은 어떤 프로그램이 이론상 근거를 가지느냐에 있는 것이 아니라 프로그램의 이론적 틀을 명백히 할 것이냐 아니면 숨겨둘 것이냐에 있다. 다음 두 장들은 법교육의 이론적 근거에 집중하면서 법교육의 이론과 실천을 결합하고자 할 것이다. 3장은 법교육의 실제에 대해 설명하면서 시작된다. 그리고 나서 Scott Hunt, Deborah Williamson, Christie Addington은 청소년 비행에 관한 네 가지 대표적인 이론인 사회 통제 이론, 긴장 이론, 차별 교제 이론, 낙인 이론 등을 다룬다. 그 장은 이론적으로 뒷받침된 실천을 위해 법교육 연구가 갖는 함의를 보여주는 것으로 마무리된다.

4장은 '위험요인'이라 불리는 청소년 비행의 증가와 관련된 개인적, 사회적 요인들에 대해 논의한다. 그러나 Norma Wright는 한 걸음 나아가 위험요인들의 영향을 완화할 수 있는 회복요인들을 주장한다. 이 회복요인은 그동안 이론가들로부터 덜 관심을 받아 왔는데 Wright는 어떻게 법교육이 청소년들에게 기회나 기술, 긍정적 인식을 늘려 회복을 증진시킬 수 있는지 탐구한다.

평가연구는 건전한 프로그램 발전에 중요하고 프로그램 지속을 위해 대단히 중요하다. 5장은 법교육에 적용되는 기본적인 평가 원리들을 제시하기 위한 것이다. Kevin Minor, James Wells, Forrest Jordan은 평가에 관심을 갖는 사람들이 공통적으로 던지는 '왜, 누가, 무엇을, 언제, 어떻게'라는 다섯 가지 질문을 통해 내용을 풀어나간다. 저자들은 평가의 이유(why), 표본작업(who) 그리고 과정과 결과측정(what), 뿐만 아니라 프로그램 개발 초기 단계에서의 평가 필요성을(when) 논의한다. 그들은 또한 네 가지 대안적 연구 방법들(how)을 각각의 방법과 관련된 문제들의 개관과 함께 기술한다.

종합적으로 본 섹션의 장들은 확고한 프로그램으로 발전된 법교육의 역사와 점차 분명하고 정교화되고 있는 법교육의 개념들을 보여준다. 법교육은 명백하고 폭넓은 이론적 근거로부터 시작되며 프로그램에 대한 평가연구를 통해 효용성이 높아진다.

법교육 30년사

"법교육 30년사"

PAUL KNEPPER

Ⅰ. 도 입

미국의 역사를 보면 법과 사법제도는 신비한 것으로 여겨져 왔다. 법적 과정은 많은 사람들이 거의 관심을 쏟지 않는 법정에서 일어났다. 대부분의 시민들은 영화나 TV, 신문 그리고 다른 문헌들을 통해 제공된 선택된 사례의 설명을 통해서 그곳에서 일어나고 있는 것에 대해 알았다. 이해할 수 없는 질서 체계와 불가해한 영어와 라틴어 어구들이 난무하는 법원을 자신들을 위한 문제해결 장소로 생각하는 시민은 거의 없었을 것이다. 법정에 참여하려면 중세풍의 법복을 입은 전문가로서의 회원증을 필요로 하는 것이었다.

Hay(1975)는 이러한 신비함에서 법의 힘이 나왔다고 말했다. 18세기 영국에 대한 연구에서 Hay는 어떻게 영국 법이 땅을 가진 귀족과 다수의 일하는 가난한 사람들 간의 분리를 유지시켰는지 탐구한다. 1820년경 영국에는 처벌이 사형에 해당하는 규정이 200개 이상 있었으며 판사들은 이를 재량으로 처리할 수 있었다. 그리고 그 대부분은 재산 침해에 관련된 것이었다. 그러나 이러한 규정들은 거의 사용되지 않았다. 판사들은 공포에 의한 강제를 사용할 필요가 없었다. 왜냐하면 사법 절차의 상징성과 비밀스러움이 법적 체계를 통해 지주와 대상인의 배타적인 재산 유지를 보장해 주었기 때문이다(Hay, 1981; Thompson, 1975 또한 참조).

미국에서 약 30여 년쯤 전에 법의 신비함을 벗기고 청소년들에게 그들의 권리와 책임에 대해 교육하려는 운동이 시작되었다. 청소년들이 법이 기반을 두고 있는 원리를 이해하지 못한다면 이는 시민성의 근본적 요소를 결여하는 것이라는 주장에 따라 법조인 단체, 로스쿨 학장들, 교장들, 대학교수들은 학령기 청소년들에게 민주주의에서 참여의 근본적 원리들을 가르치는 프로젝트를 시작했다. 법교육 운동은 처음에 학교에서 발생했다. 이후 10년간 그 운동은 구류시설, 우회제도[1], 기타 지역사회 환경에서 청소년 사법제도에 많은 영향을 주었다.

법교육 운동이 시작되고 이것이 청소년 사법제도에까지 확장되는 배경에는 탁월한 전망과 정력, 헌신성을 지녔던 다수의 개인들이 있었다. Isidore Starr, Vivian Monroe, Leon Jaworski를 비롯한 많은 사람들은 1960년대에 여러 주에서 약 12개의 법교육 프로그램들을 이끌어 법교

---

1) 우회제도 diversion – 소년 사법제도에서 기존의 형법 체계에 따라 처벌할 경우 전과자가 양산될 가능성이 있으므로 교육 이수, 프로그램 참여 등 다양한 대안적 시스템을 통해 처벌하되 이 경우 전과기록을 남기지 않도록 하는 제도. 대개 경범, 초범인 경우를 대상으로 하며 대상 피고인이 스스로 정식 사법 절차에 따를지 우회제도를 택할지 선택권을 갖는 것이 일반적임. 청소년법정(teen court) 프로그램이 대표적인 우회제도라고 할 수 있음. 또한 미국에서는 법교육이 이렇게 정규 형사절차의 일부를 대체할 만큼 크게 성장했으며 중요성을 인정받고 있다는 점에서 주목할 만한 부분이기도 함(역주).

육이 진정으로 국가적인 프로그램이 되는 계기를 마련했다. 1990년 즈음에는 모든 주에 법교육 프로그램들이 보급되었다. 그 프로그램들의 다수는 주 차원에서 지정된 법교육 지도자들의 노력에 의한 것이었다 (American Bar Association, 1994). 그러나 법교육 운동은 수많은 변호사들, 교육자들, 국가 전반의 여러 부분의 외부 자원인사들과 결합되어 처음 법교육을 시작한 사람들의 예상을 훨씬 뛰어넘어 확대되었다. 법교육을 청소년 사법에 적용하는 새로운 방식(예를 들면 청소년법정이나 theater-in 우회제도 등)이 나타나게 되었다. 이러한 방식들은 정교화되었고, 전통적인 법교육 모델들을 확장시켰다. 많은 전문가들은 청소년들에게 법과 사법제도에 대해 교육시키는 프로그램들이 청소년 비행 예방에 매우 큰 잠재력을 지닌 강력한 수단이라고 얘기한다.

Ⅱ. STARR와 법교육(LAW STUDIES) 운동

현대의 법교육 운동은 1957년 10월 4일 소련이 184파운드의 캡슐을 대기권으로 584마일이나 되는 거리까지 발사한 것에 뒤이어 일어나게 된다. 미국인들은 로켓 기술에 있어서 소련의 첨단 기술을 부러워했고, 스푸트니크와 같은 인공위성이 없는 미국의 우주 계획 실패에 대하여 아이젠하워 대통령을 비난했다. 아이젠하워 정부는 이에 응답하여 국가의 미사일 능력과 우주 연구를 강화하는 연구 프로그램을 실시하고, 자연과학과 수학을 강조하기 위하여 초중등 학교 교육 과정의 광범위한 수정에 착수하였다(Starr, 1985).

워싱턴으로부터 자금이 흘러나옴에 따라 국가 전체적으로 결정자들, 교육자들, 대학 총장들, 교육감들, 변호사들, 정치학자들, 시민단체 지도자들은 교육 과정의 개혁이 단지 우주 연구를 위한 국가 능력에만 초점이 맞춰져서는 안 된다고 주장했다. 올바른 시민성을 갖지 못한 과학자, 수학자, 기술자들로 구성된 국가는 제대로 교육이 이루어진 국가라고 할 수 없을 것이다. 미국의 법적 유산을 모르는 것은 외국의 군대만큼이나 공화국에 큰 위협이 된다. 미국을 자유로운 사회로 보존하기 위해서는 무엇보다도 시민교육이 중요하다는 것이다.

Isidore Starr라는 뉴욕의 교육자도 이러한 시민교육적 접근을 지지하고 있었다. Starr는 수년 동안 법 관련 내용을 고등학교 수업에 도입하고자 노력했다. 공립학교에서의 법률 교육(legal education)에 대한 그의 관심은 1930년대부터 시작되었는데, 그는 세인트존스 로스쿨에 수업료를 내기 위하여 브루클린 기술고등학교에서 공민(civics) 과목을 가르쳤었다. 그는 그 자신이 야간 로스쿨에서 배우는 사례들이 낮에 고등학교에서 정부 구조들을 암송시키는 것보다 미국 사회에서 법의 위치를 배우는 데 있어 훨씬 설득력 있는 방법임을 알게 되었다. 그는 헌법, 형법, 불법행위, 계약 등으로부터의 사례들을 고등학교 교육 과정으로 통합하기 시작했다. Starr의 고등학교 학생들은 그러한 노력이 효과가 있음을 증명해 주었고, Starr는 그가 New York 주의 변호사가 된 이후에도 교육자로서 남게 되었다(I. Starr, 1994년 4월 18일 개인서신).

1950년대 동안 Starr는 NCSS[2])(the National Council for Social Studies)의 공식 잡지인 *Social Education*에 최근의 연방 대법원 판례를 다루는 칼럼을 썼다. 그 글에서 Starr는 전통적으로 로스쿨 학생을 위한 교육법으로 사용되어 온 사례 연구법의 소개를 통해 교사들이 의미 있고 논쟁적인 공적 주제들을 구체화할 것을 장려했다. 그 글은 매우 인기를 끌었

---

2) 미국의 사회과를 대표하는 학회. 주로 현직 교사들을 대상으로 한 대중지로 Social Education이 발간되고 있으며 대학 교수나 연구자들을 위한 학회지로 TRSE(Theory and Research in Social Education)이 발간되고 있다(역주).

고 교사들은 그를 NCSS 회장으로 선출했다. Starr는 The Supreme Court and Contemporary Issues라는 책을 썼다. 그리고 그 후 Britannica 백과사전 회사와 함께 '우리의 살아 있는 권리장전[3]'(Our Living Bill of Rights)이라는 제목으로 영화시리즈를 제작했다(Starr, 1977).

1962년에 Starr는 CLEF(Civil Liberties Educational Foundation) 학교 프로젝트의 감독관이었던 Minna Post Peyser와 팀을 이루어 고등학교 사회과 학생들 사이에서 권리장전에 대한 인식을 증가시키는 것을 목표로 하는 세미나를 조직했다. CLEF는 Massachusetts의 Williamstown에서 열리는 2주간의 워크숍을 위한 자금을 제공했다. 그리고 NCSS는 전국의 중등학교로부터 사회과 교사 9명을 선출하여 예일 로스쿨과 콜럼비아 대학의 교수단과 함께 작업하도록 했다. 세미나 참석자들은 자유, 정의, 평등의 중심 주제를 가르치기 위한 계획을 수립했고, 그러고 나서 CLEF는 Williamstown Report라고 알려진 그 계획을 전국의 교육자들에게 보급하였다(Starr, 1977).

미국 연방 대법원 판사인 William J. Brennan[4]이 1962년 11월 Philadelphia에서 열린 NCSS 연례정회에서 기조연설을 하면서 그는 *Social Education*에 실린 Starr의 논문 하나를 인용했고, 그 후 Starr는 법교육의 창시자로서 알려지게 되었다. 같은 달 90명의 변호사들과 로스쿨 학장들, 대학 총장들, 시민단체 지도자들이 Virginia의 Warrenton에 있는 Airlie House에

---

3) Bill of Rights는 일반적으로 '권리장전'이라는 용어로 번역되나 역사적으로 영국, 프랑스 등에서 비슷한 이름의 공식문서가 있었기 때문에 혼동의 여지가 있다. 미국의 경우 독립선언 후 헌법 제정 과정에서 헌법 본문 뒤쪽에 붙여 넣은 10개의 수정조항(ammendment)을 권리장전이라고 통칭한다. 원래 이 조항들은 연방 성립 후 연방정부가 각 주의 자율성과 권리를 침해할 우려 때문에 붙여놓은 조항들이었는데 후에 이 조항들을 근거로 개인의 인권을 보호하고 신장하는 여러 판결들이 내려졌기 때문에 이런 이름이 붙었고 대부분의 미국 헌법 교육에서 가장 핵심적인 내용으로 다루어지고 있다(역주).
4) 미국 연방대법원의 황금기라고 불리는 60년대를 이끌었던 판사로 인권보장에 획기적 진전을 이루는 많은 판결들에 주도적인 역할을 한 것으로 유명하다(역주).

서 연방 대법원 판사인 Brennan과 William O. Douglas가 공동의장을 맡은 세미나에 참석하기 위해 모였다. 참석자들은 "헌법과 법률은 시민 행동의 결정 요소이며 제한요소이다. 그리고 우리는 학생들에게 법의 의미와 본질을 발견하게 하고, 법의 위상을 설명하는 데 학교에서 더 많은 관심을 쏟아야 한다고 믿는다."고 결의하였다. 그 말과 함께 그 당시까지 law studies로 불렸던 법교육 운동이 LRE(Law-Related Education) 운동으로 새롭게 시작되었다(Starr, 1985, p.38).

Warrenton 세미나는 National Assembly on Teaching the Principles of the Bill of Rights(전국 권리 장전 원리 교육 회의, 이하 전국회의)를 탄생시켰다. NCSS, 미국정치학회, 미국 로스쿨연합회에 부속된 본 회의체에는 법, 역사, 정치학, 철학 교수 그리고 몇몇 시민단체 지도자들뿐만 아니라 6명의 순회 판사들을 포함하는 국가적 논의기구, 6개의 대학 총장들, 4명의 로스쿨 학장들, 4명의 사범대 학장들, 6명의 교육감도 참여했다. 그들은 Santa Barbara의 California 대학, Drake 대학, Colorado 대학, Tufts 대학 그리고 다른 학교들에 교사들을 위한 워크숍과 연구소, 세미나를 조직하였다.

법교육 운동을 창시한 사람들은 결코 아마추어 법률가들을 만들려고 의도하지도 않았고, 개인에게 법조인의 커리어 개발을 위한 예비지식을 주려고 하지도 않았다. 그들은 법교육이 법학 지식을 가르치는 것이 아니라 시민성을 가르치는 것임을 분명히 했다. Starr에 따르면 법교육은 "미국의 청소년들에게 법, 법적 과정, 법적 체계에 관해서 가르침으로써 그들의 시민성 교육을 향상시키는 데……그들에게 우리 사회를 이해하는 또 다른 방식을 제공하고, 그들이 법을 만들고 형성하는 데 참여할 수 있는 몇몇 도구들을 제공하는 데" 그 목표를 둔다고 할 수 있다(Starr, 1985, p.38).

Ⅲ. MONROE와 조직화단계

최초의 법교육(law studies) 프로그램들은 민주주의의 본질적인 개념을 전달하기 위해 계획된 운동에 학생들이 참여하는 것을 강조하였다. 교육 과정 내용들은 이러한 프로그램들을 지원하는 기구로부터 개발되었다.

최초의 기구들 중 하나는 CRF(Constitutional Rights Foundation)인데 1963년 Vivian Monroe에 의해 설립되었다. Monroe는 Los Angeles 사회 조직가로서 그녀의 본거지로부터 CRF를 작동시켰다. 약간의 보조금에 힘입어 그녀는 일련의 변호사들과 사회지도자들을 모아서 고등학교 수준에서 시민교육의 결점을 채우려고 했다. CRF는 변호사들이 중등학교에서 권리 장전을 가르치는 것이 가능하도록 고안된 워크숍을 발전시켰고, 고등학교 운영자들을 위해 모의재판과 경찰 순찰 게임과 같은 참여 수업을 만들었다.

Monroe는 Williamstown 회의에 참석했었던 Los Angeles 시민권 재단의 Joyce Fadem과 접촉하였다. 그리고 그들은 함께 California 주 교육위원회를 설득하여 California 공립학교들에서 권리 장전에 대한 인식을 향상시키는 프로젝트를 시작하게 했다. 그리고 교육위원회는 UCLA 로스쿨 학장이자 전국회의의 일원이었던 Richard Maxwell에게 그 프로젝트를 집행하도록 했다. Maxwell의 지도 아래 그 프로젝트에서는 *The Bill of Rights —A Book for Teachers*를 출간하였다. 교육부는 그 책을 무료로 California 중등학교 교사들에게 보급했고 CRF는 그것을 몇몇 California 주 대학들에서 교사를 교육하는 워크숍에서 사용했다(V. Monroe, 개인서신, 1994년 3월 18일).

또 다른 초기의 법교육 노력 역시 California에서 나타났다. 1964년에

UCLA의 로스쿨, 교육학부, 정치학부 그리고 다른 학부의 교수단은 시민교육 위원회(CCE)를 형성했다. CCE는 지역 재단으로부터 보조금을 받아 초중등 학교에서 더 나은 시민교육 과정 개발을 하였고, 이 프로그램은 UCLA의 대학의 초등학교에서 시험되었다. 3년 후 주 교육위원회는 이 교육 과정을 주 8개의 학교에 보급했다. 미연방 교육부(U.S. Department of Education)로부터의 연례적인 지원 덕택에 CCE는 1965년에서 1968년까지의 여름 동안 국가적 연수를 위한 연구소들을 운영했다. 그다음 10년 동안 4,500명 이상의 교사들이 CCEI의 "Law in a Free Society" 교육 과정에서 연수를 받았다.

이 교육 과정은 1968년에 시작되었다. 이해에 California 주 법원은 CCE에 요청하여 지역 변호사 협회(local bar association)에 사용하기 위한 공교육 프로그램을 계획했다. CCE는 유치원에서 12학년5)까지의 교육 과정을 만들었고 Charles Quigley를 프로젝트 관리자로 명명하였다. 그 교육 과정에서는 권위, 사생활의 자유, 정의, 책임, 자유, 재산, 참여, 다양성 등 여덟 가지 개념을 교육하기 위해 문헌과 시청각 자료들을 사용했다. CCE 참여자들 — 정치학자들, 교사들, 변호사들 그리고 판사들 — 은 California 학교들에서의 교육 과정을 광범위하게 평가했고, 또 수회에 걸쳐 수정했다. 그 CCE의 교육 과정은 국립 연구소(National Institute)의 교육 과정과 결합되어 다른 교육위원회 프로그램들의 모범이 되었다.6)

---

5) 대학, 대학원 등 고등교육 과정을 제외한 공교육 과정 전체를 가리키는 일반적인 표현으로 우리나라의 유치원에서 고등학교 3학년까지의 과정을 의미함. Kindergarten to 12의 약자로 'K-12'로 불리기도 함.(역주)
6) 미국은 우리나라와 달리 각 주, 혹은 각 지역 교육위원회(board of education)의 자율성이 강조되므로 교육 과정도 각 교육위원회나 교사들이 선정할 수 있다. 따라서 연방단위에서 교육 과정에 줄 수 있는 영향은 연구소에서 개발된 교육 과정 연구성과를 제시하여 각 교육위원회에서 참고하도록 하는 것뿐이다. 이 부분도 CCE가 자체 개발한 교육 과정이 국립 연구소의 교육 과정과 결합된 형태로 제시되어 많은 교육위원회에서 참고로 삼았다는 의미이다.(역주)

California에서의 법교육 노력들이 로스쿨 수업내용과 교수 방법들을 교실에 가져오는 것이었던 반면 동부의 선구자들은 법률가들 자신이 교실로 들어오려고 노력했다. 1970년에 Georgetown 로스쿨에 다니는 법학도들이 법적 개념을 가르치는 데 있어서 사회과 교사들을 돕기 위해 워싱턴 D.C. 지역 고등학교로 들어왔다. 그들은 권리 장전의 내용을 소비자법, 민법, 형법, 가족법 등을 강조하는 실천적이고 일상적인 학습들로 구성하는 교육 과정을 개발했다. 그 프로그램에서 가르치는 것은 법을 수강하는 학생들 사이에서 매우 인기가 있었고, 학생들은 정규 수업으로 "생활법(street law)"을 가르쳐 줄 것을 요청하게 되었다. 이에 부응하여 1972년 Georgetown 대학 로스쿨 센터는 워싱턴 D.C. 지역 공립학교들과 연대하여 임상 프로그램으로서 'Street Law 프로젝트'를 학점제로 실행했다.7)

3년 후 Jason Newman은 다른 로스쿨에서 유사한 프로그램들을 설립하기 위해서 국가 생활법 연구소(the National Street Law Institute; 후에 the National Institute for Citizen Education in the Law 또는 NICEL로 불리게 된다.)를 세웠다. 법학도들은 고등학생들이 법원의 역할에 대해 심오하고, 날카로운 질문을 한다는 것을 그리고 실제적이고 알아듣기 쉬운 답을 요구한다는 것을 발견했다. 게다가 법원 현장 학습에

---

7) 일반적으로 로스쿨의 학생들은 사회봉사활동의 일환으로 무료변론(pro bono) 등의 활동을 하게 된다. 조지타운 법대의 경우 이러한 사회봉사활동으로 지역사회 학생들에게 로스쿨 학생들이 직접 법적 내용을 가르치는 것을 시도했는데 문제는 법적 내용을 그대로 중고등학생들에게 전달할 수도 없을 뿐더러 법대 학생들이 교육 및 강의 기술을 잘 모른다는 것이었다. 따라서 로스쿨 내에 'Street Law'라는 강좌를 개설하여 학생들이 이 강좌를 이수한 후, 여기에서 배운 교육방법과 교재 등을 사용하여 지역 학교에서 'Street Law'라는 강좌를 운영하도록 하고 이러한 교육이수 및 봉사활동을 학점으로 인정해 주었다. 또한 이를 위해 'Street Law'라는 교재도 개발했는데 이 책은 법교육 역사상 가장 유명한 교재가 되었다. 프로젝트가 확장됨에 따라 같은 이름의 시민단체도 만들어져 활동하고 있다. 즉 Street Law는 로스쿨의 강좌명이자 지역학교의 강좌명이며 동시에 교재의 이름이기도 하고 이런 모든 활동들을 포괄하는 프로젝트의 이름이며 시민단체의 이름이기도 하다(역주).

서 드러난 학생들의 열정과 경찰관, 변호사, 판사들의 참여는 큰 도움이 되었다. 다음 10년 정도 동안 24개 이상의 로스쿨들이 Street Law 프로젝트를 따라 했다(O'Brien, 1985).

1970년대까지 거의 100개의 법교육 프로그램들이 학교에서 이뤄졌다. Texas 주 법원은 다른 6개의 주와 마찬가지로 주 차원의 프로그램으로 이를 다루었다. 비록 Texas는 그 자신의 교육 과정을 개발했지만, 다른 많은 주들은 California와 워싱턴 D.C. 지역에서 성공적으로 증명되었던 교육 과정 모델들을 도입하였다.

Ⅳ. JAWORSKI와 전미변호사협회

법교육 운동은 Leon Jaworski의 노력을 통해 비로소 전국적으로 보급될 수 있었다. Richard Maxwell은 Jaworski와 접촉하면서 그가 일반 대중에 대한 법교육의 열정적인 지지자라는 것을 알게 되었다. 열정뿐만 아니라 실제로도 Jaworski는 법률 영역에서 가장 크고 유명한 조직인 전미변호사협회(ABA; the American Bar Association)를 법교육에 참여시켰다.

변호사의 역할을 수행하면서 Jaworski는 Texas에서 가장 큰 로펌 중 하나를 세웠고 후에 Texas 주 변호사 협회장으로서 활동하게 되었다. 세계 제2차 대전 동안 육군 검찰관으로서 그는 뉘른베르크(Nuremberg) 전범재판에 최초의 나치 전범을 기소했다. 후에 특별 검사로서 그는 워터게이트 사건을 담당했다. 그러나 "Jaworski는 만약 자신이 어떻게 기억되었으면 좋겠냐고 질문을 받는다면 초중등 교육에 법교육을 도입한 사람으로 기억되길 바란다고 말했다."(Zapkowski, 1993, p.9) 오랜 경험을 통해 그는 법이 자유로운 사회를 유지하기 위한 "가장 위대한 보루"라는 것을 알았다. 하지만 사회 다수의 사람들이 법의 기초에 대한 이해가 없다면 법 그 자체는 허약한 울타리일 뿐이었다.

1971년에 전미변호사협회의 회장으로 활동하는 동안 Jaworski는 전국적인 법교육 운동을 주도했다. *American Bar Association Journal*의 회장 기고란을 통해 그는 "자유로운 사회에서 법의 근본원리를 가르치는 데 실패했다고밖에 볼 수 없는 현재 교육의 실패"에 대해 통탄했다. 학교들, 부모들, 사회 구성원들 그리고 변호사들 역시 청소년들에게 "어떻게 법이 개인의 권리를 보호하기 위해 작동하는지", 어떻게 법이 "질서 속에서의 민주적 변화"를 제공할 수 있는지 가르치는 데 실패했다. 그들은 "동의하지 않음과 폭력적 반항 사이의 차이"에 대해 적절하게 가르치지도 못했고, "시민으로서 권리-책임 간 균형의 필요성"에 대해서도 가르치지 못했다. "청소년 교육의 이러한 소홀과 실패의 결과"를 바로잡기 위해 그는 "초등학교와 고등학교에서 시민으로서 책임을 가르치기 위한 프로그램의 설립"을 제안했다. 그는 ABA 회원들에게 "전 법조인의 최대한의 노력을 기울여야 할 중요한 도전"을 받아들일 것을 촉구했고 "전체적으로 조직된 변호사 협회의 지지를 얻어내기 위한 모든 노력을 기울이는 데" 그 자신을 바쳤다(Jaworski, 1971, p.51).

이를 수행하기 위해 Jaworski는 청소년 시민성 교육에 관한 특별 위원회(YEFC: Special Committee on Youth Education for Citizenship)를 설립하였다. 그리고 이에 대한 변호사 협회의 공적 교육 활동에 박차를 가한다. ABA 산하에 YEFC를 세우고 나서 Jaworski는 "법교육은 국가적으로 새로운 작업이다. 그리고 그것이 국가적 규모로 실행되지 않는다면 그것의 효용은 상대적으로 작을 것이다."라고 썼다. "실험 프로그램"과 "산발적인 국지적 혹은 지역적 사업들"의 시기는 지나갔다. 그러나 Jaworski는 법교육이 발전하려면 ABA가 전국적인 차원에서 법교육을 주도할 필요도 있지만 한편 주나 지역 변호사 협회도 지역의 필요에 맞게 프로그램을 짜 적용해야 한다는 것도 인식했다. Jaworski는 "결국 이러한 노력에서 우리가 성취할 성공은 주와 지역 변호사 협회들의 열정에 직접적으로 비례할 것이다."라고 결론 내렸다(Thomas, 1985, pp.8－9).

ABA / YEFC는 지도 교안을 만들기보다는 변호사들, 교육자들 그리고 지역 지도자들 사이의 협력을 돕기로 결정했다. 과거 ABA 회장이었던 Earl F. Morris의 지도하에서 YEFC는 법교육에 대한 인식을 창출하기 위한 지역 세미나를 조직하였고, 지역 법교육 프로젝트를 집행할 사람들을 위한 모임을 소집하였고, 지역 프로그램들을 시작하고 유지하는 데 필요한 조언을 담은 출판물들을 제공하였다(Starr, 1985). ABA / YEFC는 또한 Starr가 사용하던 용어인 "law studies"를 "Law－Related Education"으로 바꾸었으며, LRE는 전국에 걸친 지역 변호사 협회 연합에 의해 후원받는 다양한 프로그램들을 통칭하는 용어로서 자리잡게 되었다.

ABA / YEFC는 1978년에 법교육 촉진을 위한 첫 번째 전국 연례 대회를 개최하였다. 약 5년 후 법교육 프로젝트의 감독자들은 법에 관한 공교육을 위한 Leon Jaworski 심포지엄이 열린 휴스턴에서 만나게 되었다. 휴스턴에서의 세미나 즈음에는 35개의 주 단위 프로그램과 400개 이상의 법교육 프로젝트들이 미국 중등학교들에서 이뤄졌다.

Ⅴ. 법교육과 청소년 범죄예방

법교육 운동을 처음 시작한 사람들은 시민교육을 제공하려고 의도하였지 범죄예방은 목적이 아니었다. 그러나 법교육을 통한 청소년 범죄예방은 당연한 결과였다. 청소년들이 국가의 법과 통치에 내재한 원리들을 충분히 인식하게 된다면 그들은 범죄 행동을 더 적게 저지를 것이기 때문이다. 의회 지도자들은 법교육을 통한 범죄예방을 시도하기로 하고 먼저 1974년 청소년비행예방법(the Juvenile Justice and Delinquency Prevention Act)을 제정한 후, 미국 전역에 걸쳐 시민교육 기구에 의해 시행되던 수많은 법교육 프로젝트의 실행에 자금을 지원했다.

이러한 프로그램들의 다수가 지역 기반의 기구들과 지역 변호사 협회들의 노력으로부터 비롯되었지만, Phi Alpha Delta는 1979년에 전국을 대상으로 청소년 범죄예방에 대한 노력을 시작했다. Phi Alpha Delta Law Fraternity International은 로스쿨 학생들, 대학생들, 졸업생들의 분회와 제휴한 30,000명의 구성원을 가진 전문적 연합체이다. 이 협회는 Washington에 기반을 둔 Phi Alpha Delta 공적 서비스 센터(PAD / PSD)와 함께 청소년 사법제도와 범죄예방 프로그램을 운영하며 미국 청소년 사법 및 범죄예방국(OJJDP; the U.S. Office of Juvenile Justice and Delinquency Prevention)으로부터 보조금을 받았다. 이 프로그램은 지역의 법전문가들과 교육자들을 조직하여 공사립학교에서 법교육 수업을 향상시켰다. PAD / PSC는 청소년들에게 법에 대해 가르치는 데 관심이 있는 변호사들과 판사들, 로스쿨 학생들, 교사들 그리고 경찰공무원들을 위한 연수 프로그램을 마련하였고 청소년들에 대한 교육 프로그램들을 개발하였다.

OJJDP는 이러한 프로그램들이 학생들의 행동에 미치는 영향이 무엇인지를 판단하는 것이 매우 중요하다는 인식에 따라, 사회과학교육협회(Social Science Education Consortium) 및 콜로라도 대학의 로버트 헌터 행위 연구 센터(Robert Hunter's Center for Action Research at the University of Colorado)와 2년짜리 평가 수행 계약을 맺었다. Hunter(1991)는 수업의 효율성이 가장 중요하다고 결론 내렸다. 교사들이 매우 흥미 있는 교육 자료와 상호 작용적인 교수전략을 사용하고, 인적자원을 통합하고, 다른 교사들과 행정가들로부터 지원을 받는 경우에, 법교육 프로그램들은 학생들을 더욱 바람직한 삶으로 이끌었다. 반대로 교사들이 법교육의 효과를 높이려는 노력을 하지 않을 때, 즉 법의 효능에 대해 냉소적 태도로 소통할 때 청소년 범죄의 잠재성이 높아졌다.[8]

그러나 법교육을 통한 청소년 범죄예방 프로젝트들은 OJJDP가 1983년에 국가 훈련 보급 프로그램(NTDP; National Training and Dissemination Program)을 설립할 때까지 거의 배타적으로 학교 중심으로만 이루어졌다. NTDP는 법무부와 5개의 주된 협력기관들 — 시민성을 위한 청소년 교육에 대한 ABA의 특별 위원회, 시민교육 센터, 기본권 재단, 법에서 시민교육을 위한 국가 연구소, Phi Alpha Delta 공적 서비스 센터 — 사이의 협동적 노력을 이끌었다. NTDP의 첫해에 OJJDP와 다섯 기관들은 관련 내용들을 교사들에게 배포하고, 지역 법교육 프로젝트에 기초 보조금을 제공함으로써 학교 내의 법교육 프로그램들을 제도화하는 작업을 했다.[9] OJJDP는 또한 다양한 방식으로 청소년 사범들에 대해 법교육을 실

---

8) 여기서 잠시 언급된 이 연구는 법교육 역사상 가장 장기간, 대규모로 법교육의 효과를 연구한 NLREEP에 관한 것이다. 연구 준비기간을 포함해 78년부터 83년까지 약 6년간 연인원 50만 명, 교수급만 6천 명 이상이 참여하여 법교육의 효과를 규명하기 위한 이 연구에서 법교육은 일반적으로 긍정적인 영향을 주는 것으로 조사되었으나 1/3 정도의 대상은 별다른 영향을 받지 않은 것으로 나타나 이러한 차이가 왜 발생하는지를 추적 조사한 후속 연구에서 교사의 교육태도가 중요한 변수로 작용했다고 밝혀졌음을 설명한 문장이다. 가장 대규모의 연구이며 질문지와 응답자료도 방대하여 법교육 경험연구에서 빠짐없이 언급되는 연구이나 그 적절성에 대해 의문을 제기하는 연구자들도 있었다. 연구원문은 미국 관련기관에서 비공개로 분류되어 구하기 쉽지 않으나 세부 사항은 졸고(곽한영, 2007)에서 일부 다루어진 바 있다(역주).

9) 미국의 연방기관들은 직접 주 단위의 교육계획에 관여하는 것이 아니라 주로 프로젝트 단위로 기업이나 후원자들, 기금과 개별 사업 단위들을 연결해 주는 역할을 한다. OJJDP의 경우도 직접 프로그램을 개발하거나 사업을 주관하는 것이 아니라 핵심적인 협력기관들을 지정하고 그 외에 개별 프로젝트의 성격에 따라 민간단체들과 연계하여 활동하는 방식을 택한다. '협력기관'은 이때 주로 함께 사업을 하는 단위를 가리킨다(역주).
또한 연방단위에서는 개별 프로젝트나 교육내용을 각 주의 개별 지역으로 전파하는 것이 가장 큰 고민거리이다. 따라서 주나 지역의 교육을 담당하는 사람들을 모아 프로그램에 대해 교육하고 이 사람들이 자신의 지역으로

행했다. 법교육 프로그램들은 우회교육, 구류시설, 지역 교정 프로그램, 소년원, 대용 수용시설 등에서 시행되었다.

1990년에 NTDP는 협력 기구를 통한 프로그램 개발과 평가뿐 아니라 조정, 공공 정보, 연수와 기술적 원조 등을 제공함으로써 법교육 프로그램들이 청소년 사법제도 속으로 도입되도록 하는 3년 계획에 착수했다. 그해 9월에 35개주로부터 100명 이상의 소년 사법제도 관련자들이 Missouri 주의 Kansas City에 모여 소년 사법제도하에서 법교육의 역할에 대해 첫 번째 전국적인 회의를 열었다. 다음 3년 동안 NTDP는 나라 전반의 청소년 사범들을 위한 법교육 프로젝트를 점검했다. 중앙위원회에서는 14개 주—Alabama, California, Idaho, Kansas, Kentucky, New Hampshire, New York, North Carolina, Ohio, Rhode Island, Utah, Virginia, Wisconsin, Wyoming에서 기관학교들, 우회교육시설, 구류시설, 지역시설이 포함된 16개의 시범 지역을 선택했다. NTDP 참가자들은 3년 내내 각각의 현장에서 교육 과정 개발에 관해 협력하고 지역 직원들을 교육하며 기술적 지원을 제공했다.[10]

돌아가 다시 다른 교육자들에게 전달교육을 하고 이 사람들이 다시 다른 교육자들이나 학생들에게 교육을 하는 식으로 방사형 전달구조를 갖게 된다. 이런 프로그램 전달구조를 Dissemination Program이라고 하며 전국 단위로 활동하는 단체들이라면 어디나 가장 중요한 프로그램으로 자리잡고 있다(역주).

10) 미국 법교육의 가장 큰 특징은 법교육 프로그램이 정규 소년 사법 절차의 일부를 구성한다는 것이다. 소년법원의 업무가 과중하고 소년 범죄자들이 많으며 영미법의 특성상 상대적으로 이러한 프로그램들을 공식적인 처벌, 교화 제도로 활용하는 것에 대한 거부감이 적기 때문인 것으로 볼 수 있다. 또한 학교 단위에서 법교육을 교육내용에 포함시키도록 연방차원에서 커리큘럼 등으로 강제할 수 없기 때문에 공식 사법제도에의 편입을 시도한 것으로 볼 수도 있다. 반면 한국은 7차 교육 과정에서 '법과 사회'가 교육 과정에 신설되면서 본격적으로 법교육이 시작되었으며 전국적으로 적용되는 교육 과정의 특성에 힘입어 상대적으로 빠른 시간에 발전하고 있다. 하지만 민간 차원의 법교육 활동은 미국이나 일본에 비해 매우 미약한 편이고 사법제도에의 편입은 전혀 고려되고 있지 않다(역주).

Ⅵ. 결 론

공립학교에서 헌법(권리장전)을 가르치려는 노력은 전국적으로 확산되어 청소년 사범에 대해 법교육을 적용하는 것으로까지 이어졌다. 초기의 시민교육 기구들은 원래 청소년 범죄예방에 집중하지 않았지만 후에 그의 기반이 될 교육 과정 내용들이나 협력 관계를 만들어 냈다. Jaworski와 전미변호사협회는 법교육을 진정한 국가적 운동으로 만들기 위한 기구와 인력을 제공했다. 그리고 OJJDP는 법교육 프로젝트를 청소년 범죄예방을 위한 프로젝트로 방향 지웠다. 만약 1960년대에 Starr나 Monroe, Quigley가 없었다면 1990년대의 법교육 / 청소년 사법제도는 시작될 수 없었을 것이다.

교육 과정과 프로그램 모델들은 개발되고 보완되고 평가되고 수정되어 왔다. 시민 기구들은 많은 지역에서 법교육 프로그램들을 제도화하였다. 최근의 법교육은 최초 설립자들이 예상할 수 없었던 방식으로 확장되고 있다.

법교육 운동은 법의 위엄에 관한 편견을 제거하는 것을 목표로 한다. 법교육은 청소년들이 자신들이 이해하거나 동의하지 못하는 규칙들을 지킬 수 없다는 단순한 가정에 기반을 두고 있다. 법교육은 청소년들로 하여금 국가의 법적 유산이 그들의 것이지 사법부의 소수 엘리트들의 것이 아님을 알려 한다. Hay의 18세기 영국에서의 법의 위치에 대한 분석은 신비감과 은밀함이 배제의 수단으로서 얼마나 강력할 수 있는지를 보여준다. 시민들에게 법이 신비스러운 것으로 여겨질 때 그것은 공포보다도 더 강한 억압을 행사할 수 있다. 그 신비감이 사라질 때 법은 더 강력하면서 더 건설적이게 될 수 있는 것이다.

참고문헌

American Bar Association, Special Committee on Youth Education for Citizenship(1994). National contact list. Chicago: ABA / YEFC National LRE Resource Center.

Hay, D.(1975). Property, authority and the criminal law. In D. Hay, P. Linebaugh & E. P. Thompson(Eds.), Albion's Fatal tree: Crime and society in eighteenth century England(pp.17−63). New York: Pantheon Books.

Hay, D.(1981). The meanings of the criminal law in Quebec, 1764−1774. In L. Knafla(Ed.), Crime and criminal justice in Europe and Canada(pp.77−110). Waterloo: Wilfrid Laurier University Press.

Hunter, R. M.(1991). LRE and delinquency prevention: Implications for preservice education. In C. C. Anderson & D. T. Naylor(eds.), Law−related education and the preservice teacher(pp.49−61). Chicago: American Bar Association, Special Committee on Youth Education for Citizenship.

Jaworski, L.(1971). President's page. American Bar Association Journal, 829, 51.

O'brien, E. L.(1985). Building public−private partnerships in law−related education. In C. J. White & N. Gross(eds.), The bulwark of freedom: Public understanding of the law(pp.122−127). Chicago: American Bar Association.

Starr, I.(1977). The law studies movement: A memoir. Peabody Journal of Education, October, 6−11.

Starr, I.(1985). Reflections on the law studies movement in our schools. In C. J. White & N. Gross(Eds.), The bulwark of freedom: Public understanding of the law(pp.37−44). Chicago: American Bar Association.

Thomas, E. C.(1985). Leon Jaworski and public education about the law. In C. J. White & N. Gross(Eds.), the bulwark of freedom: Public understanding of th law(pp.7−14). Chicago: American Bar Association.

Thompson, E. P.(1975). Whigs and hunters: The origins of the black act. New York: Pantheon Books.

Zapkowski, J. A.(1993). LRE: Bringing the law to life. Cincinnati Bar Association Report, April, 8−9.

(곽한영(2007). "법교육이 청소년의 법의식에 미친 영향에 관한 연구-여자비행청소년을 중심으로," 서울대학교 박사학위 논문.)

명확한 정의를 향한 법교육의 세 얼굴들

"명확한 정의를 향한
법교육의 세 얼굴들"

James W. Fox, Kevin I. Minor and James B. Wells

I. 서 론

법교육은 다양한 방식으로 개념화되거나 세세한 형태들로 제시될 수 있다. 이 책의 여러 장에서는 법교육을 둘러싼 상황, 참여자, 교수자 그리고 접근 방식이 상당히 다양하다는 것만을 보여준다. 진정으로 우리는 어떤 경우에 있어서 그와 같은 다양성이 풍부한 학습경험을 제공하고 법교육의 장점을 확장시킬 잠재성을 가지고 있기 때문에 고무적일 것이라고 믿는다. 그러나 보다 일반적인 수준에서 법교육에 대한 모든 접근 방식이 그 바탕을 이루고 있는 철학적 측면에서 양립가능하거나 또는 동등한 발전가능성을 가지고 있는 것도 아니다. 법교육에 관한 정의를 보다 명확하게 하기 위해 이 장에서는 청소년 사법제도에서 법교육을 개념화하는 세 가지 일반적인 접근 방식을 기술하고 각각에 대해 비판을 제시할 것이다.

우리가 논의하는 기본적인 접근 방식으로 (1) 직선적 위협(scared straight): 청소년들을 협박하고 위협하여 순종하도록 만들기 위해 법체계(제도)에 관한 정보를 이용하는 방식 (2) 벌거숭이 임금님(emperor's clothes): 사법 체계를 완벽한 대상으로 묘사하는 방식 그리고 (3) 활동을 통한 학습(learning by doing): 참여적인 사법에 초점을 맞춘 방식 등을 들 수 있다. 이러한 시각 중에서 처음 두 가지 방식은, 학습자와 분리되어 학습자에게 무비판적인 복종을 요구하는 사회 체계를 상정하고 있다. 세 번째 방식은 모든 구성원의 능동적인 참여를 요구하는 사회 체계 내에서 참여의 방법을 가르치는 데 주된 강조점을 두고 있다.

Ⅱ. 직선적 위협형

법교육에 관한 직선적인 위협 방식의 접근이 설득력이 전혀 없는 것은 아니다. 청소년들에게 불법적인 활동으로 인한 부정적인 결과를 인식하게 함으로써 청소년들 스스로 그들에게 그와 같은 결과를 가져오지 않도록 만든다는 논리이다. 협박적이고 인격모독적이며 위협적인 경험에 노출된 청소년들은 앞으로 비행행위를 피할 충분한 이유를 가질 것으로 생각된다. 분명히 사람들은 대부분 불쾌한 결과를 피하려는 동기에서 일정한 행동(예컨대, 흡연, 과식, 또는 일광욕)을 피한다. 그럼에도 불구하고 비행에 적용될 때 이 직선적이고 직관적인 논리는 몇 가지 모호한 가정에 기초하고 있다.

첫째, 개인들은 과거에 비행행위로 인해 만족을 얻거나 불쾌한 경험을 해본 일이 거의 없다고 가정한다(즉 과거로부터 학습이 전혀 이루어지지 않거나 최소한으로만 이루어진다고 가정한다). 많은 사례들에 있어서 청소년들은 그들의 인생 이력에서 적어도 몇 가지 범죄행위(그리고 범죄행위에 수반되는 결과의 경험과 함께)를 범한다고 가정하는 것이 보다 현실적일 것이다. 특히 그와 같은 청소년들은 과거의 경험으로부터 범죄행위로 인해 체포되지 않고 만족을 얻을 수 있다는 것을 배울 가능성이 높다. 따라서 직선적인 위협형의 법교육 프로그램이 시작된다 해도 행위와 불쾌한 결과 사이의 연결성을 수립할 가능성은 매우 약할 것이다. 이전의 범죄행위로부터 도출되는 어떠한 만족도 직선적인 위협형의 노력을 가로막을 수 있다. 어떤 법교육 교사라도 과거에 범죄행위를 저질러서 만족감을 얻어 본 적이 있는 청소년들은 다루기 어렵겠지만 청소년들이 매우 순진할 것이라고 전제하는 직선적인 위협형의 교사에게 이런 청소년들은 넘을 수 없는 벽이 될 것이다.

직선적 위협형은 또한 청소년들이 아무런 제재를 받지 않고 범죄행위를 저지른 다른 청소년들에 대해서 전혀 모르거나 최소한의 정도로 알고 있다고 가정한다. 사실, 갓프레슨(Gottfredson, 1982)이 지적한 바와 같이 대부분의 비행자들에게는 비행 친구들이 있다. 게다가, 청소년들은 전형적으로 또래 집단들과 교제하는 가운데서 불법적인 행위를 범한다(Eriskson & Jensen, 1977; Warr, 1996). 법교육을 받는 학생 자신이 심각한 범죄를 저질러 본 적이 없다 해도, 수업내용에 기술된 처벌을 경험하지 않고 범죄행위로부터 "이익"을 얻고 있는 다른 사람들을 알고 있을 가능성이 매우 높다.

청소년들이 비행을 저지르는 또래들에 대해서 가지고 있는 일종의 존경심도 법교육 교사들에게 또 다른 걸림돌이 될 수 있다. 밀러(Miller, 1958)는 많은 비행자들이 비행을 지지하는 "이목의 집중(focal concerns)"을 받고 있다고 기술한다. 요약하자면 이러한 청소년들은 어려운 문제나 인생역경에 거칠면서도 물정 밝게 대처하는 과정을 통해 자립능력을 과시하는 흥분을 즐기고 있는 것이다. 비록 그와 같은 청소년들이 체포된다고 할지라도 그들은 동료들로부터 종종 "멋지다"라는 존경을 받는다. 게다가, 감옥에 간 젊은 층을 존경하고 동일시하는 청소년을 만나는 것은 흔한 일이다. 여기서 중요한 것은 사법 체계의 제재에 대한 두려움이 다양한 사법 체계의 제재로부터 공동체로 돌아온 동료집단, 부모들 또는 다른 성인의 경험에 의해 줄어들 수 있다는 것이다. 사법 과정에서 "살아남을" 뿐만 아니라 실제로 그것 때문에 존경받는 사람들이 있다는 사실은 두려움을 약화시킬 수 있고 심지어 그 경험을 자랑스럽게 여기도록 만든다. 밀러(Miller)가 기술한 하위 문화적 정향성(subcultural orientation)은 직선적 위협형의 수업내용의 타당성을 부인한다.

마지막으로 이 접근 방식은 이러한 제도적 처벌과정이 대부분의 청소년들에게 두려움을 줄 것이라고 전제하지만, 실제로 개별 청소년들은 두려움보다 더 중요한 고려사항을 통해 제도를 받아들인다. 자신의 또래 집단과 동일한 경험을 하지 못하는 것은 법적인 제재를 받는 것만큼이나 심각한 문제인 것이다. 밀러(Miller, 1958)가 자신의 연구에서 관찰한 또래 집단 내에서 구성원으로서의 자격과 지위를 상실할 가능성은 사법 체계 과정의 결과보다 큰 두려움을 유발할 수 있다. 즉 범죄의 "흡인력(견인력)"은 직선적 위협형의 법교육이 발생시키는 견인력을 압도할 수 있다. 이것은 특히 공동체의 합법적인 활동에 관여하지 않는 청소년들의 경우에 그렇다.

직선적 위협형의 접근 방식은 현대 청소년 사법 체계가 다루어야만 하는 청소년들의 현실적인 모습을 도저히 제시할 수 없다. 이 접근 방식을 옹호하는 사람들이 가정하고 있는 것보다 청소년들은 덜 순진하고 그들의 환경에 대해서 보다 많이 의식하고 있다. 오히려 비행과 범죄가 없는 세상에서 어떤 일들이 가능할 것인지 보여주는 것이 더 도움이 될 것이다. 이 점은 시카고의 청소년 갱에 대한 소트와 스토드벡(Short and Stodtbeck, 1965)의 연구에서 강조되었다. 이들에 따르면 갱의 구성원들이 대안, 즉 법적인 기회가 실제로 있다고 느낀다면 많은 수가 갱을 떠날 수 있을 것이라고 한다. 모든 청소년들이 그와 같은 기회들을 의식하고 있다고 가정할 수 없기 때문에 실행가능한 법교육 프로그램은 그와 같은 기회에 대한 통찰을 제공할 필요가 있다. 이 장에서 논의할 법교육에 관한 마지막 접근 방식은 이러한 통찰들을 계발하고자 노력한다.

Ⅲ. 황제의 옷(벌거벗은 임금님)

법교육에 대한 두 번째 접근 방식은 많은 학교와 청소년 사법제도에서 보이는 교육적인 방향과 비슷하다. 그것은 법체계, 정치 체계 그리고 어느 정도까지는 전 사회 체계를 매우 완벽에 가까운 것으로 제시하는 것이다. 청소년들은 이러한 완벽한 체계에 제대로 적응하지 못한 존재들이므로 기존의 틀에 잘 맞도록 다시 만들어질 필요가 있는 대상으로 묘사된다. 이러한 접근에서는 문제를 다루는 법체계 구성원들(예컨대, 판사, 교도관, 경찰, 변호사, 보호 감찰관 등)의 이상적인 역할이 기술되고, 체계를 구성하는 기본 요소(예컨대, 경찰기구, 법정 그리고 교도소)의 이상적인 기능도 가르쳐지며, 규칙과 법의 신성함이 강조된다.

이와 같은 프로그램의 정당화근거는 이해하기 어렵지 않다. 이 접근 방식의 핵심은 '우리의 삶의 방식'을 무비판적으로 수용하는 것이다.

법과 사법 체계에 대한 단순한 존경(분명히 어떠한 법교육 프로그램에도 가치가 있는 목적인)을 장려하는 것이 목적이라고는 하지만, 실제로는 법에 대해 경외감을 갖는 것을 목적으로 하고 있다. 이 접근 방식은 직선적 위협형의 접근 방식과 완전히 다르다. 법체계에 대한 두려움과 공포가 아니라 맹목적인 신뢰와 존경을 추구하는 것이다.

이 접근 방식에서 교과과정은 체계와 체계를 유지하는 사람들에 대한 어떠한 비판도 허용하지 않는다. 현재의 법체계는 정의(正義)에 대한 미국적 이상의 민주적 구현체로 묘사된다. 학생들은 삶의 다양한 영역에서 권위를 부여받은 지위에 있는 사람들에게 순종하도록 강요된다. 사법부를 맡은 사람들이 엄청난 책임을 가지고 있음이 강조된다. 이 접근 방식에서 교수자들은 교육자라기보다는 학생들에게 관람을 시키고 감탄을 유발하는 관광 가이드에 더 가깝다. 학생들은 사회의 구성요소로 아닌, 구성원의 자격을 갖추기 위한 훈련생으로 간주된다.

이 접근 방식은 직선적 위협형과 마찬가지로 현실성을 결여하고 있다. 사실 청소년들은 직·간접적으로 일상생활에서 사법 체계를 경험하고 있다. 친구들과 사회제도에 관한 경험을 나누면서 사회의 정의와 불의에 대해 직접 접하게 된다. 벌거벗은 임금님이라는 동화의 어린 관찰자와 유사하게 오늘날 청소년들은 황제의 옷이 너무나 빈약하다는 것을 알고 있다. 예를 들어, 그들은 모든 경찰들이 정직하지 않다는 것을, 부패한 판사들도 있다는 것을 그리고 법체계가 항상 공정하지 않다는 것을 충분히 의식하고 있다. 청소년 자신들이 잘못된 것을 알고 있는 내용을 그대로 믿으라고 가르치는 교수자들에 대해 불신하고 비웃는 청소년들에 대해서 어느 누구도 나무랄 수 없다. 직선적인 위협형과 마찬가지로 학습자를 주체로 보지 않고 개념적으로 분리시킴으로써 이 접근법도 청소년들을 비행적인 하위문화 속으로 밀어 넣고 불법적인 대안을 더 매력적으로 만든다.

청소년들을 사법 체계의 경험에 참여시키는 것은 법교육의 본질적인 요인이다. 청소년들은 검토되는 사회 체계의 요소로서 간주되어야만 한다. 우리는 모두 공동체 내의 복합적인 상호 관련성 속에 참여하고 있고 사회적 그리고 법적 책임을 공유하고 있다. 체계와 체계 속의 행위자로부터 법교육을 받는 학생들을 분리시키는 것은 법교육에 준거가 되는 개념적인 틀에 대한 접근을 가로막는 것이다. '황제의 옷'이라는 접근 방식(그리고 직선적 위협형의 접근 방식)에 내재하는 분리로 인해 청소년들은 세계 내에서 그들의 위치와 관련하여 수동적인 학습자로 남게 된다.

Ⅳ. 참여형 법교육: 활동을 통한 학습

앞에서 논의한 접근 방식에 대안적인 접근 방식으로 학생들이 학습 과정에 능동적으로 참여하여 학습할 주제를 제기하고, 가치를 분석하며 관념들을 검증하는 것 등이 제시될 수 있다. 이 접근 방식은 학생들로부터 공포도 존경도 추구하지 않는다. 그것은 청소년들이 사회 속에서 그들의 지위에 대한 관념, 즉 에릭슨(Erikson, 1968)이 정체성으로 기술한 것을 발달시키도록 돕는 법 원칙과 시민으로서 행동 원칙에 대한 이해를 증진시키고자 한다. 이 접근 방식은 장점과 단점으로 가득 찬, 현실에서 기능하는 사법 체계를 이해하는 데 강조점을 둔다.

V. 경험에 의한 학습

　활동을 통한 학습 방식은 그림 2-1에 제시된 콜브(Kolb, 1976)의 경험적인 학습 순환 과정과 일치한다. 콜브의 순환이 "경험에 의한(experiential)"이라고 불리는 것은 학습에 있어서 경험의 중요성을 강조하기 때문이다. 구체적인 경험이 출발점으로 기능하고 만들어진 경험이 아니라 현실적인 경험이 본질적이다. 청소년들을 법교육 프로그램으로 이끈 경험, 또는 법교육 프로그램을 통해서 시작된 또 다른 경험으로부터 시작할 수 있다. 경험 다음에 경험의 모든 측면들에 대한 토론을 수반하는 관찰과 성찰이 뒤따른다. 그다음에는 경험들이 추상적인 수준에서 개념화되고 이로부터 일반화와 결론이 도출되며 가능한 새로운 경험들이 제기된다. 그리고 나서 학습자들은 이러한 일반화와 결론을 토대로 능동적으로 실험을 해본다. 낡은 행동방식이 교정되고 새로운 행동방식이 검증된다. 교정된 또는 새로운 행동방식은 다시 순환과정을 반복적으로 겪게 된다.

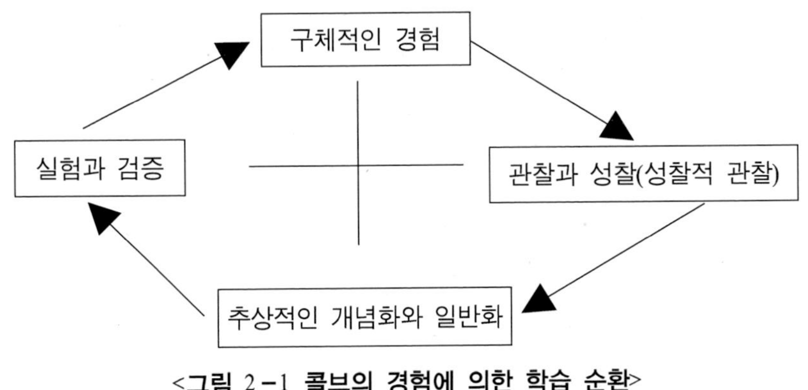

<그림 2-1 콜브의 경험에 의한 학습 순환>

　콜브의 모형은 학생들에게 수동적인 수용자라기보다는 능동적인 참

여자로서 역할을 부여하며 또한 학습자료가 학습 상황의 외부에서도 즉시 유용해야 한다고 강조한다. 이 모형에 기초한 방법들은 다양한 학생들, 맥락 그리고 과목들에 적용되어 왔었다(예컨대, Svinicki & Dixon, 1987; Ulrich & Cole, 1987; Well & Cole, 198; Wells & Layne, 1989; Young & McCormick, 1991).

심리학자들이 지적한 바와 같이 행동의 변화(예를 들어, 비참여 또는 불법적인 행동 대신 공동체에 능동적인 관여할 경우)는 태도의 변화를 증진시킬 수 있다(Bandura, 1969; Bem, 1967). 청소년 사법제도(juvenile justice)에 바탕을 둔 법교육의 목적은 태도와 행동을 바꾸는 것이라고 흔히 언급된다. 따라서 법교육의 교수(敎授)는 그림 2−1에 묘사된 과정을 진행하면서 청소년들이 매일 접하는 바로 그 환경 내부에서 이루어지는 긍정적인 활동에 그들을 참여시켜야만 할 것으로 보인다.[11]

예를 들어 설명하면, 학습 순환 과정은 습관적으로 결석하는 한 학생이 법교육에 들어온 것으로부터 시작된다. 무단결석은 구체적인 경험이며 학습 순환의 다음 국면의 기초로서 기능할 수 있다. 다음 국면에서, 모든 법교육 참여자들이 무단결석의 경험에 대해서 논의할 것이다. 여기서 다른 참여자들의 반응과 관찰들이 공유되고 논의될 것이다. 그 결과 무단결석을 경험한 참여자는 무단결석의 의미를 발견하고자 노력하면서 수많은 관점으로부터 무단결석 경험에 대해서 성찰을 시작한다. 이러한 성찰로부터 무단결석을 경험한 참여자는 무단결석에 관한 논리적인 일반화와 결론을 도출하기 시작한다. 무단결석에 대한 찬성과 반

---

11) 사회심리학에서는 개개인이 가지고 있는 태도(attitude)가 행동(behavior)을 결정하게 되므로 교육의 궁극적인 목적은 태도의 변화라고 보는 견해가 많았으나 위 글에 언급된 반두라, 벰 등의 학자들은 오히려 행동의 변화가 태도의 변화를 가져올 수 있다고 주장했다. 예를 들어 건전한 사고를 가진 학생들이 봉사활동이라는 행동을 할 수도 있겠지만 오히려 비행청소년들이 봉사활동을 통해 건전한 사고를 갖도록 변화될 수 있다는 것이다. 지금 소개되고 있는 법교육의 세 번째 방법은 바로 이렇게 실제 생활에서의 행동과 참여를 통해 법과 관련된 태도를 변화시키는 것을 주된 방법으로 삼고 있다(역주).

대에 관한 토론을 경청한 후에 무단결석을 경험한 참여자는 다른 사람들에게 자신이 이 문제를 해결할 방법을 밝힐 수 있을 것이다. 순환의 마지막 국면에서 무단결석을 경험한 참여자는 이전에 도출된 일반화와 결론을 미래의 결정과 행위들을 이끄는 데 사용할 것이다. 낡은 행동을 교정하고 새로운 행동을 시험해 보려는 시도가 이루어질 것이다. 이러한 것들은 다시 관찰과 성찰의 대상이 될 새로운 구체적인 경험(예를 들어 성적 향상)을 위한 장을 확립하게 될 것이다.

VI. 학습 양식들(Styles)

전형적으로 학습자들은 자기 자신만의 독특한 발견과 학습 양식의 과정을 사용하여 배우고 있는 정보의 타당성을 평가한다(Kolb, 1974; McCarthy, 1985). 학습 양식이라는 개념은 학습 상황에 적용되는 개인들의 주요 특징을 일컫는다. ─ 일정한 방식으로 정보를 수집하고, 구조화하며 적용하는 개별화된 방법. 이러한 방법들은 다른 개인적인 특성과 동시에 한 사람의 일생에 걸쳐 진화한다.

학습 양식들은 그림 2─1에서 제시된 순환의 각 단계에서 서로 다른 능력들이 요구된다는 것을 고려할 때 적절한 것이 된다. 학습자들은 구체적인 경험 또는 추상화(순환의 수직적인 차원)로부터 정보를 획득하거나 투입한다. 그들은 성찰 또는 능동적인 실험(순환의 수평적인 차원)을 통해서 정보를 처리한다. "구체적인 경험은 추상적인 개념화의 극단적인 반대편에 있고 능동적인 실험은 성찰적인 관찰의 반대편에 있기 때문에 학습자들은 네 가지 중에 하나에 보다 뛰어난 능력을 발달시키는 경향이 있으며, 따라서 이것은 학습 상황에 대한 학습자의 접근 방식에 영향을 준다."(Wells & McKinney, in press)

다양한 학습 양식에 대해 고려함으로써 교육자와 연구자들은 전통적인 교수 방법에 대해 일련의 신선한 대안을 제안할 수 있다(Ast, 1988; Claxton & Murrell, 1987; Conti & Welborn, 1986; Dorsey & Pierson, 1984; Fizzell, 1982; Rush, 1983). 맥카시(MacCarthy, 1985)는 자신이 '4Mat(format) 체계(system)'로 명한 콜브 모형의 응용에 대해서 서술한다. 그녀가 말한 응용이란 이성적이고 감성적인 뇌의 좌우 처리 양식을 중첩시켜 세련되게 만드는 것이다. 학습자들은 학습 양식(style)뿐만 아니라 뇌의 다른 부분을 사용하는 데 있어서도 차이가 난다. 이러한 차이로 인해 교사들은 유연한 교수 방법을 채택해야만 한다. 맥카시(MacCarthy, p.63)에 따르면, "대부분 강의와 문답방법에 의존하는 현재 우리의 교수 양식(style)은 단지 한 유형의 학습자들에게만 매력적이다." 소수의 학생들에게만 적합한 학습방식이 사용되는 과정에서 학생들의 특징은 무시되게 마련이다. 그녀는 프랭크 프레스(Frank Press, p.63)를 인용한다. "우리는 꽃 없이 식물을 가르치고, 지구 없이 지질학을 가르치고, 별 없이 천문학을 가르친다." 우리는 민주주의를 가르치고자 하는 노력이 종종 전체주의적인 교육방법을 통해 이루어지게 된다는 사례를 아마도 여기에 추가할 수 있을 것이다. 그러므로 '4Mat 체계'가 법교육 수업에 매우 적절한 것으로 보인다.

'4Mat 체계'는 학습자들의 학습 양식 즉 좌 또는 우 뇌의 처리 양식을 선호하는 경향성에도 불구하고 학습하고자 하는 모든 학생들에게 교사들이 평등한 기회를 제공하도록 장려한다. 교사들은 학생들이 다양하며, 서로 다른 관점들과 경험들을 가지고 있다는 사실을 기쁘게 받아들여야 한다. 학생들은 스스로 발견하도록 인도되어야 하며 교사들은 학생들의 동기를 고양시키는 것이 그들의 주요 과제라는 것을 생각해야 할 것이다.

활동을 통한 학습 방식은 학습 양식의 차이를 수용하는 데 필요한 유연성을 허용한다. 구체적인 경험을 통해서 정보를 받아들이고 성찰적인 관찰을 통해서 정보를 처리하는 데 매우 뛰어난 학생들은 구체적인 접촉과 상황에 관련된 교실 상호 작용과 토론에 의한 학습이 적합하다. 이러한 학생들은 다양한 관점에서 구체적인 상황을 보고 문제를 인식하며 아이디어를 창출하고, 의미를 찾는 데 능숙하다. 교수자들은 이러한 학습자들의 경우 만약 법교육 프로그램들이 이러한 의미를 제공하지 못한다면 학습자들은 길을 잃게 되어 학습자료를 경험과 연결시킬 수 없게 된다는 것에 주의해야 한다.

동일한 방식으로 정보를 받아들이더라도 정보를 처리하는 데 능동적인 실험에 상당히 많이 의존하는 다른 학생들은 실제적인 프로젝트, 연습 과제 그리고 문제들에 반응을 잘 할 수 있다. 이러한 학생들은 직접적인 상황에 대한 적응을 요구하는 상황에서 이를 가장 잘 수행한다. 만약 법교육 프로그램이 이러한 학생들에게 적합하지 않는 교수 방법을 이용한다면 학습자들은 관심과 학습 의욕을 상실하기 시작할 것이다.

추상적인 정보습득과 성찰적인 과정을 좋아하는 학생들은 정의, 묘사, 분석 그리고 분류와 같은 것들을 강조하는 전통적인 방법이 적합하다. 기초 과학자처럼 이러한 학생들은 문제를 정의하고 이론을 구성하는 것을 즐긴다. 맥카시(MacCarthy, 1980)에 따르면 대부분의 학교들은 이러한 학습자들을 위해서 설계되어 있다고 한다.

추상적인 정보습득을 좋아하지만 능동적인 검증을 통해서 정보를 처리하는 것을 선호하는 학생들은 원칙의 실제적인 적용을 장려하는 연습과제가 첨부된 원칙제시 방식이 더 적합하다. 즉 이러한 학습자들은 계획을 실행하고 새로운 경험에 참여하는 것을 즐긴다. 만약 법교육 프로그램이 단지 수동적인 학습만 제공한다면 이와 같은 학생들이 최선의 방식으로 배울 기회가 주어지지 않을 것이다.

법교육의 세 가지 방식 중 활동을 통한 학습방식은 처음 두 가지 접근 방식과 현격하게 다르다. 학생들은 수동적이고 분리된 존재가 아닌 능동적이고 존중받는 동료자이다. 학습과정은 학생들의 현실적인 경험으로부터 수립된다. 교과내용은 겁을 주는 것도 숭배하는 것도 아닌 현실 그대로를 담고 있다.

이러한 이점에도 불구하고 이 접근 방식은 실행하는 데 많은 어려움이 있다. 이 접근 방식은 교수자에게 너무 많은 것을 요구한다. 이것은 교수자에게 매우 상세한 계획을 세울 것을 요구할 뿐만 아니라 다른 두 접근 방식이 요구하는 것보다 상당한 정도로 많은 관여를 할 것을 요구한다. 게다가 학생들의 다양한 학습 양식에 대한 인식과 감수성이 매우 중요하다. 교수자가 이러한 다양성을 존중하는 것은 학습자와 교수자의 인격적인 상호 작용을 고양시킨다. 순환의 네 가지 단계 활동을 모두 이용하는 법교육 프로그램은 각 참여자의 학습 양식에 민감할 뿐만 아니라 참여자들이 다른 학습 방식에서도 전문적인 능력을 발달시키도록 장려한다.

모든 청소년들이 이러한 능동적인 학생 참여를 선호할 것이라고 가정하기도 어렵다. 사실, 올슨(Olson, 1971)이 집합적 행위의 논리에 관한 그의 논의에서 말한 바와 같이, 학생들의 입장에서 볼 때 참여하지 않는 것이 당연히 합리적이다. 다른 청소년들이 열심히 참여해서 과정이 잘 유지되고 있는 한 굳이 자신이 참여할 필요는 없으며 오히려 섣불리 참여했다가 실패할 수 있다는 두려움도 가질 수 있다. 참여하지 않는다면 어떤 부담도 질 필요가 없는 것이다.

그러나 교수자가 비참여 행동에 대한 성찰을 통해 참여에 대해 고민해 보도록 할 수 있다는 점에 주목할 필요가 있다. 비참여는 그 자체로 성찰적인 관찰, 개념화 그리고 대안의 검증을 요구하는 하나의 경험이다. 참여하지 않으면 실패로 인한 아픔을 겪지 않아도 되지만, 반대로 성취의 기쁨을 경험할 기회를 원천적으로 봉쇄한다는 문제도 가지고 있다. 비참여자들을 위해 이러한 문제들은 공개적으로 언급될 필요가 있다. 교수자들은 어떤 학생들이 참여하기를 꺼리고 활동기회를 외면하는지 잘 살펴볼 필요가 있다. 작은 성공들을 통해서 학생들은 참여를 증진하는 데 필요한 자신감을 발달시킬 수 있다.

우리 주장의 핵심은 학습을 통한 개인적인 성취감은 청소년들이 하나의 부분인 사회제도에 능동적으로 참여함으로써 가장 잘 실현될 수 있다는 것이다. 교사의 역할은 듀이(Dewey, 1938)가 묘사한 내부의 잠재력을 펼쳐내는 경험을 학생들이 접할 기회를 제공하는 것이다. 이러한 기회들은 사법 체계에 대한 이해를 확장시키는 과정에서 학생들끼리 긍정적인 상호 작용을 나누면서 생겨나게 된다. 청소년들이 참여하는 법교육 프로그램에서는 현실적인 문제를 다루기 때문에 개인과 집단의 잠재성에 관한 논의를 위한 환경과 주제를 제공할 수 있다.

Ⅶ. 결 론

우리가 직선적 위협과 황제의 옷(벌거숭이 임금님)이라고 부른 법교육 접근 방식은 단지 '허수아비'에 불과한 것은 아니다. 꼭 법교육에만 관련된 문제는 아니지만 청소년 사법 체제에서 이 두 접근 방식의 변형들이 교육적 의도라는 미명하에 너무 자주 사용되어 왔다. 우리가 이 장에서 말하고자 하는 결론은 이러한 접근들이 진정한 법교육이 아니며 일부 변형된다 해도 진정한 법교육이 될 수 없다는 것이다.

위협과 협박을 통해서 공포와 불안을 유발하는 것이 교육이라고 정의내리는 사람은 거의 없을 것이다. 때때로 교육의 과정에 두려움이 수반될 수 있지만 두려움에만 전적으로 의존하여 교육의 과정이 이루어지는 것은 결코 아니다. 또한 잘못된 관념을 무비판적으로 수용하여 교육을 정의하는 것을 받아들일 사람도 거의 없을 것이다. 교육은 어떤 대상을 두려워하거나 또는 숭배하는 능력을 발달시키는 것이 아니다. 그것은 사회적 삶과 자신의 적절한 관련성을 인식하고 자신과 관련된 문제들에 참여하는 데 충분한 이해의 수준을 획득하는 지속적이고 발전하는 과정이다. 비록 이 과정이 종종 어렵고 불완전하지만 시도할 만한 가치가 높은 것이다.

이렇게 볼 때 이 글에서 기술된 세 번째 방식만이 *교육적* 가능성을 가지고 있다. 따라서 단지 이 접근 방식만이 법교육이라는 이름을 부여받을 수 있다. 한 걸음 더 나아가서 우리는 비록 세 번째 접근 방식에 수많은 어려움이 있고, 성공을 결코 보장하지 못하더라도 처음 두 가지 접근 방식을 세 번째 접근 방식에 접목하려고 시도해선 안 된다는 사실을 분명히 하고자 한다. 교과 내용과 분리된 수동적인 학습자를 상정하고 불법적인 행동과 사법 체계에 대한 학습자의 과거 경험과 불일치하는 정보를 전달하는 접근 방식에는 근본적인 결함이 있다. 이러한 접근 방식은 우리가 변화시키고자 하는 바로 그 태도와 행동을 영속화시킬 가능성이 높다.

참고문헌

Ast, H. J.(1988, November). *Learning Style: Implications for curriculum and instruction*. Paper presented at the Alberta Association for Adult Literary Conference, Alberta, Canada.

Bandura, A.(1969). *Principles of behavior modification*. New York: Holt, Rinehart and Winston.

Bem, D. J.(1967). Self−perception: An alternative interpretation of cognitive dissonance phenomenon, *Psychological Review, 74*, 183−200.

Claxton, C. S. & Murrell, P. H.(1987). *Learning Styles: Implications for improving educational practices*. Washington, DC: Association for the Study of Higher education.

Cotin, G. J. & Welborn, R. B.(1986). Teaching−learning styles and the adult learner. *Lifelong Learning, 6*, 20−24.

Dewey, J.(1938). *Experience and education*. New York: Macmillan.

Dorsey, O. L. & Pierson, M. J.(1984). A descriptive study of adult learning styles in a nontraditional education program. *Lifelong learning, 7*, 8−11.

Erickson, M. L. & Jensen, G. F.(1977). Delinquency is still group behavior!: Toward revitalizing the group premise in the sociology of deviance. *Journal of Criminal Law and Criminology, 68*, 262−273.

Erikson, E.(1968). *Identity: Youth and crisis*. New York: Norton.

Fizzell, R. L.(1982, October). *The status of styles*. Paper presented at the annual conference of the Midwest Association of Teachers of Educational Psychology, Chicago.

Gottfredson, G.(1982). *Role models, bonding and delinquency: An examination of competing perspectives*(Report No.331). Baltimore: Center for Social Organization of Schools.

Kolbe, D. A.(1974). On management and the learning process. In D. A. Kolb, I. Rubin & J. McIntyre(Eds.), *Organizational psychology: A book of readings*(pp.27−42). Eglewood Cliffs, NJ: Prentice−Hall.

Kolbe, D. A.(1976). *Learning style inventory technical manual*. Boston: McBer

& Co.

Kolbe, D. A.(1985). Learning styles and disciplinary difference. In A. Chickering(Ed.), *The modern American college*(pp.140−161). San Francisco: Jossey−Bass.

MacCarthy, B.(1980). *The 4Mat System: Teaching to learning styles with right/ left mode techiniques.* Arlington Heights, IL: EXCEL, Inc.

MacCarthy, B.(1985). Waht 4Mat training teaches us about staff development. *Educational Leadership*, April, 61−68.

Miller, W. B.(1958). Lower class culture as a generating milieu of gang delinquency. *Journal of Social Issues*, 14, 5−19.

Olson, M(1971). *The logic of collective action: Public goods and the theory of groups.* Cambridge: Harvard University Press.

Rush, I. E.(1983, March). *Comparatives study of learning styles and related factors between traditional and nontraditional students at the University of Akron.* Paper presented at the meeting of the National Council on Aging, Detroit.

Short, J. F. & Stodtbeck, F.(1965). *Group processes and gang delinquency.* Chicago: University of Chicago Press.

Svinicki, M. & Dixon, N.(1987). The Kolb model modified for classroom activities. *College Teaching*, *35*, 141−146.

Ulrich, T. A. & Cole, G. S.(1987). Toward more effective training of future entrepreneurs. *Journal of Small Business Management*, October, 33−39.

Warr, M.(1996). Organization and instigation in delinquent groups. *Criminology*, 34, 11−37.

Wells, J. B. & Layne, B. H.(1989). *Management development training evaluation for Georgia Department of Corrections*(NIC TA #89A1011). Washington, DC: National Institute of Corrections.

Wells, J. B. & McKinney, M. K.(in press). Assessing criminal justice student learning styles for multimedia instruction. *Journal of Criminal Justice Education.*

Young, D. B. & McCormick, G. M II(1991). The application of cognitive learning theory to criminal justice education. *Journal of Criminal Justice Education*, 2, 5−14.

법교육의 이론과 실제, 조사연구

"법교육의 이론과 실제, 조사연구"

Scott Hunt, Deborah Williamson,
and Christie Addington

I. 서 론

현장실무자들은 흔히 학문을 청소년 선도 프로그램에서의 일상적인 일과는 상관이 없고 이와는 연계되지 않은 이론과 조사연구로만 인식한다. 심지어는 학문이 현장실무자에게 유용한 이론 및 연구 결과물들을 제시하는 경우에도, 그러한 지식의 유용성은 흔히 언급되지 않고, 이해되지도 않으며 전적으로 무시되기도 한다. 많은 현장실무자들은 이론과 연구가 청소년 비행과 선도 등 상대적으로 중요하지 않은 측면을 맴돌거나, 현장실무자의 일상 업무와는 유리된 사회적 해결책이 필요한 큰 규모의 문제에 집중하는 것으로 인식한다.

우리는 법교육에 있어서 실천과 이론 그리고 조사연구의 상호 연관성을 보여주려 한다. 우리는 이 세 분야의 결합이 어떻게 청소년 선도를 증대시킬 수 있는지에 대한 이해를 논의한다. 이러한 과제를 달성하기 위해 법교육의 실제에 대한 논의를 먼저 시작한다. 전형적인 일련의 법교육 수업이 법교육의 실제를 설명하기 위해 아래에 제시되고 있다.

Ⅱ. 법교육의 실제

전국에 걸쳐 많은 프로그램에서, 법교육 수업의 첫 번째 시간에는 규칙, 의사결정 그리고 그의 중요성 등의 개념을 다룬다. 학생들은 어떻게 규칙이 질서를 가져오고 개인의 자유를 보호하며 최대 다수의 최대 선을 확보하는지를 이해하는 기회를 갖게 된다. 이러한 목적을 달성하기 위한 것이 전국법부문시민교육연구소(National Institute for Citizen Education in the Law)가 개발한 '범람하는 강' 수업이다.

갑자기 불어 닥친 심한 폭풍우 속에서 한 경관이 다리를 건너는 차들을 지켜보고 있다. 심한 비가 운전자의 시야를 가려서 교통은 거의 서 있다시피 하다. 걱정스럽게도 강턱은 범람하는 강에 의해 사라져가고 있다. 어떤 사람이 경관에게 달려와 메시지를 전달한다 ……급격한 홍수가 오고 있다.-범람으로 인해 두 개의 다리가 이미 쓸려 내려가 버렸다.

경관은 본부로 무전을 해서 상황을 확인한다. 그 지역이 30분 이내에 범람할 것으로 예상된다는 무전이 들어온다. 게다가 경찰서장은 단 한 대의 긴급차량 이외에는 어떤 차도 다리를 통과시키지 말라는 명령을 내린다.

경관이 다리로 가자 물이 급격하게 차올라 오는 것이 보인다. 다리까지는 3피트도 채 남지 않았다. 또한 그는 다섯 대의 긴급차량이 다리로 접근하는 것을 발견한다. 경관은 다리를 건너게 허용할 단 한 대의 차를 재빨리 결정해야만 한다(Juvenile Court Alternative Program, 1990, p.79).

수업은 진행자가 다섯 개의 밝은 색 표지를 교실에 설치하는 것으로 시작된다. 각각의 표지는 소방차, 우편트럭, 구급차, 보안관의 차 그리고 고속도로 순찰차 등을 나타낸다. 진행자는 위의 시나리오를 학생 참여자들에게 읽어주고, 수업 활동에서 학생들을 도와주게 될 외부 자원인사[12](resource person)를 소개한다. 그런 다음, 진행자는 각각의 참여자에게 급박한 상황하에서의 경관의 역할 중 자신들의 입장을 택하게 하고 다리 통과를 허용할 차량을 정할 것을 요구한다.

진행자는 단 한 대의 차량만이 도강이 허용된다는 점을 다시 한 번 강조한다. 학생들은 자신들의 결정에 대한 합리적인 주장을 주의 깊게 전개할 것을 요구받게 된다. 자원인사는 학생들의 주장 전개를 도와줄

---

12) resource person은 법교육에서 매우 자주 사용되는 말이면서도 우리말로 옮기기 어려운 표현이다. 내용의 현실성, 사회에의 참여, 권위체와의 긍정적 상호 작용 등을 강조하는 법교육에서는 판검사, 경찰관, 변호사 등 학교 외부의 인사들을 수업 자원(resource)으로서 수업에 참여시키는 경우가 많다. 본서에서는 '외부 자원인사'라는 표현을 사용하기로 한다. 우리나라에도 이런 사람들이 참여하는 수업이 활성화되고 보다 적절한 용어가 개발되길 기대한다.
추가적으로, 독일 법교육의 경우 처음부터 법무성의 주도하에 법교육이 시작되면서 법조인들이 직접 학교현장에 들어가서 수업을 진행하는 경우가 적지 않았으나 미국의 경우 ABA가 법교육에 조직적으로 개입하는 단계에서 교원 노조나 현장 교사들과의 마찰을 우려하여 직접 법교육 수업을 진행하기보다는 교사의 법교육 수업에 조력자로서 참여하는 형태를 권고하였고 따라서 법조인들이 직접 교수자(instructor)로 활동하기보다는 외부 자원인사로서 활동하는 것이 일반적인 형태가 되었다(역주).

수 있다. 다음, 학생들을 도강이 허용되는 것으로 결정된 차량을 나타내는 표지로 가도록 한다. 학생들은 차례로 그들의 결정에 대한 이유를 설명한다. 자원인사는 주의 깊게 경청하고, 모든 학생들의 발표가 끝난 후 자신의 지식과 실제 상황에서의 법적 적용에 기초하여 학생들의 활동을 설명한다. 학생과 자원인사 간의 상호 작용에는 충분한 시간이 주어진다.

이러한 수업이 이루어진 한 예에서, 어떤 학생은 소방차를 나타내는 표지로 갔다. 그 학생의 결정이 가장 빨랐기 때문에 진행자는 가장 먼저 그에게 다가가 이유를 물었다. 이 사례에서 다리 건너편의 양로원에 벼락이 떨어졌다는 설명이 추가로 주어졌었다. 질문을 하자 소방차를 선택한 학생은, 벼락 때문에 아마도 화재가 발생하고 많은 사람들이 위험에 처해 있을 것이라고 대답했다. 또한 많은 이들이 갇혔으며 환자들을 옮기는 데도 많은 시간이 걸릴 것이라고 덧붙였다. 진행자는 다른 참여자에게로 가서 그들의 결정을 물어보았다. 모든 사람의 주장을 경청한 후, 진행자는 젊은 남자 경찰관이었던 자원인사에게 그러면 이런 위험한 상황에서 어떻게 행동할 것인지를 물었다.

경찰관은, 시나리오에 의하면 구급차는 생명이 급박한 위험에 처한 세 사람을 싣고 있었기 때문에 구급차가 다리를 건너게 허용했을 것이라고 대답했다. 만일 그가 도강을 허용하지 않는다면 세 환자들의 죽음에 대한 책임을 지게 될 것이었다. 경관은 소방차의 도강에 집착했던 학생에게 덧붙였다. 이 사례에서 벼락이 양로원에 떨어진 것은 분명하지만, 화재가 발생했다는 것은 명시되지 않았다. 둘째, 폭우가 내리고 있었으므로 아마도 화재가 확산되지는 않았을 것이라는 것이다. 또한 경찰관은 양로원에 환자들을 대피시킬 숙련된 직원들이 분명히 있을 것이라는 점을 재차 강조했다. 마지막으로 강 건너의 소방서가 아마도 출동했을 것이라는 설명을 덧붙였다. 끝맺으면서 경찰관은 구급차에 타고 있는 죽음의 위험에 직면한 세 사람에 대해 자신이 가장 걱정하고 있다는 점을 되풀이하여 말했다. 그들의 생명은 경찰관에게 있어 사실적 우위(factual priority)에 해당했던 것이다.

이 수업의 목표는, 상황과는 상관없이 개인에게 여러 선택이 항상 존재한다는 것을 확인하고 인식함으로써 '대안(alternatives)'이라는 아이디어를 탐구하는 것을 담고 있다. 또 다른 목표는 의사결정이 그에 따른 결과를 가져온다는 점을 강조하는 것이다(Juvenile Court Alternative Program, 1990). 좋은 의도를 가졌다 하더라도 성급한 결정은 파멸적 결과를 가져올 수도 있는 것이다. 나아가 이 수업은 공권력을 가진 자가 취한 행위가 대개는 어렵고 복잡한 결정에 기초하고 있다는 점을 보여준다. 외부인의 입장에서는 어떤 차량을 통과시킬 것인가를 결정하는 것은 자의적인 것으로 보인다. 그러나 경찰관의 역할을 수행함으로써 그리고 실제로 그러한 문제들에 직면하고 있는 경찰관과 대안들을 토론함으로써, 학생들은 안전과 충돌하는 요구 등뿐만 아니라 어떤 절차의 규칙에 기반을 두어 어떻게 결정이 이루어지는지를 경험하게 된다.

또 다른 법교육 수업은 권위라는 개념을 중심으로 이루어진다. 권위 탐구의 목표는 참여자들로 하여금 학생들의 삶과 관련된 상황에서 *권위를 가진 권력과 권위를 갖지 않는 권력* 간의 차이를 탐구하도록 하는 것이다(Center for Civic Education, 1990a). 이 목적을 달성하기 위해 수업은 진행자가 묻는 일련의 질문들로 시작된다. 권력이란 무엇인가? 권위란 무엇인가? 우리가 무엇을 할지 명령할 권리는 누가 갖는가? 그리고는 참여자들은 권력과 권위라는 단어의 정의에 대해 생각해 볼 기회를 갖게 된다. 간단한 브레인스토밍 활동을 통해 참여자들은 다음과 비슷한 리스트를 만들어 내게 된다.

권력	*권위*
능력	능력
힘	감독 / 지시
남용하는	합법적인
불법의	남용하는

으스대는   권력을 가진

다음에 진행자는 칠판에 쓴다:

권력: 다른 사람을 통제하거나 지시하는 능력. 사람들은 권력을 사용할 권리를 가지며, 다른 한편으로는 그렇지 않다. 권위는 권력이지만, 합법적으로 사용되는 권력만이 권위라고 할 수 있다(Center for Civic Education, 1990a, p.22).

그다음, 진행자는 참여자들을 작은 모둠으로 나눈다. 각 모둠에게 하나 또는 두 개의 시나리오가 주어지고, 그 시나리오가 권위를 가진 권력인지 또는 권위를 갖지 않은 권력인지를 결정하도록 한다. 시나리오의 예는 다음과 같다.

1. 판사가 아만다에게 야간통행금지를 명령한다.
2. 톰은 존이 그의 여자 친구에게 접근하면 때려주겠다고 위협한다.
3. 경찰관 린은 무기를 몰래 소지하고 있다는 이유로 매기를 체포한다.
4. 존의 어머니는 벌로 존이 전화를 하지 못하도록 한다.
5. 목사는 가게에서 절도한 혐의로 기소된 자를 위해 기도할 것을 신자들에게 요구한다.

각각의 모둠은 각 사례가 권력 또는 권위를 나타내고 있는지 여부를 결정하여 발표한다. 진행자와 자원인사는 각 모둠의 답변을 설명하고, 권력과 권위의 구분을 아는 것이 왜 중요한지를 강조하며 활동을 종료한다.

이러한 활동은 종종 폭력집단의 우두머리나 학교의 골목대장에 대한 토의로 이어진다. 참여자들은 흔히 이런 사람들이 어떤 행동을 할지 명령할 수 있는 권위를 갖고 있다는 생각을 갖기 쉽다. 왜냐면 그들은 나이가 많고 '보다 똑똑'하며 따르는 무리가 있고 공포를 불어넣는 능력이 있기 때문이다. 이 수업 활동은 이러한 인간들이 법에서 인정하지 않은 권력을 행사하는 것뿐이라는 점을 학생들이 이해하는 데 도움을 준다. 또한 위협적 행위에 대응할 수 있는 법적 권리가 참여자들에게 있음을 이해하는 데에도 유용하다.

세 번째의 기초적 법교육 수업은 책임에 초점을 맞춘다. 많은 프로그램에서, 공공장소에서의 흡연을 금지하는 것에 대한 모의 입법 청문회를 다루는 수업이 이루어진다. 이때 학생들에게는 '상원의원 스미스[13]'의 입장이 되도록 지시하게 되는데, 이 사람은 공공장소에서의 흡연 금지에 대해 찬성할 것인지 또는 반대할 것인지를 결정할 책임이 있다. 스미스 의원의 주에서는 담배가 가장 중요한 상품 작물이며, 만일 그녀가 금지에 찬성하는 투표를 하게 되면 많은 일자리가 위험에 빠지게 될 것이라는 점을 알고 있다. 반면에 스미스 의원은 보건 문제에 대해 매우 큰 관심을 가지고 있다. 그녀는 간접흡연이 발암의 원인이며 매년 수천 명의 사람들이 담배와 관련된 이유로 죽어가고 있다는 점을 또한 알고 있다(Center for Civic Education, 1990b).

모의 입법 청문회에서 학생 참여자들은 스미스 의원이 처한 딜레마에 대해 공식적인 형태로 응답을 해야 한다. 학생들에게는 스미스 의원을 설득하기 위한 세 개의 입장이 제시된다. 소규모 경작자들을 대표하는 사람은 상원의원이 금지에 반대하도록 압박하고 미국 폐질환 예방 협회(American Lung Association)에서 나온 사람은 의원이 금지 법안에 찬성하기를 원한다. 그리고 선택의 자유를 위한 시민연합(Citizens United for Freedom of Choice)에서 나온 대표자는 스미스 의원이 금지 법안에 반대하기를 요구한다. 다양한 프로그램의 젊은이들은 모의 입법 청문회에서 다음과 같은 주장들을 접하게 된다.

스미스 의원, 만일 당신이 담배 법안을 통과시킨다면 수천 명의 농

---

13) 영어에서 'Smith'는 우리말에서 '홍길동', '아무개'와 같이 불특정한 인명을 가리킬 때 사용된다(역주).

부들은 직업을 잃게 될 것입니다. 소규모 경작자들은 조상 대대로 담배 재배를 통해 생계를 유지해 왔습니다. 이 농부들과 그 가족들은 어찌해야 합니까? 도대체 대안은 갖고 있습니까?

의원님, 저는 미국 폐질환 예방 협회를 대표합니다. 이 법안에 대한 당신의 투표는 매우 중요한 것이라고 말씀드립니다. 암 관련 사망의 63%가 비흡연자의 간접흡연 때문이라는 사실을 아십니까? 흡연에 의해 많은 생명들이 위험에 빠진다는 점을 생각할 때 어떻게 반대투표를 할 수 있겠습니까?

선택의 자유를 위한 시민연합의 일원으로서, 귀 의원의 지역구 주민 대다수가 귀 의원이 각 개인들의 흡연 여부 선택권을 반드시 보호해야 한다고 믿고 있음을 주지시켜 드리고 싶습니다. 아시는 바와 같이 흡연자들은 비흡연자들의 공간을 반드시 배려해야 하며, 또한 이 같은 점은 비흡연자 집단으로부터 주장되어 왔습니다. 그러나 공공장소에서의 흡연을 전적으로 금지하는 것은 우리가 소중히 여기는 자유권을 위협하는 일인 것입니다.

진행자는 일반적으로 한 반을 다섯 개의 작은 모둠으로 나눈다. 모둠들은 다음 사람들로 구성된다.

1. 상원의원과 보좌관들
2. 담배 재배농가
3. 선택의 자유를 위한 시민단체
4. 건강한 환경을 위한 시민단체
5. 미국 폐질환 예방 협회

뒤의 네 모둠은 스미스 의원에게 제시할 자신들의 최선의 주장을 개발한다. 각 모둠에서는 대표를 선출하며, 대변인은 의원과 보좌관들에게 7분 동안 주장을 전개한다. 의원의 보좌관들은 각 주장의 핵심들을 주의 깊게 기록하고, 의원이 적절한 질문을 하는 것을 도와준다. 각 모둠의 제안이 끝나면, 의원은 5분 이내에 의사결정을 하고 그녀의 결정을 모둠에게 공식적으로 발표한다.

진행자와 자원인사는(자원인사로는 흔히 입법 조사 위원회의 직원이나 상원의원, 또는 하원의원이 그 역할을 한다.) 활동을 정리하고 질문 시간을 갖는다. 여기서 학생들은 공권력(authority)에는 어떤 이는 찬성하나 어떤 이는 반대할 규칙을 만드는 책임이 따른다는 것을 배우게 된다. 이 시나리오는, 공정하고 정의로우려면 입법자들은 관련된 모든 집단들의 관점을 경청하고 고려해야 하는 책임을 가진다는 것을 보여준다. 입법자들은 자신들의 결정이 모든 집단들에게 영향을 준다는 사실에 대해 책임감을 가져야 한다. 나아가, 시민들은 그들의 의견을 표현하고 그럼으로써 의사결정자들을 설득할 능력을 갖춰야 한다.

대부분의 프로그램에서 4주차 기간에 마지막으로 실시되는 중요한 개념 수업은 정의와 관련된 복잡한 주제이다. 진행자는 절차적, 분배적, 교정적 정의의 문제 모두에 초점을 맞출 수도 있지만, 대부분은 교정적 정의 문제를 다루게 된다. 절차적 정의는 의사결정에서의 공정성을 주장한다. 분배적 정의는 사막에서의 식수나누기와 같이 어떤 것을 분배하는 데에 초점을 맞춘다. 교정적 정의는 어떤 것이 잘못되거나 위법이 발생했을 때 '바르게 돌려놓는' 것과 관련된다(Center for Civic Education, 1990c).

청소년 문제를 탐구하는 것은 교정적 정의 문제의 탐구에 가장 강력한 방법 중의 하나이다. 청소년 문제는 참여자의 삶과 연관되어 있으므로 마음에서 우러나오는 반응을 기대할 수 있다. 예를 들어 청소년 권리 포기(waiver)[14]에 대한 스트리트로의 소년법원 대안 프로그램(Juvenile Court

---

14) 청소년은 주로 교화를 목적으로 한 소년법의 적용을 받게 되어 있다. 그러나 그 범죄의 질이 매우 나쁘거나 비행이 반복적으로 발생하여 교화의 효과가 없을 때 소년법의 적용을 받을 수 있는 권리를 포기시키고(waiver) 성인과 같이 일반 형법으로 처리하게 된다. 이러한 권리 포기는 청소년 자신의 선택에 의한 것이 아니고 검사나 법원의 판단에 의한 것이므로 엄밀히 말하자면 '권리 박탈'로 볼 수 있으나 waiver가 일반적으로 '권리 포기'로 번역되어 사용되므로 일반적 용례에 따랐다. 참고로 우리나라의 경

Alternative Program) 수업에서, 진행자는 권리 포기가 무엇인지 그리고 권리 포기의 효과가 무엇인지 아는 사람이 있는지 묻게 된다. 권리 포기는 법원 또는 검사가 젊은이를 교화할 가능성이 전혀 없다고 생각할 때 발생한다고 진행자는 차트에 기록한다. 그런 다음, 진행자는 언제 청소년이 성인으로서 기소되어야 하는지 질문한다. 주로 변호사가 담당하게 되는 자원인사는 권리 포기 또는 성인 법원에로의 변경이 이루어지는 다음 특별한 사유들을 제시한다.

1. 중대한 공격 행위
2. 비행의 반복적 발생
3. 법적 요구 연령의 충족
4. 청소년 교정제도의 교화 노력이 있었음과 그의 실패(Juvenile Court Alternative Program, 1990)

참여자들은 작은 모둠으로 나누어지고, 분석 대상 사례가 주어진다. 사례들은 다음과 같다.

1. 16세 소년이 살인 혐의로 기소되었다. 이 소년은 전과가 없다.
2. 16세 소년이 과실치사의 혐의로 기소되었다. 이 소년은 폭행과 절도로 다섯 번 체포된 적이 있다.
3. 17세 소년이 차를 훔쳤다. 이 소년은 절도로 한 번 체포된 적이 있다(Juvenile Court Alternative Program, 1990, pp.37-38).

학생들은 15분 동안 사례에 기준을 적용하고 결론에 도달하게 된다. 어느 법교육 학기 중에 세 명으로 구성된 한 모둠이 위의 세 번째 시나리오에 대해 열심히 탐구하였다. 세 학생은 각각 검사, 변호사, 소

우도 청소년들이 대개 소년법의 적용을 받지만 죄질에 따라 일반 형사절차에 따르게 되는데 미국과 같이 권리 포기 절차 등이 따로 규정되어 있는 것이 아니라 검사의 판단에 따라 결정된다(역주).

년법원 판사의 역할을 하였다. 이 모의 활동에서 검사는 피고인은 '충분히 성숙'했으며, 분명히 법을 위반했다고 판사에게 주장했다. 그녀는 그가 성인으로서 기소되어야 한다고 강력히 요구하였다. 그녀는 보다 엄중한 판결이 지역의 범죄를 감소시킬 수 있을 것이라는 의견을 갖고 있었다. 변호사는 그 같은 엄격한 규율이 이루어지기 전에, 보다 많은 사회적 노력이 필요하다는 점을 역설했다. 그녀는 피고인이 알코올중독자인 아버지에 의해 양육되면서도 학교에서 좋은 성적을 보였음을 지적했다. 소년법원 판사는 피고인의 사건을 소년법원에서 관할해야 한다고 판단했다. 그는 피고인을 성인으로서 기소한다는 것은 이 복잡한 문제의 경우에 적절하지 않다고 믿었다. 그는 피고인과 그의 아버지가 즉시 상담을 받기 시작하도록 지시했다.

이 수업의 목표는 사법적 절차가 사건에 대한 주의 깊은 심사과정을 포함하고 있다는 점을 학생에게 가르치는 데 있다. 나아가, 학생들은 피고인의 과거의 행동(규율, 공권력, 책임 등과 관련된)이 사법 심사에서 고려된다는 점을 배우게 된다.

Ⅲ. 법교육: 이론과 조사연구의 연계

지금까지는 법교육의 실제에 대해 간략히 살펴보았다. 이제 이 프로그램과 관련된 이론과 조사연구로 논의를 옮겨 보자. 법교육에 대한 논의를 하기 전에, 일반적인 사회 이론과 조사연구에 대해 약간 언급해 볼 필요가 있다.

1. 사회 이론과 조사연구

이론은 사회 조사연구와 실행에서 일반적으로 가장 오해를 받고 있다. 일상생활에서 '이론'은 일반적으로 두 가지 의미를 지닌다. 첫째, 이론이란 과거에 어떤 것이 어떻게 발생했는가 그리고 미래에 언제 발생할 것인가에 대한 생각이라는 것이다. 이 정의는 이론을 의견의 수준으로 축소시킨다. 만일 우리가 어떤 사람의 이런 생각에 동의하지 않는다면, 우리는 "그건 단지 그/그녀의 이론일 뿐이야."라고 말하며 그 설명을 기각한다. 둘째, 이론을 독단이나 교의(敎義)와 같이 보는 것이다. 이 관점은 이론을 특별한 종류의 의견으로 보는데, 이는 지지자들이 맹목적으로 믿거나 끊임없이 설교하는 종교적 혹은 정치적 신념과 비슷한 것이다. 예를 들면, 우리는 흔히 자신만의 '지론'을 추구하는 과정에서 귀중한 조직적 자원과 인력을 소모하는 공무원들을 비난한다. 이 두 정의는 이론이 실제 세계와 기껏해야 느슨하게 결합되어 있다는 믿음에 근거하고 있다.

이러한 이론에 대한 특성화는 사회 이론의 역할을 정확하게 반영하고 있지 못하다. 첫 번째 정의가 함의하고 있듯이, 이론은 어떻게 그리고 왜 사건이 일어나는지에 대한 설명이다. 나아가 이론은 미래의 사건 발생을 예측하는 데에도 사용된다. 그러나 이론적 설명과 예측은 의견 이상의 것이다. 의견은 사실과 느슨하게 연결된 견해이다. 실제로, 어떤 이들은 알려진 사실과 반대되는 의견을 취하는 경우도 있다. 종종 그들은 사실과 다름에도 불구하고 그들의 의견에 집착하기도 한다. 이론에서 그와 같은 사실에의 느슨한 연결은 허용되지 않는다. 이론은 반드시 알려진 사실들에 확고하게 기반을 두어야 하고, 단순한 의견은 고려하여서는 안 된다.

여기에서 또 하나의 중요한 사항이 있는데, 사회 연구자들은 이론을 독단이나 교의 같은 것으로 취급해서는 안 된다는 점이다. 이론은 항상 검증되어야 한다. 이론을 검증할 때에, 연구자는 그들의 이론을 반증하려고 해야 한다. 검증결과가 이론을 지지한다 할지라도 아직은 밝혀지지 않은 부정적이고 반대되는 사례가 여전히 있을 수 있으므로, 이론을 입증하려면 계속해서 반증을 시도하는 방법 외에는 방법이 없기 때문이다. 따라서 이론의 검증은 지속적이고 반복적으로 이루어지는 과정이다. 연구의 논리는 이론은 결코 확증될 수 없고 오로지 반증될 수밖에 없다는 생각에 기반을 두고 있다. 실제적 의미에서, 사회 이론의 지지자들은 독단적인 진리 맹신자가 될 수 없다. 왜냐면 그들의 이론을 반증하려 시도하는 극단적인 노력을 해야 하기 때문이다. 이는 이론을 맹목적으로 신봉하는 사람들은 관심을 갖지 않는 활동이다.

이론을 의견이나 독단 이상의 것으로 받아들일지라도, 어떤 사람은 이론의 필요성에 대해 여전히 의구심을 가질 수 있다. 그들은 대개 '사실 자체가 말하게 하는' 것을 원한다. 그러나 사실은 결코 스스로 말하지 않는다. 사실은 항상 해석과 설명을 필요로 한다. 사실과 사실의 관련성은 이론적 설명에 따라 이해될 수 있다. 예를 들어, 어느 도시의 아이스크림 소비와 강간사건의 발생에 대한 사실을 우리가 알고 있다고 하자. 나아가 우리는 아이스크림 소비가 증가할 때 강간사건도 증가한다는 것을 알아냈다. 이는 아이스크림 소비가 강간과 관련된 사실이라는 것을 의미하는가? 우리가 아이스크림 소비에 대한 사실적 데이터를 얻을 수 있다고 해도, 우리는 그것이 강간과 관련 있는 사실이라고 결론 내릴 수는 없다. 왜냐하면 우리는 왜 아이스크림 소비가 강간을 일으키는지 합리적인 이론적 설명을 도출할 수 없기 때문이다. 그러나 더운 날씨가 아이스크림 소비와 다른 강력범죄를 포함한 강간사건의 증가를 가져온다고 이론화할 수 있다. 우리는 특정한 도시의 기온과 강간사건과의 사이에 상호 연관성이 있는지를 봄으로써 우리의 이론을 일차적으로 검증할 수 있다. 만약 이를 지지하는 데이터가 있다면, 기온과 강간사건 간에는 상관관계가 있다고 결론 내릴 수 있다.

그러나 우리는 우리의 이론을 반증하는 사례를 찾을 수도 있다. 예를 들어, 아이슬란드 또는 다른 추운 기후를 가진 지역에서 기온이 강간 사건에 어떤 효과를 가져오는지 살펴볼 수 있다. 여기에서 중요한 점은, 사실이 이해되려면 정의되어야 하고 논리적인 이론적 설명이 가해져야 한다는 점이다. 이와 같이 사실은 항상 이론을 통하여 발언하는 것이다.

요약하면, 이론은 '실제 세계'와 반드시 연관되어 있다. 이론은 실제 세계의 특정한 측면에 대한 설명으로 시작하며, 이론의 적절성을 검증하기 위하여 지속적으로 현실 세계의 사실로 되돌아가야 한다. 이론과 연구는 지속적이고 불가피하게 연결된 과정으로 볼 수 있다.

2. 법교육과 청소년 비행의 사회학 이론

이제 법교육으로 눈을 돌려 법교육 프로그램이 등장하는 배경이 된 청소년 비행에 대한 사회학적 이론들에 대해 논의하게 될 것이다(Hunter, 1987). 법교육에 대한 주요 이론적 영향을 고찰함에 있어 두 개의 목적을 고려하고자 한다. 첫째, 우리는 법교육의 발전에 포함된 핵심적 문제를 보다 풍부히 조명해 준 주요 이론적 영향을 개괄할 것이다. 둘째, 우리는 이 이론적 토대를, 프로그램을 보다 발전시키려 하는 법교육 실천자들에게 장래의 수단으로 사용되도록 할 것이다.

① 사회통제이론

아마도 가장 핵심적인 이론적 영향을 준 것은 허쉬(Hirschi, 1969)의

사회통제이론일 것이다. 사회통제이론은 과거 수십 년 동안 청소년 비행에 관한 가장 지배적인 이론이었다(Stitt & Giacopassi, 1992). 허쉬의 이론은 연구 질문의 성격 자체가 청소년 비행에 관한 여타의 이론들과 다르다. 거의 모든 청소년 비행 이론은 무엇이 사람들로 하여금 범죄를 저지르게 하는가를 묻는다. 그와는 반대로, 허쉬의 사회통제이론은 무엇이 사람들로 하여금 규칙과 법을 준수하게 하는가를 질문한다. 허쉬의 대답을 요약하면, 개인들은 그들이 범죄를 저지르는 것을 막는 사회적 통제가 존재하기 때문에 준수하게 된다는 것이다. 이러한 통제가 약화되거나 전체적으로 붕괴될 때마다, 비행은 보다 발생하기 쉬워진다. 이 이론은 비행청소년은 일반 청소년과 전혀 다르지 않다는 것을 가정한다. 다시 말하면, 사회통제이론은 비행청소년이 법을 위반하는 타고난 성격을 가졌다고 가정하지 *않는다.* 비행청소년은 생래적으로 다르게 태어난 것이 아니다. 사회통제이론의 관점에서 보면, 비행청소년과 그렇지 않은 청소년의 차이는 가족 내에서의 초기 사회화 경험에 기인한다. 즉 비행청소년은 그렇지 않은 청소년보다 사회적 통제가 부족한 것이다.

허쉬(1969)에 의하면, 사회적 통제는 사회에 대한 결속(bond)으로 구성된다. 비행은 이러한 결속이 약해지거나 끊어졌을 때 발생한다. 이 결속은 애착(attachment), 관여(commitment), 참여(involvement), 신념(beliefs) 등 네 개의 주요 요소로 구성된다. 이들 결속 요소가 부모, 성인, 학교 교사, 정상적 또래 등에 의해 강화될수록, 청소년의 행동은 보다 통제될 것이며 준법행위를 보다 많이 행하게 될 것이다. 이 요소들이 약화될수록, 비행은 보다 많이 발생할 것이다. 허쉬는 이 네 요소들이 상호 연관되어 있다고 주장한다. 즉 어느 한 요소의 약화는 다른 요소들의 약화를 초래한다는 것이다. 또한 강화된 한 요소는 다른 요소들의 강화를 가져온다.

애착은 어느 개인이 다른 사람과 긴밀한 관계를 갖는 것을 의미한다. 높은 수준의 애착을 가진 사람은 다른 이의 기대와 평가를 걱정할 정도로 다른 사람을 동경하고 동일시한다. 사회적 통제이론은 민감한 사람일수록 다른 사람들의 의견을 더욱 따르며 비행을 덜 저지를 것이라고 예측한다. 관여는 규칙 준수에 대한 가치부여를 의미한다. 비행에 참여하면 개인이 가치를 부여하고 있는 기존의 사회적 행위들이 위험에 처하게 된다. 기존의 사회적 행위에 대한 관여가 클수록, 비행에 따르는 개인의 위험은 더욱 커지게 된다. 예를 들어 사람은 만일 그/그녀가 기존의 교육 및 직업적 목표에 높은 가치를 부여한다면, 비행을 덜 저지르게 된다. 사회적 결속의 세 번째 요소인 참여는 전통적인 노력(예를 들면, 학습, 운동, 가정생활 등)에 참가하는 것을 이른다. 상대적으로 이러한 전형적인 사회활동에 보다 많이 참여하는 사람은 이러한 참여에 바빠서 일탈 추구 행위에 빠져들 여유가 없어지게 된다. 신념은 네 번째 요소로서, 전통적 가치와 규범에 대한 지지를 의미한다. 사회의 규칙이 공평하고 공정하며 지켜져야 한다는 일반적 믿음은 비행의 가능성을 줄인다.

허쉬의 이론은 광범위하게 검증되었고, 어느 정도 입증되어 왔다. 예를 들면, 부모의 훈육과 그 밖의 다른 가족적 변수는 비행의 가장 유력한 예언요소이다(Glueck & Glueck, 1959; Loeber & Stouthamer-Loeber, 1986). Wiatrowski, Griswold와 Roberts(1981)는 결속은 가정에서뿐 아니라 학교에서도 형성된다는 것을 발견했다. 그 이유는 학교 또한 기초적 사회화기관이기 때문이다. Wiatrowski 등은, 개인이 그들의 삶에서 형성하는 결속이 허쉬가 관련지은 것처럼 단순하지만은 않다는 점을 보고했다. 사회적 계급, 부모의 배경, 부모의 사회에 대한 애착, 가족 내 사회화, 학교에 대한 신념 등 모두가 비행 참여의 가능성에 영향을 준다는 것이다. 허쉬의 이론은 상당한 지지를 받고 있지만 어떤 학자(예를 들면 Agnew, 1993)는 긴장 이론과 사회적 학습 이론이라는 탁월한 두 범죄학적 관점에서 나온 변수들과 결합될 때 사회통제이론이 더욱 강화된다고 주장한다.

② 긴장 이론

긴장 이론에서는 미국 내의 거의 모든 사람들이 높은 사회적, 경제적 지위를 획득하는 목표를 갖도록 사회화되어 있다고 주장한다(Cloward & Ohline, 1960; Merton, 1938, 1957). 대부분의 사람들은 좋은 교육, 높은 보수의 직업, 사회적 특권 그리고 물질적 풍요 등이 삶의 적절한 목표라고 배우지만, 어떤 사람들은 그러한 목표를 달성하는 수단에 접근할 수조차 없다. 사회적으로 인정된 목표를 향한 욕망은 보편적이지만, 이 목표를 달성하는 데 필요한 수단에 대한 접근성은 차별적이다. 그 결과 합법적 수단에 대한 접근성을 갖지 못한 사람들 중 일부는 종종 비합법적이거나 불법적인 수단으로 돌아선다. 어떤 사람들은 마약과 알코올을 통하여 사회로부터 도피함으로써 목표와 수단 모두를 거부하기도 한다. 따라서 긴장 이론은 빈곤층과 다른 사회적 소외 계층의 범죄와 비행을 설명하려 노력한다. 그러나 이 이론은 합법적 수단에의 접근성이 제한된 모든 사람들이 비행을 저지른다고 주장하는 것은 아니다. 어떤 사람들은 합법적 수단에의 접근성이 제한된 상황에서도 비합법적 수단으로 접근하지 않거나 비합법적 수단으로부터 벗어난다. 긴장 이론은 보다 큰 기회의 평등을 만들어 낼 사회적 개입을 요구하며, 사회적으로 승인된 목표를 향한 합법적 수단에의 접근성을 확대할 것을 요구한다.

③ 낙인 및 차별적 교제

법교육의 발전에 영향을 준 두 개의 추가적인 이론들이 낙인 및 차별적 교제이론이다. 낙인 이론에서는 부정적이거나 경멸적인 낙인이 자기 충족적 예언 효과를 가진다고 주장한다(Becker, 1973; Scheff, 1966). 즉 부정적 낙인이 찍힌 사람은 실제로 그 부정적 특징을 갖게 된다는 것이다. 마찬가지로 긍정적인 낙인을 받은 사람은 그러한 특징을 갖게 된다. 이런 맥락에서 또 하나의 다른 중요한 관점은 차별적 교제 이론인데, 이 이론은 범죄행위가 타인과의 상호 작용 속에서 배우게 되는 것이라고 주장한다(Sutherland & Cressey, 1978). 이 이론의 핵심적 측면은 사람은 이성과 법 위반에 대한 거부감을 넘어서는 믿음을 학습하기 때문에 비행자가 된다는 것이다. 비행 행동과 준법 행동은 차별적인 보상과 처벌 제도에 의해 강화되거나 단념하게 된다(Akers, 1985). 이 모든 사회적 학습 견해들은 '개인은 스스로를 다른 이의 역할에서 상상하고, 이를 자신에 대한 개념에 결합시키는 인지 능력을 갖고 있다'는 생각에 기초하고 있다(Akers, 1985, p.95).

이러한 시각은 비행의 가장 유력한 예측 요인이 청소년이 비행 또래들과의 상호 작용에 의존하는 정도라는 연구결과에 의해 지지되고 있다(Elliot, Huizinga & Ageton, 1985). 사회적 학습에 대한 거의 모든 연구들은 흡연, 음주 그리고 약물 문제를 다루고 있다. Krohn, Skinner와 Massey(1985)는 또래 집단 교제와 사회적 학습이 청소년 흡연의 유지와 중지에 영향을 준다는 것을 발견했다. 음주와 마리화나 사용에 대한 청소년의 태도를 다룬 비슷한 한 연구는 또래 집단 교제가 친구들에게 강력한 영향력을 갖고 있으며 일탈 또는 전통적 행위에 대한 사회적 강화의 역할을 한다는 것을 보여준다(Akers, Krohn, Lanza-Kaduce & Radosevich, 1979). 따라서 동료에 의한 칭찬이나 비난은 행위와 절제의 기준을 제공하는 역할 모델로서 기능한다(Akers 등, 1979). 이는 차별적 교제이론이 비행의 시작과 지속에 관해 효과적으로 설명할 수 있다는 것을 보여준다. 나아가, Jessor와 Jessor(1977)는 청소년의 문제행동에 친구와 자신이 역할모델로 삼는 성인들의 그 문제행동에 대한 인식과 태도가 큰 영향을 준다는 점을 발견했다. 또한 이러한 인식과 태도들이 음주와 마리화나 사용자에게 가장 중요한다는 것도 발견했다. Matsueda(1982)도 비행 친구들이 주변에 있을 경우 비행에 대한 노출이 늘어나 비행 소년들의 행동에 영향을 준다는 것을 발견했다. 마츠에다는 허쉬의 사회통제이론을 서덜랜드의 차별교제이론에 비추어 검증했는데, '문제행동에 대한 개념정의'라는 변수와 결합되는 경우를 제외하고는 거의 모든 상황에서 결속이 중요하다는 점을 발견했다. 이는, 또래나 부모 집단의 문제행동에 대한 개념 정의가 그 집단에 의한 결속보다 더욱 중요하다는 것을 의미한다. 또한 개인이 상대적으로 더 적은 비행 친구들을 갖고 있는 경우에 비행이 더 적게 일어났다는 것을 발견했다.

④ 법교육 조사연구

이러한 이론들은 비행과 범죄에 대한 많은 일반적인 연구들과 결합되어 법교육 프로그램의 평가에 기초가 되어 왔다. 예를 들어 Hunter(1987)는 사회적 통제, 긴장, 낙인 이론 등을 검증함으로써 학교 환경에서의 법교육의 성공을 평가하였다. 그는 법교육이 비행청소년과 경찰 간의 결속을 증가시킨다고 보고했다. 가장 중요한 것은, 법교육이 자신과 사회, 경찰 그리고 학교에 대한 부정적 태도를 변화시켰다는 점이다.

법교육을 소개받기 전과 후의 학생에 대한 조사에서, 헌터(1987)는 비행 및 일반 고등학생들의 명백한 변화를 발견했다. 사회통제이론을 이용하여 그는 법교육에 참여한 이후에 학생들은 나쁜 짓을 함으로써 (헌신) 무엇인가를 잃게 되었다는 사실을 보다 직시하게 되었고 비행을 피할 수 있었다고 대답했다. 조사 자료로부터 헌터는 학생들이 자원인사들과 점차 동화되고 있음을 깨달았고 법교육 수업에서 성인들과 상호 작용을 함으로써 그러한 관계(애착)를 위험에 빠지게 하는 행동을 선택하지 않도록 학습했다고 추론했다. 헌터는 학생들이 법교육 수업을 통하여 법의 존재 이유, 법에 대한 새로운 존경심, 복종 그리고 공정하지 않은 규칙을 변화시키는 능력을 학습했다고 주장한다(신념). 게다가 법교육은 학생들이 그들의 시간과 에너지를 쓸 수 있는 합법적인 방법을 제공했다(참여). 헌터에 의하면, 조사 자료는 또한 긴장 및 낙인 이론을 지지하였다. 법교육 프로그램은 학생들로 하여금 보상을 얻고 처벌을 피할 수 있는 합법적인 방법을 알려주었다. 법교육 프로그램이 완료된 후 학생들은 다른 비행 교정 프로그램이 일반적으로 부정적인 낙인이 붙어 있는 것과 달리 법교육 프로그램과 결합된 긍정적인 낙인 때문에 다른 이들이 자신들을 긍정적으로 보고 있음을 느꼈다. 헌터는 법교육에서의 교사, 성인, 정상 동료들과의 상호 작용이 비행에 대한 낮은 경향성을 보이게 했고, 결과적으로 보다 많은 준법 행동을 가져왔다고 결론지었다.

헌터의 발견은 Young(1992)의 연구에 의해 지지되었다. 청소년 법교육에 참여하고 있는 청소년들과의 인터뷰에서, 그녀는 법교육을 받은 학생들이 그렇지 않은 경우보다 재비행률이 낮아지는 것을 발견했다. 또한 법과 기본권에 대한 지식과 이해 그리고 지역사회 지도자들(예: 경찰, 변호사, 판사, 기업가)과의 상호 작용이 준법 행위를 증진시킨다는 것도 발견했다. 비슷하게, Williamson과 Young(1992)은 법교육에 참여한 학생들에게서 행동과 태도의 긍정적인 변화가 있음을 보고했다. 다른 연구들도 법교육과 관련하여 태도의 개선을 보고하고 있다(Buzzell, 1992; Fox, Minor & Pelkey, 1994).

Ⅳ. 법교육의 실천: 미래를 위한 제안

지금까지 이론과 연구 그리고 법교육의 실제 간의 연관성을 설명하였으므로 이제 현장실무자들이 가장 관심을 갖고 있는 문제로 되돌아감으로써 이 장을 마치려 한다. 일반적으로 모든 현장실무자들은 한 가지 질문, 도대체 어떤 프로그램이 효과를 거둘 수 있을 것인지에 가장 관심을 가진다. 연구와 이론 그리고 과거의 실행에 대한 평가에 기초해서, 프로그램의 개발자들은 효과적인 법교육 프로그램은 다음 여섯 개의 조건(prescriptions)을 갖추어야 한다고 주장한다(Hunter, 1987을 보라.). 헌터의 연구는 만일 다음의 조건들이 적절히 충족된다면 성공적인 결과가 나올 가능성이 커진다는 것을 보여준다.

1. 청소년을 다루는 데 익숙한 외부 자원인사의 적절한 이용

자원인사는 수업 주제를 발전시키는 사람으로 이해되어야 하며 단순한 '시간때우기용'(filler material)이어서는 안 된다. 상호 작용 상황에서 자원인사는 프로그램 대상자들과 잘 상호 작용하여야 하고 실제 세계의 경험을 제공해야 하며 주제를 잘 소화해야 한다. 그리고 "난 모르겠는데"라고 말할 수 있어야 한다. 자원인사를 활용한다는 것은 위기의 청소년들을 지역사회 지도자들과 결속시키는 데 있어 가장 중요한 일이다.

2. 수업의 충분한 질과 양

좋은 수업은 역할 놀이, 브레인스토밍, 모의법정 활동에의 참여, 교사－학생－자원인사 관계의 활용, 시청각 자료의 활용 등과 같은 다양한 상호 작용 전략을 담고 있어야 한다. 또한 좋은 수업은 진행자가 활동적인 학급 운영을 하면서 청소년들에게 주제를 익힐 수 있는 충분한 시간을 주는 수업이다. 과제 수행에 사용되는 시간 역시 중요한 수업의 과정이다. 충분한 양의 수업은 교사가 강의를 많이 한 수업이 아니라 주제에 투입된 시간이 충분한 수업을 말한다. 공립학교를 대상으로 한 연구는 법교육 활동에 참여하는 청소년들이 한 학기 또는 40시간 이상 활동할 때 가장 효과적인 결과를 가져온다는 것을 보여준다. 진정한 법교육 프로그램은 법의 날 행사, 법원 견학이나 변호사 또는 판사가 어쩌다 한번 교실을 방문하는 것보다 더 깊이 있는 경험을 제공해야 한다. 깊이 있는 경험이란 학생들로 하여금 다양한 다른 이들의 역할을 상상하게 하고, 그들의 관점을 자신들의 자기개념과 통합하

게 해 주는 것을 말한다.

3. 비판적 사고와 긍정적 동료 사이의 상호 작용을 기르는 상호 작
용 전략의 능숙한 활용

법교육 진행자는 참여자들 사이에 긍정적 상호 작용이 일어나도록
해야 한다. 그룹 상호 작용을 길러줄 필요가 있으며, 참여자들의 장점
과 단점을 서로 보완하는 상황을 제공하는 전략을 사용할 필요가 있다.
비행 관련 이론과 연구에서 이미 제시된 바와 같이, 동료 간 영향과
비행에 대한 개념 정의는 비행 예방에 핵심적인 요소이다. 학생 간에
활발한 상호 작용과 협력이 있어야 효과적인 법교육이라고 할 수 있다.

4. 균형 잡힌 교육 과정 자료

법교육 참여자들은 의사결정 과정, 전통적 행위의 준수나 비행행위
가 가져올 결과, 청소년 사법제도 등에 대해 배워야 한다. 이렇게 되려
면 논쟁적인 문제의 모든 측면들을 제시할 수 있는 자원인사의 선정뿐
만 아니라, 사례 자료의 사려 깊은 선별이 필요하다.

5. 동료 훈련과 지원체계 개발

만약 한 사람의 교사나 청소년 사법 실무자만이 법교육 프로그램의
실행에 앞장선다면 프로그램의 효과는 크지 않을 것이다. 그러나 몇몇
동료들이 동시에 훈련받고 실행에 나서게 된다면 지지가 확대되고 법
교육 프로그램은 매우 강화될 것이다.

6. 강력한 행정적 지원

프로그램의 성공을 위해, 학교 또는 청소년 사법제도의 행정가는 훈
련과 프로그램 실행에 반드시 포함되어야 한다.

이제까지의 이론과 연구에 따르면 행정가들과 현장실무자들은 법교

육 프로그램을 강화하기 위해 두 가지 영역이 추가적으로 개발되어야 한다고 주장한다. 하나는 부모 참여의 중요성이다. 이미 언급했듯이, 조사연구는 부모와 가족 변수가 비행의 징후에 강하게 연계되어 있다는 것을 제시한다. 아마도 법교육 행정가들과 현장실무자들은 프로그램에서 부모 또는 다른 가족 구성원을 보다 중심적으로 협력하게 하는 방법을 생각해 볼 수 있을 것이다. 그러나 몇 가지 주의가 필요하다. 어떤 청소년 사법 실무자는 부모의 법에 대한 복종과 범죄에 관한 신념이 아동의 부모에 대한 애착보다 비행의 예측에 있어 더 중요하다고 주장한다. 비행에 호의적인 부모와 가족 구성원들은 그들 자신이 법교육을 받을 필요가 있을 것이다. 즉 부모와 다른 가족 구성원들을 대상으로 하는 법교육 기회가 있어야 한다는 것이다. 또 다른 분야는 또래(동료)와 관련된다. 사회 이론과 연구는(예: 허쉬, 1969) 비행을 저지르지 않는 동료에의 애착이 비행을 막는다는 것을 보여준다. 법교육 행정가들과 실무자들은 그러한 동료들을 특정한 경우에 자원인사로 사용하는 방법을 고려해 볼 수 있다. 법교육을 받는 학생들은 만약 어떤 동료가 법교육 프로그램을 성공적으로 마친 경험을 가지고 있다면 그 동료와 결속되는 것을 더욱 좋아할 것이다. 그러한 자원인사는 법교육 학생들에게 '거기 있었던' 사람으로서 역할 모형의 기능을 하게 된다. 우리는 토론과 논쟁이 촉발되기를 기대하면서 이 두 분야를 언급한다. 물론 법교육 프로그램이 개선되려면 체계적인, 프로그램 수준의 실험과 연구가 필요할 것이다.

마지막으로, 사회 이론과 연구의 발전에 있어 현장실무자들이 하는 역할의 중요성을 강조하면서 이 장을 결론지으려 한다. 그들의 일상적 활동을 통해 현장실무자들은 법교육 프로그램에서 무엇이 효과가 있는지 아닌지를 직접 보고 있다. 무엇이 효과가 있는지 아닌지를 밝히기 위해 현장실무자들은 설명을 발전시킨다. 이러한 설명들은 법교육의 효과를 위한 연구에서 종종 좋은 시발점이 된다. 체계적 연구가 수행된다면 이 설명들은 법교육 이면에 있는 이론은 물론, 궁극적으로는 실제의 법교육에 변화를 가져올 수 있다. 그러나 간과되기 쉬운 것은 현장실무자들이 그들의 관찰과 설명을 연구자들과 교류하여야 한다는 점이다. 우리의 청소년 사법제도를 보다 발전시키려면, 이론가와 연구자와 행정가와 현장실무자 간의 열려 있는, 사려 깊고 투명한 의사소통이 필요한 것이다.

참고문헌

Agnew, R.(1993). Why do they do it? An examination of the intervening mechanisms between "social control" variables and delinquency. *Journal of Research in Crime and Delinquency, 30,* 245−66.

Akers, R. L., Krohn, M. D., Lanza−Kaduce, L. & Radosevich, M.(1979). Social learning theory and deviant behavior: A specific test of a general theory. *American Sociological Review, 44,* 635−655.

Akers, R. L.(1985). *Deviant behavior: A social learning approach.* Belmont, CA: Wadsworth.

Akers, R. L.(1994). *Criminological theories: Introduction and evaluation.* Los Angeles, CA: Roxbury.

Becker, H.(1973). *Outsiders.* New York: Free Press.

Buzzell, T.(1992). Using law−related education as an intervention with high risk youth. *Journal for Juvenile Justice and Detention Studies, 7,* 42−47.

Center for Civic Education.(1990a). *Authority: Law in a free society series, Ⅳ.* Calabasas, CA: Center for Civic Education Publishing.

Center for Civic Education.(1990b). *responsibility: Law in a free society series, Ⅳ.* Calabasas, CA: Center for Civic Education Publishing.

Center for Civic Education.(1990c). *Justice: Law in a free society series, Ⅳ.* Calabasas, CA: Center for Civic Education Publishing.

Cloward, R. & Ohline, L.(1960). *Delinquency and opportunity.* Glencoe, IL: Free Press.

Elliott, D. S., Huizinga, D. & Ageton, S. S.(1985). *Explaining delinquency and drug use.* Beverly Hills, CA: Sage Publications.

Fox, J., Minor, K. & Pelkey, W.(1994). The relationship between law−related education diversion and juvenile offenders' social−and self−perceptions. *American Journal of Criminal Justice, 19,* 61−77.

Glueck, S. & Glueck, E.(1959). *Predicting delinquency and crime.* Cambridge, MA: Harvard University Press.

Hirschi, T.(1969). *Causes of delinquency.* Berkeley, CA: University of

California Press.

Hunter, R.(1987). Law-related education practice and delinquency theory. *International Journal of Social Education, 2,* 52-64.

Jessor, R. & Jessor, S.(1977). *Problem behavior and psychosocial development.* New York: Academic Press.

Juvenile Court Alternative Programs.(1990). *Juvenile justice law-related education lessons.* Washington, DC: National Institute for Citizen Education in the law.

Krohn, M., Skinner, W. & Massey, J.(1985). Social learning theory and adolescent cigarette smoking: A longitudinal study. *Social Problems, 32,* 455-473.

Loeber, R. & Stouthamer-Loeber, M.(1986). Family factors as correlates and predictors of juvenile conduct problems and delinquency. *Crime and Justice: A Review of Research, 7,* 29-149.

Matsueda, R.(1982). Testing control theory and differential association: A causal modeling approach. *American Sociological Review, 47,* 489-504.

Merton, R.(1938). Social structure and anomie. *American Sociological Review, 3,* 672-682.

Merton, R.(1957). *Social theory and social structure.* Glencoe, IL: Free Press.

Scheff, T.(1966). *Being mentally ill: A sociological theory.* Chicago, IL: Aldine.

Stitt, B. G. & Giacopassi, D. J.(1992). Trends in the connectivity of theory and research in criminology. *The criminologist, 17,* 3-6.

Sutherland, E. & Cressey, D.(1978). *Criminology.* Philadelphia, PA: J. B. Lippincott.

Wiatrowski, M. D., Griswold, D. B. & Roberts, M. K.(1981). Social control theory and delinquency. *American Sociological Review, 46,* 525-541.

Williamson, D. & Young, C.(1992). Law-related education as a diversion option for juvenile offenders in Kentucky. *Journal for Juvenile Justice and Detention Services, 7,* 16-21.

Young, C.(1992). *Law-related education: An analysis of the Project Prince model implemented in Kentucky's juvenile justice system.* Unpublished master's thesis, Eastern Kentucky University.

위험에서 재활까지: 법교육의 역할

"위험에서 재활까지: 법교육의 역할"

Norma D. Wright

Ⅰ. 도 입

다양한 개인적, 환경적인 요인들로 인해 청소년 범죄가 증대되고 있다. 청소년 범죄가 급격하게 증가하고 있고, 가정, 학교, 지역사회가 연관된 조직적이고 포괄적인 요인들이 이에 영향을 주고 있는 것은 사실이지만, 청소년 범죄와 폭력이 통제불가능한 것이 아니라는 확실한 증거들이 존재한다. 이 논문의 목적은 두 가지이다. 첫째, 불리한 환경을 성공적으로 극복한 청소년들의 특성을 찾아 확인하는 것이다. 둘째, 이러한 특성 개발을 증진시키는 데 있어서 법교육의 역할을 강조하는 것이다.

법교육은 입헌민주주의 체제하에서 시민성 함양을 위한 교육적 프로그램이다. 이는 책임 있는 참여자가 되기 위해 필요한 기본적인 원칙과 기능을 학생들에게 가르치도록 설계되어 있다. 법교육 프로그램은 목적에 적합한 흥미로운 방법들을 사용한다는 특징을 가지고 있다. 예를 들면 사법 체계 자원인사들을 광범위하게 활용하는 것, 지역사회 봉사·법원 견학·경찰 순찰 게임·인턴십 등의 현장 학습, 모의재판과 같은 참여적이면서도 교과 연합적 성격을 지닌 수업 등이 있다.

Ⅱ. 무엇이 위기 요인인가?

'위기의 청소년'(youth-at-risk)은 여기저기서 각기 다른 의미로 사용되는 용어이다. 거의 모든 교육 관련 간행물에서 서로 다른 의미로 사용되고 있다. 이러한 개념적 명확성의 부족은 Potter Stewart 대법관이 음란물의 정의에 대해 질문받았을 때 그가 한 대답을 연상시킨다. 그는 질문에 이렇게 대답했다. "나는 그것을 정의할 수 없다. 하지만 그것을 보면 알 수 있다." 이와 비슷하게 우리 모두는 위기의 청소년이 누구인지를 안다. 그들은 안전망을 제공하지 않는다면 그 갈라진 틈으로 굴러 떨어질 청소년들이다. 이들이 반드시 공격적이고 전형적인 청소년 범죄자들은 아니다. 이들 또한 온순하고, 수줍어하는 소극적인 아이들이다. 그리고 어떤 한 지역이나 계층, 인종집단으로 제한되지도 않는다. 그들은 일반적인 학교 현장 어디에나 있다. 여기에서는 위기의 청소년을 '상호 연관된 생물학적·심리적·사회적 요인들이 복합적으로 작용해 상대적으로 더 비행 행동을 할 가능성이 높은 사람들'이라고 정의하고자 한다.

1) 위험요인 조사

위험 예방 프로그램(risk-focused prevention program)은 위험이 발생하기 전에 그러한 행동을 예방하는 것이다. 따라서 어떤 요인이 위험 행동을 증가시키는지 알아서 이를 찾아 줄여야 한다. 청소년들을 위기에 처하게 하는 요인들은 매우 많고, 서로 관련되어 있지만 서열화되어 있지는 않다. 호킨스(Hawkins, 1992)는 분명하고 일관된 연구를 통해 대부분의 교육가들에게 익숙한 10개의 요인을 제시했다.

1. 가족, 학교, 지역사회와의 유대 부족과 소외
2. 일찍 그리고 자주 반사회적 행동을 접함
3. 위험 행동이 많은 가족사(가족내력)
4. 가족 관리 능력 부족
5. 가족들의 갈등
6. 경제적, 사회적 박탈
7. 학업 실패
8. 교육에의 열의 부족
9. 또래 비행집단과의 교제
10. 지역사회 해체(이웃과의 교류부족, 높은 범죄율, 감독 소홀, 술과 약물 이용가능성 등)

이상의 위험요인들이 있다고 해서 어떤 청소년이 비행에 가담할거라고는 장담할 수 없지만, 이러한 요인들은 비행의 발생 가능성을 높인다. 위험요인들이 더 많이 나타날수록 위험은 더 증가한다. 한편 많은 위험요인들이 상관성은 있지만, 예측까지 가능케 하는 것은 아니다. 예를 들어 알코올중독자 부모를 둔 자녀들은 알코올중독자가 아닌 부모의 자녀들보다 더 알코올중독자가 될 가능성이 높지만 알코올중독자의 아이들 대부분이 알코올중독자가 되는 것은 아니다.

III. 재활 조사연구

위험요인에 대한 조사나 이론들이 예방과 개입에 관해 이해하는 데 상당히 기여했지만 아이들이 어떻게 그러한 비행에서 회복되고 매우 열악한 환경을 극복할 수 있는지 설명하지는 못한다. 청소년들은 대부분 일정 시기에 어느 정도 이상의 위험요인을 경험하게 된다. 하지만 대부분의 청소년들은 위험요인에서 벗어날 능력이 있다. 매우 위험한 환경의 영향을 성공적으로 극복하는 능력이 재활이다. 이는 심한 스트레스를 경험함에도 불구하고 사회성을 발달시키는 능력이다. 무엇이 이것을 가능하게 만드는가? 학교가 어떻게 아이들을 돕는 환경을 만들 수 있을까?

버즐(Buzzell, 1992)은 위험과 재활에 관한 조사결과에 따르면 다수의 심리학적 특성들이 여기에 영향을 준다고 말한다. 예를 들어 소외, 학업실패, 대인관계 결핍과 같은 위험요인들은 인지과정과 관련된 다양한 특성들을 포함한다. 재활 요인의 구조 또한 문제해결력, 사회성, 자율성과 같은 심리학적 특징들을 중시한다.

버즐이 지적한 바에 따르면, 인지와 재활에 관한 연구결과는 교정 프로그램들의 평가결과와도 일치한다. 로스(Ross, 1990)는 사회로 돌아온 청소년 범죄자들을 재활시키는 데 "어떤 것도 효과적이지 않다."라는 일반적인 믿음에 도전했다. 1973년에서 1987년 사이에 출판된 연구들을 자세히 살펴보고는, 몇몇 프로그램이 상당히 성공적이었다는 점과 성공한 프로그램들은 소년범의 사고에 영향력을 줄 것으로 기대되는 어떠한 기술을 가지고 있었다는 점을 발견했다. 성공적인 프로그램들은 소년범들의 추리력, 문제해결력을 증진시키고, 소년범들로 학여금 타인의 견해를 인정하고, 타인의 사고와 감정을 포용하게끔 유도하는 기술을 담고 있었다.

이러한 연구에 기반을 두어 버나드(Bernard, 1993)는 재활 청소년들의 특성을 다음과 같이 설명했다.

1. 사회적 능력
   a. 타인에 대한 반응성(responsiveness)
   b. 개념적 유연성과 지적 유연성
   c. 타인을 위한 배려
   d. 적절한 의사소통 기술
   e. 유머감각

2. 문제해결력
   a. 규칙과 법에 관한 추상적인 사고를 적용하는 능력
   b. 반성적 사고를 할 수 있는 능력
   c. 비판적 추론력
   d. 절망적 상황에서 대안을 생각하는 능력

3. 자율성
   a. 긍정적인 독립심
   b. 효능감의 생성
   c. 높은 자아존중감
   d. 충동 통제
   e. 계획과 목표 설정
   f. 미래에 대한 믿음

이러한 특성들은 청소년들이 반사회적인 영향력을 거부하는 데 긍정적인 영향을 줄 수 있다. 비행 예방과 개입을 성공적으로 하기 위해 이러한 특성들을 발달시키는 것은 중요한 목표로 설정될 수 있다.

1) 보호요인(Protective Factors)

보호요인은 위험요인을 개선하고 재활의 특성들을 촉진시키는 조건, 또는 영향력이다. 이들은 단지 위험요인의 정반대를 말하는 것은 아니다. 이와 무관하게 보호요인을 설정할 수 있다. 앤서니(Anthony)는 위험, 재활, 보호요인이라는 용어를 명확히 하기 위해 다음과 같은 유추로 설명했다.

> 유리, 플라스틱, 철로 만들어진 세 인형이 똑같이 망치의 타격이라는 위험상황에 직면했다. 첫 번째 인형은 완전히 깨지고, 두 번째 인형은 되돌릴 수 없는 흠이 생겼으나, 세 번째 인형은 멋진 금속음을 낸다. 이때 외부의 공격과 공격을 받는 것 사이에 어떤 '보호막'으로 차단하는 것과 같이 망치의 강타를 완충시킨다면, 물론 세 인형들의 결과는 달라질 것이다(Anthony, 1987, pp.10 - 11).

이 유추에서 금속 인형은 재활을, 유리인형과 플라스틱 인형은 취약성의 정도를, 완충장치와 보호막은 보호요인을 의미한다. 버너와 스미스(Werner and Smith, 1982)는 위험요인들, 스트레스가 많은 삶의 경험과 변화 그리고 보호요인들이 어느 정도 영향을 주는가에 따라 사람들의 발달 결과가 달라진다고 한다. 아이들이 불리한 환경에서 성장하지 않도록 미리 보호하는 가정, 학교, 지역사회는 (1) 배려와 지지, (2) 긍정적 기대, (3) 지속적인 참여의 기회를 제공한다는 특징을 가지고 있다(Bernard, 1993). 많은 가정들이 겪고 있는 엄청난 스트레스를 고려해 볼 때, 학교는 아동에게 "스트레스 많은 세상에서 예상되는 다양한 변화를 견디어내도록 돕는 보호막"이 되어, 많은 성장기 아이들에게 중요한 피난처가 되어야 한다(Garmezy, 1991, p.427).

2) 보호요인으로서 법교육의 역할

법교육은 가정에서 시작되고, 성장하는 사회적 환경에서 악화되는 복잡한 문제들의 만병통치약은 아니다. 하지만 법교육의 내용과 방법은 이러한 문제를 개선하기에 아주 적합하다.

호킨스(Hawkins, 1992)의 사회개발전략은 위험요인을 완화하고 재활을 증진하기 위해 보호요인을 활용하는 것이다. 이 전략에서는 긴밀한 유대, 또는 다른 사람들과 연결되어 있다는 느낌을 무엇보다 중요한 보호요인으로 본다. 어떤 보호요인은 개인적 특성에 해당하는 것이라서 변화시키는 것이 거의 불가능하다. 즉 성별과 같은 일부 요인들은 생물학적인 것이어서 쉽게 변화시킬 수 없다. 이와 대조적으로 긴밀한 유대는 쉽게 변화될 수 있는 보호요인이다.

재활 능력을 지닌 아동들은 어려서부터 가정, 학교, 지역사회와 긴밀한 유대를 맺는 데 도움을 주는 어른들, 친구들과 좋은 관계를 가지고 있었다(Bernard, 1993). 법교육은 교실 안팎의 성인들과 좋은 유대 관계를 갖는 데 있어서 외부 전문가 활용을 강조한다. 또한 법교육 수업에서 작은 규모로 서로 섞여서 구성된 협동적 학습 집단은 위기의 학생들에게 그렇지 않은 학생들과 상호 작용하고 유대를 맺는 기회를 제공한다. 여기서 아이들은 다른 사람들의 도움을 요구하고 받아들이는 기회를 경험하게 된다.

유대는 우리가 다른 사람과 맺은 관계의 양과 질, 둘 다를 말한다. 프로스로우 스티스(Prothrow-Stith, 1993)는 학교의 폭력예방 프로그램에서 네 번째 R, 즉 '관계(relationship)'의 중요성을 강조한다. 교육개혁연구소(Institute for Education in Transformation)의 최근 연구는 학교교육에서 발생한 문제에 대해 4개의 대표적인 도시／농촌(교외) 공립 초등학교와 고등학교를 선정, 학생·교직원·학부모들을 인터뷰해 24,000페이지에 달하는 자료를 모으고 분석했다. 가장 많이 언급된 문제는 교사와 학생 간의 관계였다. 이 자료 중 긍정적으로 기록된 학교에서는 배려, 귀기울임, 이해, 존경, 정직, 개방성, 민감성과 같은 개인적 특징을 발견할 수 있었다. 법교육 교사훈련 프로그램은 교사뿐 아니라 학생들에게도 이러한 특징을 개발하도록 강조한다. 또한 교육자들이 학교폭력예방을 위한 *모든* 학생들의 기여를 가치 있게 생각하고, 그들의 학생과 함께 학습자로 참여해야 한다는 것을 강조한다.

위험요인과 잠재적인 보호요인들을 구성하게 되는 문화적 상황에 대해 고려하지 않고 보호요인에 대해 말할 수는 없다. 어떤 인종집단은 정치, 경제, 교육제도를 공평하게 누리지 못하는 등의 관습적인 인종차별이 여전히 존재하기 때문이다. 이러한 불공평은 무력감, 소외, 분노의 감정을 가져온다. 사회 전체가 다양한 인종배경을 지닌 개인들의 자존심을 건드리고 그들의 공동체를 평가절하하며 권리를 박탈할 경우 각 개인이나 공동체들은 기회나 자원을 제공받지 못한 채 고립된다. 결국 이러한 지역사회는 전체 사회의 지배적인 문화를 불신하게 될 것이다(Santa Clara County Office of Education, 1990).

위기의 청소년들 가운데에는 언어적·문화적 소수자의 위치에 있는 청소년들이 특히 많다. 물론 빈곤, 기회의 부족, 차별대우, 지역사회 해체 그리고 가족 붕괴를 겪으며 자라난 청소년들 대부분이 범죄와 폭력에 가담하는 것은 아니다(미국 심리학회, American Psychological Association, 1993). 오히려 이러한 하위문화 집단의 문화적 가치는 재활에 기여할 수 있다. 개인주의에 가치를 둔 지배적인 문화와는 달리 흑인은 공동체주의를 강조하고 히스패닉, 아시아인, 태평양 섬 지역에 사는 미국인(pacific island american)들은 가족 간의 조화를 강조한다. 그리고 집단 내 협동에 가치를 둔 원주민들은 더 적극적인 보호 전략을 취한다. 법교육 교육 과정과 방법은 위에서 언급한 것과 같이 타인을 위한 감정이입과 배려라는 사회성 기술함양과 함께, 수업을 통해 '소수자 권리의 헌법상 보호'와 같은 문화적 다양성과 가치를 이해하고 존중하도록 구체화시킨다.

호킨스(Hawkins, 1992)는 기회, 기능, 인정을 강한 유대감 개발에 필요한 세 가지 조건으로 언급하고 있다. 이러한 호킨스의 모델을 통해 법교육이 세 가지 조건들을 증진시키는 좋은 프로그램임을 알 수 있다.

① 기회 Opportunities

아동에게는 가족, 학교, 지역사회에 기여할 기회가 제공되어야 한다. 아이들 자신이 책임 있고 중요하다고 느낄 만한 의미 있고, 도전적이며, 발달 상황에 맞는 기회를 아동에게 제공하는 것이 과제다(Hawkins, 1992). 연구자들은 활동 지향적(proactive)인 학급경영, 상호 작용적 교수, 협동학습을 강조하는 수업방법이 학교와의 유대를 증진시키고 잘못된 행동을 감소시킨다고 밝혔다(Hawkins, Doucek & Lishner, 1988).

법교육은 *모든* 학생들에게 참여의 기회와, 집단에 기여함으로써 인정받을 수 있는 기회를 제공한다는 점에서 협동학습 방법을 매우 강조한다. 법교육 내용은 사회가 어떻게 돌아가는지를 이해하게 함으로써 학교와 지역사회에 참여하도록 학생들을 준비시킨다. 또한 학생들이 사회를 변화시킬 수 있는 다른 참여방식을 찾아보도록 기회를 제공한다. 참여하는 학생들의 흥미와 열의를 보면 법교육 수업이 매우 적합하고 필요한 수업이라는 것을 알 수 있다. 몇몇 법교육 교육 과정은 지역사회 봉사를 증진시키고, 학교나 지역사회의 실제 문제들을 해결하는 데 기여하는 것을 직접적인 목표로 설정하여 설계되어 있다.

② 기능 Skills

만약 학생들이 참여할 수 있는 기능을 갖고 있지 않다면, 참여의 기회라는 것은 거의 가치가 없게 된다. 만약 아이들이 성공하는 데 필요한 기능을 가지고 있지 못하면, 그들은 좌절과 실패를 경험하게 되고 다시는 참여하려고 하지 않을 것이다.

연구자들이 말하는 재활요인(사회성, 문제해결력, 자율성)은 법교육 수업과 교육 과정의 직접적인 목표이다. 학생들은 모의재판, 입법청문회(legislative hearing)[15], 역할극과 시뮬레이션을 통해 의사소통기술을 높인다. 그리고 논쟁, 모의법정, 판례분석, 분쟁 해결 활동[16] 등을 통해 다양한 관점에서 문제를 바라보고, 분명한 정답이 없음을 알게 되고, 문제의 다른 해결책을 확인하며, 다양한 대안들의 결과를 평가하게 된다. 이러한 활동을 통해 추상적으로, 반성적으로, 비판적으로, 유연하게 사고하는 능력을 기르게 된다. 바꾸어 말하면 법교육에 참여한 학생들은 행동하기 전에 생각을 먼저 할 것이라는 점에서 충동 억제 능력을 높이게 된다. 감정이입과 배려의 감정은 다른 관점에 대한 논쟁적인 이슈를 다뤄 봄으로 강화된다. 몇몇 법교육 교육 과정은 학교와 지역사회에 대한 문제에 관해 학생들이 자신의 계획과 의견을 개진하도록 하는 데 초점을 맞추어 재활 요소 중 하나인 계획 기능을 기르도록 한다. 법교육의 상호 협동적 집단전략은 재활의 핵심인 사회적 참여기술을 경험하게 하는, 살아 있는 학습경험 기회를 제공한다.

③ 인정 Recognition

청소년 참여가 정당하고 가치 있다고 생각하는 가족, 교사, 지역사회 인사들은 청소년 개개인의 효능감과 참여능력을 강화시키려 한다. 아이들의 노력은 인정되고 승인되어야 한다. 인정받은 아이들은 계속 무엇인가 기여하고자 한다. 교사들이 학생들의 발전을 독려하고, 부모들이

---

15) 미국에서는 법안을 심의하는 상임위원회 단계에서 법안과 관련된 다양한 전문가들을 불러 의견을 듣는 입법청문회를 실시한다. 수업과정에서 그냥 모의국회를 여는 것보다 외부 자원인사 등을 활용하거나 학생들에게 다양한 역할을 설정하여 수업을 구성하기 용이하기 때문에 모의 입법청문회의 방법을 강조하는 법교육 기관이나 학자들이 많다.

16) 역시 미국 법교육에서 강조되는 방법의 하나로 조정, 중재, 화해 등의 방법을 통해 분쟁의 자율적 해결을 유도하는 대안적 문제해결방법(Alternative Dispute Resolution, ADR)의 방법과 의의를 학습하고 실제로 연습해 보는 것이다. 국내 민사재판에서도 실제로 이러한 조정과 화해가 자주 활용되고 있으나 교육 과정에서나 일반인들은 잘 모르고 있어서 소송만이 문제해결의 방식이라는 잘못된 이해가 널리 퍼져 있는 상황이다. 다양한 교육을 통해 대안적 분쟁해결의 중요성을 인식시키고 이를 위해 필요한 자세 등을 교육시키는 노력이 필요하다.

아이들의 노력을 인정하는 것은 긴밀한 사회적 유대의 형성에 도움이 된다(Hawkins, 1992).

좋은 법교육 수업은 학생들의 삶의 경험에 기반을 둔다. 이러한 수업은 학생들의 삶에 잘 들어맞으며, 학생들 자신이 갖고 있는 경험의 가치를 인정하게 된다. 법교육은 또한 학생들이 각각의 수업이나 활동을 통해 배우는 것을 스스로 생각하고 인식하고 평가하도록 한다. 그리고 법교육에 외부 인사들을 활용하는 것은, 지역사회 사람들이 학생들에게 관심을 갖고 기꺼이 학생들의 생각을 듣기 위해 시간을 내고 있다는 느낌을 학생들이 갖게 한다는 점에서 매우 중요하다.

Ⅳ. 결 론

미국 심리학회(APA, 1993)는 최근 사회적·인지적 기능을 향상시켜 폭력 행동에 관한 태도에 효과가 큰 예방 프로그램들을 소개했다. 이 협회는 효과적인 프로그램의 두 가지 조건을 다음과 같이 제시했다. 하나는 반사회적 행동을 일으키는 개인적·사회문화적 위험요인을 이해하는 것이고, 두 번째는 이론적 근거를 바탕으로 행동을 변화시키는 데 효과적인 전략을 사용하는 것이다. 법교육은 이 두 가지 특성을 만족시킨다.

우리 사회에서 청소년들이 직면하는 문제는 신속하게 해결되지 않는다. 그러나 해결될 수 있다. 이를 위해 시간과 인내심, 자원이 요구된다. 믿음·태도·실천·사회적 조건을 변화시키기 위해 가족·학교·지역사회의 협력이 필요하다. 교실과 지역사회의 위험요인을 가진 학생들에게 재활 능력을 길러주려는 노력에 있어서 법교육은 *분명히* 중요한 역할을 할 수 있다.

참고문헌

America Psychological Association(1993). Violence and youth: *Summary report of the Commission on Violence an Youth, Vol.1.* Washington, DC: American Psychological Association.

Anthony, E. J.(1987). *The invulnerable child.* New York: Guilford Press.

Benard, B.(1993). Fostering resiliency in kids. *Educational Leadership, November,* 44−48.

Buzzell, T.(1992). *Using law −related education to foster social development: Towards a cognitive / structural intervention.* DeMoines, IA: Iowa Center for Law and Civic Education.

Garmezy, N.(1991). Resiliency and vulnerability to adverse developmental outcomes associated with poverty. *American Behavioral Scientist, 34,* 416−430.

Hawkins, D. *The social development strategy: Building protective factors in your community.* Seattle, WA: Developmental Research and Programs, Inc.

Hawkins, D., Doucek, H. J. & Lishner, D. M.(1988). Changing teaching practices in mainstream classrooms to improve bonding and behavior of low achiever. *American Research Journal, 25,* 31−50.

Institute for Education in Transformation(1992). *Voices form the inside: A report on schooling from inside the classroom.* Claremont, CA: Institute for Education in Transformation.

Prothrow−Stith, D.(1991). *Deadly consequences.* New York: Harper Collins.

Ross, R.(1990). *Time to think: A cognitive model of offender rehabilitation and delinquency prevention.* Research Summary, University of Ottawa.

Santa Clara County Office of Education(1990). *A place to start. San Jose,* CA: Santa Clara Office of Education.

Werner, E. & Smith, R.(1982). *Vulnerable but invincible: A longitudinal study of resilient children and youth.* New York: McGraw−Hill.

법교육 프로그램 평가 시의 고려사항

"법교육 프로그램 평가 시의 고려사항"

Kevin I. Minor, James B. Wells and Forrest S. Jordan

I. 서 론

청소년 사법제도에서 법교육 프로그램은 상대적으로 새롭고 가치판단이 이루어지지 않은 분야이기 때문에 법교육 프로그램을 평가하는 일은 매우 중요하다. 이 장에서 우리는 평가연구를 왜 실행해야 하는지에 대한 이유를 논의하고, 또한 누가, 무엇을 언제 그리고 어떻게 평가하는가와 관련한 문제들을 다룰 것이다. 이 장의 목적은 (프로그램) 평가에 관심 있는 사람들에게 필요한 기본적 내용을 개관하는 것이다. 이 장은 특히 법교육 프로그램 평가의 책임을 담당하고 있는 정책 담당자들에게 도움이 될 것이다.

Ⅱ. 왜 평가하는가?

청소년 사법 관련 법교육 프로그램들이 평가되어야 하는 네 가지 이유가 있다(cf. Rossi, Freeman & Wright, 1979).

첫째, 프로그램들이 '의도'했던 긍정적인 결과를 산출해내지 못하거나, '의도'와는 반대되는 결과를 산출해내는 몇몇 예들이 있을 수 있기 때문이다(e.g., Finckenauer, 1982; Minor & Elrod, 1990). 법교육 프로그램들이 '인간'을 대상으로 하기 때문에, 인간에게 큰 영향을 줄 수도 있는 프로그램의 결과가 긍정적인지 아닌지를 판단하는 것은 윤리적으로 필효하다.

둘째, 법교육은 공공 서비스로써 제공되기 때문에, 시민들은 자신들의 세금을 지불한 공공 서비스에 대해 정확하고 객관적인 평가를 할 권리가 있다. 나아가 최근 수십 년간 청소년 사법 프로그램은 직업적 영역으로 발전되어 왔다. 즉 각 프로그램에 대한 평가는 전문적 직업 영역에 대한 평가의 성격을 지니게 된 것이다. 모든 직업 영역에서 가장 중요한 요소는 고객 서비스에 대한 책임성이다. 평가는 책임성과 전문화를 촉진시킨다.

셋째, 평가는 프로그램들이 자금 지원을 받는 데 있어서 그 기본조건이 된다. 대부분의 공·사적 자금 지원 재단들은 평가가 제대로 이루어지지 않은 프로그램에 지원을 제공하는 것을 꺼린다. 자원은 한정되어 있고, 유용하게 쓰여야 하기 때문에, 프로그램이 지원할 가치가 있느냐 그렇지 않느냐를 결정하는 것이 자금 지원 결정의 핵심이다. 책임 있는 결정은 체계적인 평가 데이터의 부재 속에서 이루어질 수 없다.

넷째, 평가는 미래의 프로그램을 계획하고 정련화, 발전시키는 데 있어서 핵심적 역할을 한다. 종종 프로그램에 대한 평가가 최종 성적으로 잘못 이해되기도 한다. 이런 식으로 평가를 해석한다면, 부정적인 평가 정보는 프로그램에 대한 자금 지원을 중단시키는 근거로 잘못 이용될 수도 있다. 올바르게 활용된 평가 정보는 프로그램을 건설적으로 수정하고, 모니터링하는 피드백으로써 작용할 것이다. 평가는 드러나지 않은 채 이면에 남아 있을지도 모르는 문제들을 다루고, 그것을 명확히 하는 데 특히 유용하다.

평가를 수행하는 이상의 네 가지 이유는 그림 5−1에 제시된 Gottfredsons'의 '프로그램 개발과 평가모델'의 수정모델에서 드러난다 (Minor & Elrod 1990년 연구를 참조). 5−1의 그림은 아래의 단계들로 구성된다: (a) 문제상황과 프로그램의 필요성 확인 (b) 문제와 필요성에 대한 이론의 구체화 (c) 프로그램의 측정가능한 목표 설정 (d) 구체적 프로그램 요소의 설계 (e) 프로그램의 실행 (f) 평가연구이다.

전체적으로 이 모형에서 단계들 간의 관계는 반복적이고 상호 보완적이다. 예를 들어 진행되는 평가의 모든 단계들은 연구 설계와 평가 수행에 영향을 미친다. 평가 결과들은 다른 단계를 재평가하는 데 피드백을 제공한다.

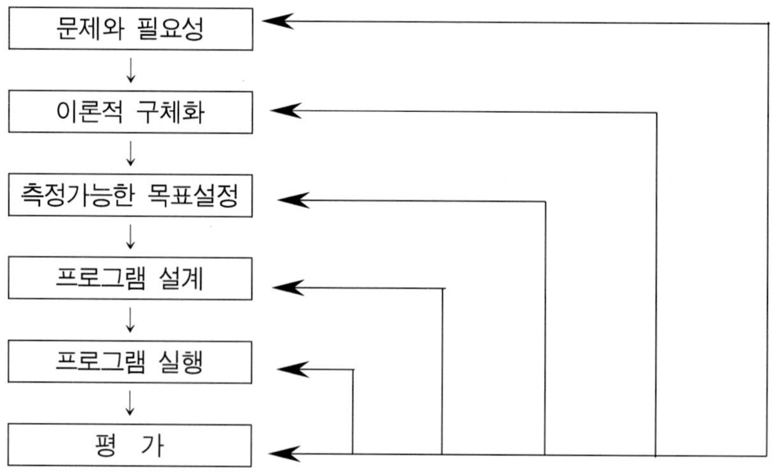

그림 5−1 프로그램 개발 모형

1. 한정된 자원 문제

평가가 매우 중요함에도 불구하고, 평가를 수행하기 위한 자원은 대개 부족하게 마련이다. 가용 가능한 자원들은 프로그램에 이미 다 집중된 상태이다. 그럼에도 불구하고 다음의 두 가지 사항을 항상 염두에 두어야 한다.

첫째, 프로그램은 그 결과물에 대한 체계적인 정보의 부재 속에서는 지속될 수 없다. 따라서 자원의 효율적 사용에 대해 진정으로 관심을 갖는다면 반드시 평가를 해야 한다는 것이다. 단기적으로 평가를 위해 몇몇 자원들이 희생되겠지만, 유용성이 덜한 프로그램을 축소·수정하고 유용성이 높은 프로그램들을 개발·확대할 수 있도록 해 주므로 장기적으로는 중요한 자원들을 절약하게 만든다.

두 번째, 평가하는 데 시간과 자금을 많이 소비할 필요가 없다는 것이다. 많은 평가 업무들은 단체 내부의 사람에 의해 최소의 돈과 시간을 가지고 수행될 수 있기 때문에 외부 자문 비용을 어느 정도 줄일 수 있다. 게다가 많은 대학들은 지역사회에 대한 서비스 및 연구에 대한 책임성의 차원에서 평가를 기꺼이 수행하려는 교수단뿐만 아니라 학생 인턴십 프로그램들을 보유하고 있다.

Ⅲ. 평가시 윤리적 고려사항

평가연구를 설계·수행 시 윤리적 원칙들은 반드시 지켜져야 한다. 모든 연구자들이 따라야 할 보편적으로 받아들여지는 윤리적 원칙은 존재하지 않지만, 무엇이 적절하고 부적절한지에 대해 연구자들이 공유하는 일반적인 합의들은 존재한다. 일반적 합의의 예를 들자면 연구 참여자들이 연구에 자발적으로 참여할 것인지의 여부를 자신이 결정하도록 하고, 참여자들이 모든 대안을 심사숙고할 수 있게끔 연구에 관한 충분한 정보가 참여자들에게 제공되어야 한다는 것이다(Posavac & Carey, 1980). 윤리적 연구에 대하여 가장 많이 참고되는 기준의 하나로 미국 Health and Human Service's publication의 "인간 관련 연구 규정(Regulation for Human Subjects)"이 있다. 뿐만 아니라 수많은 전문 단체들이 윤리적 원칙들을 개발하여 왔다. 예를 들어, 미국 사회학회와 미국 심리학회(Psychological Association)는 연구에 있어서 윤리적 기준에 대한 정보를 제공하고 있다.

모든 평가자의 중요한 책임은 인간이 피해를 받지 않도록 보호하는 것이다(Posavac & Carey.1980). 피해는 다양한 형태로 나타나는데, 책임감 있는 평가자는 연구 참여자를 보호하기 위해 미리 주의를 기울여야 한다. 예를 들어, 연구가 인간의 사생활을 침해하는 방식으로 수행되고, 그 결과가 보고·발표된다면 윤리적 원칙들은 쉽게 침해될 것이다. 극소수의 예외를 제외하고는 연구 참여자에 대한 정보는 익명 또는 비밀에 부쳐져야 한다. '익명'이란 평가자가 어떤 질문에 특정 반응을 보인 응답자가 누구인지 처음부터 모른다는 것이고 '비밀'이란 설령 평가자가 응답자가 누구인지 안다 해도 공공연히 발표하지 않는다는 것을 뜻

한다. 평가자들은 연구대상이 된 참여자에 대한 윤리적 책임뿐만 아니라, 평가 프로젝트 전반에 걸쳐 과학적 신뢰성을 지녀야 한다. 예를 들어, 평가자들 자신들의 성과를 과장하기 위해 타당성 없는 평가를 수행하는 것은 비윤리적이다. 또한 평가자들은 평가에서 발견되는 모든 부정적이고 예상치 못했던 결과를 정직하게 보고해야 한다.

법교육 프로그램 평가 시, 윤리적 고려사항은 종종 법규나 법원에 의해 요구되는 법적 규제들과 융합하여 평가연구의 설계와 수행에 영향을 준다. 만약 법교육이 청소년들과 협상을 통해 합의될 경우에만 우회적 프로그램으로 사용된다면 표집오차가 내재적으로 존재하게 된다.17) 왜냐하면 법교육 참여에 동의하는 청소년들만이 실제적으로 합의할 것이기 때문이다. 이와 마찬가지로 많은 청소년 사법기관 종사자들은 비슷한 환경조건을 가진 청소년들의 경우 법교육 프로그램이 도움이 된다는 인식도 비슷해서 프로그램에 함께 참여하게 되는 상황의 문제점도 인식한다. 이는 프로그램의 효과를 측정하는 데 필요한 비교집단의 형성을 어렵게 한다(예를 들어 무작위로 형성된 실험집단, 통제집단 같은 비교집단의 형성). 따라서 법적, 윤리적 요구를 수용하기 위해서는 어느 정도 평가자의 엄밀한 측면을 희생시킬 필요가 있다. 이러한 조건하에서 무엇보다도 중요한 것은 연구 문제를 기술할 때 연구의 한계가 인식되어야 한다는 것이다.

---

17) 앞서 밝힌 바와 같이 미국에서의 법교육 프로그램은 초범, 경범의 경우 정규 형사절차를 대신하는 우회 프로그램으로 사용되는 경우가 많다. 그러나 이 경우 법교육 프로그램이 법규상 명시되어 있는 절차가 아니므로 청소년들에게 정규 형사절차를 통해 처벌받을지 아니면 법교육 프로그램을 이수할지 선택하도록 한다. 정규 형사절차를 밟을 경우 전과자가 될 위험이 있으므로 우회 프로그램을 선택하는 경우가 많으나 만일 이수 중에라도 자신이 교육받기를 거부할 경우 다시 정규 형사절차로 돌아갈 수 있다. 본문의 내용은 이러한 경우 법교육 프로그램을 이수하는 학생들은 불특정 다수가 아니라 이미 법교육 프로그램에 어느 정도 동의 또는 호감을 가지고 있는 경우라 할 수 있으므로 표집오차가 생길 수 있음을 지적한 것이다.(역주)

Ⅳ. 누구를 평가할 것인가?: 표집에 대한 개관

종종 프로그램의 대상이 되는 모든 사람들로부터 정보를 얻는 것이 실용적이지 않은 경우가 있다. 특히 그 수가 큰 경우는 더욱 그렇다. 만약 연구대상이 되는 모집단 전체에 대한 일반화된 결과에 관심이 있다면, 모집단의 하위 집단 혹은 표본을 추출할 수 있으며, 표본은 모집단에 대한 일반화를 이끌어내기 위한 준거 집단이 될 수 있다. 그러나 이 절차는 대상이 되는 모집단으로부터 얻어진 일반화를 다른 모집단에 적용하는 것을 허용하지 않는다.

대부분 청소년 사법 법교육 프로그램에서 참여자 수는 적은 편이라서 한 프로그램에 참여하는 참여자 전체를 연구할 수도 있다. 다음 논의는 표집을 고려할 정도로 규모가 큰 모집단을 가진 평가자의 입장을 위한 것이다.

1. 표집 편차

일반화가 가능하려면 표본은 모집단을 가장 잘 대표해야 한다. 이론적으로 훌륭한 표본은 모집단에 존재하는 변인과 동일한 비율의 변인을 보여준다. 표집편차는 표본이 모집단보다 과대 혹은 과소 대표되었을 때 나타난다. 표집 편차의 정도는 표본에 기초해서 얻어진 결과와 전체 모집단을 연구했을 때 발견될 수 있는 결과의 차이 수준을 말한다. 특정한 표집기법은 표집편차를 최소화할 수 있다. 일반화의 타당성은 연구대상 추출 기법에 달려 있는 것이다.

2. 표집 기법

표집 방법에는 확률표집과 비확률표집이 있다. 확률적 기법은 전체 모집단의 모든 대상들이 표본으로 추출될 동일한 기회를 가지게 되는 무작위 선택기법을 사용한다. 확률적 표집기법은 편중을 통제하고 표집오차(sampling error)의 통계적 계산을 가능하게 도와준다. 완벽하지 않지만 확률적 표집기법은 연구자가 일반화의 정확성을 통계적으로 예측 가능하게 한다.

비확률적 표집에서는 비무작위 기법을 통해 표본이 추출된다. 선택 확률은 알려지지 않으며, 표집오차의 정도 역시 계산될 수 없기 때문에 그 표본 이외의 다른 대상에 대한 일반화의 가능성에 한계가 따른다. 이 문제는 연구에서 고려되는 변수들이 모집단 내에서 이질적이거나 차이가 클 때 더 분명하게 나타난다. 비록 비확률 표집기법이 필요에 의해 종종 사용되기는 하지만 그 결과는 항상 주의 깊게 해석되어야 한다. 그러나 비확률표집기법을 통해 일반화된 데이터들은 제한된 집단 내에서는 여전히 유용하다.

하나의 표본 선정을 고려할 때, 연구자는 종종 하나의 모집단에 대한 개념화를 먼저 시작하고 난 뒤, 가능한 표집 틀을 찾는다(Babbie, 1995). 표집 틀은 표본이 실제로 선정되는 목록이나 대상을 말한다.

3. 확률표집기법(Probability Sampling)

단순 무작위 표본: 이 기법은 확률표집의 가장 기본 기법이지만 표

집 틀 내에 모든 표본들에 대해 일련번호를 부여하고, 선정하는 데 어려움이 크기 때문에 거의 사용되지 않는다. 그러나 전체 표집 틀의 리스트를 작성할 수 있다면 큰 시간을 들이지 않고 단순 무작위 표집이 가능해질 수 있다.

청소년 사법 관련 직업에 관심 있는 학생들을 연구하기 위해서 평가자가 100명의 법교육 이수 학생들을 단순 무작위 표본으로 추출하기를 원한다고 가정해 보자. 표집 틀은 한 주(a state)의 전체에 걸쳐 법교육 프로그램에 참여하는 총 학생 수(예를 들어 250명)로 구성될 것이다. 표집 틀 내에서는 모든 대상들에게 일련번호가 부여되고 난수표를 참고하게 된다. 난수표는 컴퓨터에 의해 생성되며, 서로 독립적인, 수천 개의 0에서 9까지 한 자리 숫자들로 구성된다. 0에서 9까지의 숫자들의 순서가 우연한 기회에 의해 얻어지는 것이기 때문에 그러한 난수표로부터 얻어진 표본선정은 편중되지 않은 것으로 간주된다. 페이지 상단에 연필로 살짝 기입하듯이 무작위 방식으로 난수표를 입력 후에, 세 개의 숫자(001에서 250까지)로 구성된 수들이 100개가 뽑힐 때까지 선택된다. 250보다 큰 숫자들이 나타나면 무시하고, 다음의 무작위 숫자가 사용된다.

4. 계통 표집(Systematic Sampling)

단순 무작위 표집은 짧은 명부로 표집 틀이 조직되지 않고서는 매우 어렵고 힘든 작업이기 때문에 계통 표집이 대신 사용되는 경우가 많다. 계통적 표본을 구성하기 위해서는 표집 틀 명부상의 전체 대상 수가 표본 수로 나뉜다(전체 모집단 나누기 표본 수). 산출된 숫자가 바로 표집 간격이라고 할 수 있다. 예를 들어 250명 대상의 명렬표에서 50

명을 선정하기 위해서는 명부상에서 모든 다섯 번째 학생들이 선택되는 것이다. 계통 표집은 명부상에서 제공되는 시작점이 무작위로 결정되고, 그 어떤 특정한 질서나 순환패턴이 명부에 존재하지 않기 때문에 일반적으로 단순 무작위 표본만큼 좋은 방법으로 받아들여지고 있다. 더 나아가 명부상의 모든 요소들이 표집 전에 무작위화될 때, 그러한 명부로부터 도출된 체계적 표집은 사실상 단순 무작위 표본인 것이다(Babbie, 1995).

법교육 프로그래밍에서 계통 표집의 사용을 고려할 때, 표집 틀의 본질 혹은 속성(nature)은 주의 깊게 점검되어야 한다. 명부에서 모든 학생들의 서열화된 배열 자체가 편중된 표본이라는 결과를 낳을 수 있다. 명부가 어떠한 유형을 가지고 배열되어 있다면 계통 표집의 방법은 편중된 표본 추출 명단이 특정한 규칙을 가지고 배열되었는가 살펴보아야 한다. 왜냐하면, 이러한 순서가 편중된 표집을 가져올 가능성이 있기 때문이다.

5. 층화 무작위 표집(Stratified Random Sampling)

단순 무작위 표본과 계통적 표본 이 두 가지 표집기법은 각각의 표본 추출이 서로 독립적으로 이루어지기 때문에 표본과 모집단 사이의 성격이 다를 가능성이 여전히 존재한다. 모집단에 대한 표본의 대표성은 층화로 불리는 과정을 통해 개선될 수 있다.

층화 무작위 표집에서 표집 틀의 구성원들은 표집에 앞서 몇몇 특징에 기반을 두어 비슷한 집단 혹은 계층으로 범주화된다. 층화 표집에서는 앞서 언급된 법교육 프로그램 학생 연구에 있어서 청소년 사법 관련 직업에 관심 있는 학생들의 '교육 수준'이 영향을 미칠 것임이 고려될 수 있다. 교육 수준이 높은 학생은 그렇지 못한 학생과 관심의 수준이 다를 것이다. 만약 50명의 신입생, 50명의 2학년생 70명의 3학년, 80명의 졸업반 학생들로 구성된 표집 틀이 있다면 단순 무작위 표집은 서로 다른 학년 간 비율을 반영하지 못한다. 이를 통제하기 위해 비례적 층화 무작위 표집에서는 먼저 네 개의 학년 혹은 계층별로 분리하고, 그다음에 표집 틀 내에 있는 각각의 계층(혹은 군집) 내에서 무작위 표집이 이루어진다. 예를 들어 100명의 학생의 비례적 층화 무작위 표본을 구하기 위해서는 표본은 각 집단의 40%(250 / 100 = 40%). 즉, 20명의 신입생(50×0.4), 20명의 2학년생(50×0.4), 28명의 3학년생(70×0.4), 32명의 졸업반 학생(80×0.4)을 선정할 것이다. 이 표본은 단순 무작위 표집보다 모집단을 좀 더 대표하는 추정치가 될 것이다.

몇몇 연구 상황에서 연구자는 각각의 층들의 크기가 너무 크게 차이가 나서 하나 혹은 더 많은 층들을 서로 비교하기에는 특정층이 너무 작을지 모른다는 사실을 미리 알 때가 있다. 250명의 법교육 프로그램의 학생 중에 200명은 남자, 50명은 여자라는 표집 틀로부터 50명의 표본을 얻기를 원한다고 가정해 보자. 비례적 층화 표집을 사용하면, 각 집단의 20%가, 혹은 40명의 남자 10명의 여자가 표본으로 추출될 것이다. 그러나 크기가 작은 여학생 표본은 전체 모집단에 대해 정확한 대표성을 제공해 주지 못할 것이다.

이러한 상황을 다루는 한 가지 방법은 각각의 층에서 추출 기회가 동등한 표본들이 무작위적으로 표집되는 비비례 층화 표집을 하는 것이다. 비비례 층화 표집을 할 경우 앞의 사례에서는 25명의 남자와 25명의 여자가 선정될 수 있다. 이 접근법은 각각의 계층(stratum)으로부터 하나의 충분한 표본 크기를 창출해내지만, 표본 내에서 여성이 과대 대표되기 때문에 데이터 분석의 문제를 노출시킨다. 따라서 전체 모집단에 대한 일반화가 어렵게 된다.

층화 표집 절차는 종종 연구 질문의 성격에 따라 채택된다. 연구 질문이 층들 사이의 차이점을 강조한다면, 각 층으로부터 동일한 수의 사례들이 추출되어야 한다. 전체 모집단의 특성이 주 초점이라면, 비례적 표집이 좀 더 적절하다.

6. 집락 표집(Cluster Sampling)

모집단의 사례들이 광범위하게 흩어져 있는 상황에서 모집단의 모든 사례에 대한 명부를 작성하고 표본을 선정하는 일은 비실용적이다. 예를 들어 법교육 프로그램 참여자들이 전국에 걸쳐 흩어져 있으면 표본 추출이 매우 어려울 것이다. 이때는 미리 연구대상들을 집단 혹은 군집으로 설정해서 연구하는 것이 더 실용적일 것이다.

집락 표집은 모집단의 여러 단계의 표집 단위에 대한 연속적인 무작위 표집을 사용한다. 즉 모집단에서의 표집단위가 여러 개의 집락으로 나누어지고 이 표집단위(집락)들 내에서 무작위 표집이 이뤄지는 것이다. 예를 들어, 전국에 걸쳐 150명의 법교육 프로그램 참여자들을 무작위 표집을 통해 모으려 한다면, 먼저 10개주가 무작위 표본으로 추출되고, 다음에는 10개주로부터 10개의 법교육 프로그램이 무작위 표본으로 추출될 수 있다. 마지막 단계에선 각 프로그램에서 15명의 법교육 참여자들이 무작위로 추출될 수 있다.

집락 표집은 산재되어 있는 모집단에 효율적임에도 불구하고 표집오차가 점점 누적된다는 단점이 있다. 각각의 표집단계에서 표집오차의 기회가 생기는 것이다. 단순 무작위 표본에서는 표집오차가 한 번만 존재하지만, 세 단계의 군집 표본은 세 단계의 표집오차를 수반한다. 이러한 문제를 해결하는 방법은 각각의 집락 내에서 가능한 한 표본 수를 크게 하여 선정하고, 표집의 모든 단계를 층화하는 것이다.

7. 비확률 표집 기법(Nonprobility Sampling Techniques)

Accidental Sampling(임의 표집): 비확률 표집의 가장 일반적 형태 중의 하나는 표본 자체의 유효성에 기초하여 연구대상이 선택되는 우연 혹은 임의 표집이다. 예를 들어, 소년원 담당자가 비행청소년들의 집중력 유지 시간의 연구에 관심을 갖고 소년원 내에 재원 중인 학생들로부터 자원자를 받는다면 표본이 임의적으로 선택된 것으로 볼 수 있다. 임의 표집은 표본을 추출하는 데 용이하고, 비용이 적게 들기 때문에 인기 있는 표집 방법이다. 그러나 연구를 위해 자원한 사람들은 모집단에서의 연구대상과 다를 수 있다. 모든 표본들은, 심지어는 확률 표본들조차도, 자원자들로 연구대상이 구성되는 것은 사실이지만 확률적 표집에서의 자원자들은 연구자에 의해 무작위로 추출되지 자원자 자신의 의지에 의해 추출된 것이 아니다. 이런 면에서 임의 표집은 그 특성상 모집단을 대표한다고 간주할 수 없다.

8. 할당 표집(Quota sampling)

할당 표집은 층화 무작위 표집과 비슷한 비확률적 표집을 말하는데 이는 하나의 모집단의 다양한 층으로부터 표본사례를 작위적으로 추출하기 때문이다. 즉 이 접근은 각각의 층이 모집단에서와 동일한 비율로 대표되는 것을 목표로 한다. 예를 들어, 앞서 비례 층화 표집의 논의에서 사용되었던 사례를 사용해 보자면, 각각의 학급에서 적절한 수의 대상들이 확보될 때까지 각 층의 표본이 될 대상자들을 확대해 나가는 것이다(신입생 20명, 2학년 20명, 3학년 28명, 4학년 32명). 그러나 우리는 추출된 연구대상들이 특정한 층을 대표한다고 추정할 수 없기 때문에, 할당 표집은 비확률적 표집 편중이라는 문제를 안게 된다. 이러한 단점에도 불구하고, 많은 연구자들은 할당 표본이 표본 내에서 모집단의 각 층을 비례적으로 대표하는 가장 빠른 방식이라고 여긴다.

9. 유의 표집(Purposive Sampling)

유의 혹은 판단 표본에서 연구대상은 모집단으로부터 대표적 혹은 전형적이라고 판단된 것들로 추출된다. 이는 보통 연구자가 어떤 준거에 기초해서 연구대상들을 고르는 방식을 포함한다. 만일 한 카운티의 청소년법정에 대한 10대들의 태도를 연구하는 데 관심이 있다면, 카운티 내의 모든 10대를 표본화하기는 어려울 것이다. 카운티의 일반적인 10대들을 확률 표본으로 선정하는 대신에, 청소년법정 프로그램에 참여하는 10대를 표본으로 추출하고, 그들이 카운티의 전체 10대 모집단의 전형이라고 판단 혹은 간주하여 연구할 수 있다.

10. 눈덩이 표집(Snowball Sampling)

눈덩이 표집은 특정한 성격을 지닌 연구대상을 구하는 것이 어려워 연구의 표집절차를 진행시키기 힘들 때 유용한 기법이다(예, 동성애자,

마약, 매춘 종사자 등). 첫째 단계에서 연구목적에 적합한 특성을 지닌 하나 혹은 몇 개의 연구대상들을 확인하고 인터뷰를 하게 된다. 두 번째 단계에서 인터뷰한 이 연구대상들은 자신과 동일한 특성을 지닌 다른 연구대상들을 소개해 줄 것을 요청받는다. 이러한 반복적 소개의 과정 혹은 눈덩이 과정은 표본의 크기가 충분해질 때까지 계속된다. 예를 들어, 연구자가 지금은 어른이 된 사람들이 청소년이었을 때 법교육을 받았던 경험을 통해 느꼈던 법교육의 장점에 대해 인터뷰하기를 원한다면, 몇 안 되는 이전의 법교육 참여자들과의 초기 접촉은 공식적 기록을 통해 이루어질 것이다. 이 사람들을 인터뷰를 하고 난 뒤, 연구자가 이전의 다른 참여자들을 소개해 줄 것을 요청할 수 있을 것이다.

11. 표본 크기

표 5-1 모집단 크기에 따른 표본 크기

Population Size	Appropriate Sample Size
10	10
25	24
100	80
250	153
500	222
1,000	285
10,000	384
100,000	398
1,000,000	399

* 참고: 이 표는 신뢰도 95%에서 표본오차 ±5% 수준에서 작성된 것이다. 예를 들어 모집단이 1,000명이라면 연구자가 285명의 표본을 선정하였을 경우 이 표본이 95%±5% 수준의 정확도로 모집단을 대표한다고 믿을 수 있다.

평가연구에 있어서 자주 생기는 오류는 결론을 지지하기에는 너무도 작은 표본에 근거하여 결론을 이끌어내는 것이다. 표본 크기는 데이터 수집에 있어서 시간, 노력, 자금의 소비의 양에 중요한 영향력을 가지기 때문에 매우 중요하다. 표본 크기는 모집단 크기에 영향을 받는다. 일반적으로 모집단의 크기가 작을수록 모집단 크기에 크게 비례하는 표집크기를 필요로 한다. 그러나 하나의 모집단이 1,000 이상을 초과하면 모집단의 크기는 표본 크기에 추가적으로 미미한 영향을 줄 뿐이다. 이러한 원리는 표 5-1에 나타나 있다.

모집단의 크기 이외에, 표본 크기는 모집단을 어느 정도의 신뢰도 수준으로 정확하게 측정하고자 하는가에 따라 달라진다. 신뢰도 수준이란 연구자가 하나의 표본으로부터 모집단 전체로 일반화할 때 신뢰할 수 있는 정도를 말한다. 신뢰도가 높아지려면 표본의 크기도 커져야 한다.

표본 크기를 정하기 위해선 세 가지 요인이 고려되어야 한다. (1) 측정되는 특성에 예상되는 변량 (2) 모집단에서 이 특성의 출현 빈도 그리고 (3) 예상되는 무응답률이다. 표본 크기가 클수록 표본은 변량에 더 민감해진다. 예를 들어, 연구자가 법교육 참여자들의 정상체온을 정하기를 원한다면, 참여자 간에 별로 차이가 없을 것으로 예상되기 때문에 크기가 작은 표본으로 충분하다. 그러나 연구자가 법교육 참여자들의 평균 독서 속도를 설정하고자 한다면 독서 속도는 개개인마다 매우 다양하기 때문에, 훨씬 더 큰 표본 크기가 요구된다.

속성 출현 빈도는 표본 크기를 결정하는 데 있어서 또 다른 중요한 고려사항이다. 연구자가 청소년들에게는 거의 사용되지 않는 신종 마약의 영향을 연구하는 데 관심을 가진다고 가정해 보자. 마약 사용이 천 명당 한두 명의 비율로 이루어진다고 하면 매우 거대한 표본 크기가 요구될 것이다. 그러나 일반적으로 표본 크기가 클수록 표집오차 혹은 표집 편중이 더 작아지고, 이러한 표본에 기초한 측정치는 더욱 정확해질 것이다.

마지막으로 고려돼야 할 것은 무응답비율이다. 만약 법교육 프로그램의 만족도를 측정하는 조사에서 150명의 표본이 필요하고 60%의 응답률이 예측된다면, 초기 표본은 240명이 요구된다(150×0.60＝90, 150＋90＝240).

표본 크기를 측정하는 데 이 장에서 논의하기에는 너무도 많은 다른 몇몇 절차들이 사용될 수 있으며, 표본 크기를 계산할 수 있는 컴퓨터 프로그램들도 있다. 이러한 과정에 좀 더 관심을 갖는 평가자들은 Cohen의 책(1998)을 참고하길 바란다.

V. 무엇을 평가할 것인가?

평가자들은 프로그램에 관해 그들이 측정하고자 하는 것을 정확하게 알고 있어야 한다. 모든 측정에서 요구되는 핵심은 신뢰도와 타당도이다. 신뢰도는 안정적, 일관적, 반복적인 동일 결과를 산출해내는 정도를 의미하는 반면, 타당도는 그들이 실제적으로 평가하고자 하는 것을 평가하는 것이다. 더 나아가 측정에 있어서 서로 상관되는 두 개의 범주가 있다. 첫째는 과정 혹은 실행의 측정이다. 이는 프로그램의 실행에 관한 것이다. 두 번째는 프로그램의 영향을 다루는 결과 측정이다. 포괄적인 평가는 이 두 개의 범주를 포함하여 실시되어야 한다.

1. 과정 혹은 실행 측정

과정 측정은 프로그램 대상자가 프로그램 개발자에 의해 의도된 서비스를 실제적으로 받는 정도를 재는 것이다. 애초의 의도에서 벗어난 그 어떤 행동 혹은 서비스도 꼼꼼하게 기록되어야 한다. 법교육 프로그램에서는 법교육 프로그램 수업의 횟수 혹은 기간뿐만 아니라 각 학기에 참여하는 청소년 수준이 기록되어야 한다. 모든 편차들은 전반적으로 명확히 기술되어야 한다. 만약 법교육이 여러 장소에서 실행되고 다양한 장소들에서 동일한 평가가 시행된다면, 이 법교육 교수학습들이 서로 장소가 달라도 상호 비교가 가능한 것인지 주의해야 한다. 여러 장소에 따른 교수학습 환경의 차이는 문서로 기록되어야 하며, 결과에 대한 잠재적 영향력도 검증되어야 한다.

2. 결과 측정

결과 측정에는 세 가지 종류가 있다. 아마 가장 일반적으로 사용되는 것은 첫 번째 유형, 즉 프로그램 대상자 측정일 것이다. 이에 관해서는 이 장의 마지막 부분에서 집중적으로 다룰 것이다.

① 프로그램 대상자 측정

이 측정에서 핵심은 프로그램이 대상자에게 애초에 목표로 했던 결과를 이끌어냈는가 하는 점이다. 대상자 측정은 인지적(주로 지식 위주의), 태도적, 행동적 측면에서 측정될 수 있다. 법교육 프로그램을 만드는 과정에 있어서 대상자들이 경찰이나 판사들과 같은 사람들에 대한 태도가 향상 되었는지의 여부를 확인하는 것이 필요할 때가 있다. 이는 또한 대상자의 행위에 미치는 법교육의 영향을 검증하는 데 도움이 될 것이다.

② 비용 측정

프로그램 실행가들과 자금 지원자들은 보통 자신들이 지원한 프로그램이 다른 대안적 프로그램들과 비교해서 자금을 효율적으로 사용했는가를 알고자 한다. 따라서 프로그램의 전 실행과정에서 모든 직·간접 비용들이 항시 주의 깊게 기록되어야 한다(연구요원, 장소, 교육 과정 자료, 교통비 등). 가능하다면 대안적 프로그램의 기회비용 역시 정확하게 계산하는 노력이 따라야 할 것이다.

프로그램들을 비교할 때, 실행 비용이 많이 드는 프로그램이라고 해서 효율성이 낮다고 판단해서는 안 된다. 비용 문제와 함께 고려할 만한 효율성의 또 다른 기준은 상습범을 고객으로 한 프로그램을 그 예로 들 수 있다. A 프로그램은 B 프로그램보다 단기비용이 좀 더 높지만, 누범률은 덜한 것으로 나타나 있다. 결국, 누범률이 높은 경우 장기적으로 더 높은 비용이 들 것이므로 연구자는 B 프로그램이 더 효율적이라고 주장할 수 없을 것이다.

③ 체제 평가

일정 지역의 청소년 사법제도들은 서로 연결되어 있으므로 한 지역에서의 변화가 다른 지역의 변화로 연결될 수 있다. 예를 들어 예전이라면 보호관찰을 선고받았을 초범들에 대한 법교육 우회 프로그램이 성공적일 경우 보호관찰건수의 부담을 감소시킬 수 있다. 또한 이러한 프로그램은 청소년 사법제도들로부터 보호관찰이나 다른 어떤 조치도 받지 못하는 청소년들을 대상으로 할 수도 있다. 하지만 연계망 확대로써 알려진 그러한 현상은 이미 업무가 과부화된 사법체제에 더 큰 업무를 부과하게 된다. 여기서 중요한 것은 프로그램이 의도했던 효과만큼이나 의도하지 않은 효과도 발휘한다는 것이다. 의도한 효과가 달성되었는지의 여부만을 검증하는 좁게 초점화된 평가는 의도하지 않은 부정적 혹은 긍정적인 효과를 간과한다. 체제 측정을 통해 프로그램을 둘러싼 광범위한 모든 영향을 평가할 수 있으며, 이를 위해 부서 간 협력과 정보 공유가 필요하다.

VI. 언제 평가할 것인가?

평가는 프로그램이 실행 중인 상황에서는 심각하게 고려되지 않거나 심지어 프로그램이 완료된 후에도 제대로 고려되지 않는 경우가 있다. 좀 더 나은 접근은 프로그램 실행에 앞서 평가 활동을 시작하는 것이다. 프로그램의 탐색적 실행 시기 동안 평가연구는 프로그램 목적을 둘러싸고 계획, 설계되어야 한다. 모든 목표는 측정가능한 형태로 기술되어야 한다. 평가는 목표가 성취되었는지의 여부에 대한 결정을 하기 위해 구조화되어야 한다. 프로그램의 과정과 결과 자료를 수집하기 위한 단계에서의 계획을 통해, 프로그램의 실행 중, 실행 후 단계에서 평가의 문제점들을 미리 예견할 수 있다. 대부분의 법교육 프로그램이 단기에 진행되고 평가 결과는 장래 계획에 필요시되기 때문에 평가자들은 프로그램 실행과 실행 후 단계에서 재빠르게 움직이며 준비해야 한다. 예비실행 기간 동안의 주의 깊은 계획은 필요한 자료들이 제시간 내에 수집되는 것을 도와준다.

Ⅶ. 평가 전략과 문제점

전체적인 평가과정에서 가장 중요한 것은 평가가 연구 진행자들과 고객들에게 유용하며, 타당하고 윤리적인 방식으로 수행되었는가를 고려하는 것이다. 그리고 프로그램과 산출된 결과 사이에 인과적 관계가 있는가의 문제를 통해 연구의 타당성을 고려할 수 있다.

1. 인과관계

인과 분석은 어떻게 하나의 변수가 두 번째 변수에 영향을 주는가 혹은 두 번째 변수를 변화시키는 요인이 되는가를 고려한다. 인과관계는 종종 대단히 복잡하고, 독립성을 유지하기 어렵다. 그러나 인과관계를 밝힐 수 있는 연구자의 능력을 크게 신장시키는 세 가지 조건이 있다.

첫째, 변수들 사이에는 반드시 상관관계가 존재하며 하나의 변수에 일어난 변화는 다른 변수의 변화와 언제나 연결되어 있다. 예를 들어, 법교육 프로그램이 자아존중감을 증가시킨다는 결론을 내리기 위해서는 법교육 프로그램에 대한 노출이 자아존중감 증진과 상관관계가 있음을 보여주어야 한다. 몇몇 통계기법은 프로그램 노출과 자아존중감 두 변수의 관계의 방향과 크기를 측정할 수 있도록 되어 있다.

둘째, 원인 변수는 반드시 결과 변수에 선행하여야 한다. 법교육 프로그램이 자아존중감을 증가시킨다는 결론을 얻기 위해서는 법교육 프로그램에 대한 노출이 자아존중감의 증진 앞에 선행되어야 한다. 만약 자아존중감 증진이 법교육 프로그램에 앞서 선행되어 일어났다면 자아존중감에 대한 법교육 프로그램의 원인적 영향은 의심을 받게 될 것이다.

마지막 조건 그리고 만족하기 가장 어려운 것은 한 효과에 대한 대안적 설명들은 반드시 통제되어야 한다는 것이다. 효과를 설명하는 데는 하나 혹은 그 이상의 경쟁적인 변수들이 존재한다. 유소년 집단의 퇴학(자퇴)이 감소된 것이 법교육에 대한 노출과 상관이 있고, 법교육이 선행되었다고 가정해 보자. 그럼에도 지역사회 학교 캠페인과 같이 퇴학의 감소를 설명할 수 있는 다른 가능성 있는 원인들을 여전히 고려해야 한다.

연구자들이 모든 경쟁적인 원인 변수들을 완벽하게 제거하기는 불가능하다. 따라서 연구자들이 엄격하게 인과관계를 증명할 수는 없을지라도, 인과관계와 그 과정을 보다 잘 이해할 수 있도록 노력해야 한다.

2. 평가단계

평가는 4개의 일반적 단계로 구성된다. (1) 평가 전략 혹은 연구 설계 수립 (2) 자료 수집 (3) 자료 분석 그리고 (4) 자료 해석과 이후의 의사결정에 참고하기 위한 결과의 활용이다. 다음 내용에서 우리는 첫 번째 단계에 집중한다. Cook과 Campbell을 부분적으로 인용하면서, 우리는 법교육 프로그램의 평가 실행에 사용될 수 있는 네 가지 연구 설계를 고찰한다. 우리는 또한 각 연구 설계와 관련된 주요 문제의 예들을 제공할 것이다. 각 연구 설계에서 우리는 대상자의 프로그램 수행 능력 측정을 강조할 것이다.

3. 무작위 할당 설계(무작위 실험 설계)

평가 목적이 대상에 대한 특정한 처치(프로그램 혹은 간섭)의 영향에 대한 타당성 있는 인과적 추론을 만들기 위한 것일 때, 선호되는 방법은 무선으로 형성된 둘 혹은 그 이상의 비교집단 사이의 처치의 양, 강도, 유형에 따라 다양하다. 무작위 할당은 집단 간의 결과 차이가 처치와는 무관한 요인에 의한 것일 가능성을 크게 줄여준다. 예를 들어, 연구자는 청소년 보호관찰 대상자가 장래에 체포(구속)되는 것을 예방하는 법교육 프로그램의 영향을 검증하고자 한다면 보호관찰 대상자 모집단은 무작위적으로 두 집단으로 나누어져야 한다. 한 집단은 법교육 프로그램과 더불어 정규의 보호관찰 감독을 받는 집단이고, 다른 집단은 오직 정규의 보호관찰 감독만 받는 집단이다. 무작위 할당을 통해 연구대상들 간의 차이가 두 집단 사이의 무작위적으로 분산되기 때문에, 결과 측정에 있어서 '차이'는 오직 한 집단은 법교육 프로그램에 노출되고, 다른 집단은 노출되지 않는 것이다. 따라서 연구자는 연구결과 나타난 법교육의 효과에 대해 논리적으로 타당한 추론을 할 수 있다.

처치에 노출되기 이전의 연구대상에 관한 정보는 보통 "사전검사 자료"라고 불린다. 무작위 할당연구에서 사전 자료의 수집은 결과의 신뢰성을 더하도록 만든다. 이는 무작위 할당이 처치에 앞서 비교집단들이 동등하다는 것을 보장하지는 않기 때문에 사전검사 자료는 연구자가 사전검사측정에서 발견되는 집단 사이의 모든 비동등성을 통제할 수 있게 한다. 결과는 처치 효과에 대한 좀 더 명확한 해석이다. 위에 주어진 보호관찰의 예에서 선행검사 측정은 연구대상자들의 연령뿐만 아니라 대상자들의 이전의 위법행위의 양과 유형까지 포함되어야 할 것이다.

무작위 할당 설계에 관해서는 세 가지 점이 고려되어야 한다.

첫째, 무선(무작위) 할당은 앞에서 논의했던 무작위 선정 혹은 무작위 표집과 동의어가 아니다. 무작위 표집을 하는 연구는 무작위 할당을 할 필요가 없으며, 무작위 할당이 사용되는 연구 역시 무작위 표집을 사용할 필요가 없다.

둘째, 윤리성에 관하여 이 장의 앞부분에서 언급이 있었듯이, 대상자들이 프로그램에 참여하기 위해 동등한 기회를 가져야 한다는 점을 고려할 때 무선할당은 적합지 않은 경우가 많다. 게다가 범죄자 그 자신들이 무선할당을 정당치 못한 것으로 인식한다는 증거가 있다. 한마디로 윤리적·법률적으로 고려하자면 무선할당은 문제가 있을 수 있다.

세 번째, 무선할당이 가능하더라도 이것이 평가자가 직면하게 되는 타당한 인과적 추론을 방해하는 모든 위협에 대한 만병통치약이 아니라는 것이다. 무선화가 다른 연구 설계에 비해 이런 위협들을 좀 더 잘 제거하기는 하지만, 여전히 제거되지 않는 위협들이 존재한다. 예를 들어, 법교육 프로그램을 이수받은 집단의 구성원들이 자신들이 교육받았던 내용에 대해 통제집단 즉 법교육 프로그램을 이수하지 않은 집단의 구성원들과 정보를 교환할 가능성이 있다. 이때의 '통제집단'은 순수한 통제집단이 더 이상 아니다. 이는 두 개 혹은 그 이상의 비교집단 내 구성원들의 정기적인 상호 작용과 의사소통이 일어날 것이라 예상되는 구류시설이나 교정교육과 같은 환경에서 가장 잘 일어나기 쉽다.

무작위 연구의 타당성을 위협하는 일반적인 요소들로 사망 혹은 감소(attrition)가 있다. 이 말은 대상이(프로그램 대상) 연구가 종료되기 전에 그들이 할당되었던 집단에서 누락되는 것을 말한다. 초기의 표본 크기가 작고, 프로그램이 장기적이거나 지루한 상황이라면 사망(motality)은 특히 타당도를 위협한다. 프로그램 대상자 청소년이 전체 100명이라 하자 이 중 50명이 법교육 프로그램을 학습하고 50명은 통제집단으로 무작위로 나눈다고 가정하자. 더 나아가 법교육 프로그램을 받는 실험집단 50명 전원이 사후검사 조사까지 마쳤으나, 통제집단의 10명이 조사를 거부하였다고 가정해 보자. 이는 초기에 무선할당에 의해 생성된 집단의 동등성을 추정하기 위한 견고한 정당화가 더 이상 존재하지 않는 것을 의미한다. 연구에서 탈퇴했던 10명의 통제집단 구성원들은 사후검사 점수가 가장 낮은 사람들로 나타날 가능성이 있다. 그러나 사망에 의한 자료 손실을 교정하는 통계적 기술이 있고(탈락자에 대한 대상 집단의 평균 점수 삽입), 사망 효과를 계산하는 것을 허용하는 통계기법이 있다. 사망을 다룰 때는 특정 집단 내에서 불균형이 존재하는지? 왜 존재하는지? 그것의 근거가 처치 변수와 어느 정도 관련 있는지에 대한 판단이 이루어질 필요가 있다. 타당성을 위협하는 더 많은 정보는 사회과학 조사 방법 개론서를 참고하기 바란다. 타당성을 저해하는 요소에 대한 더 자세한 논의는 Campbell과 Stanley 그리고 Cook과 Campbell의 책에 제시되어 있다.

4. 단일 집단 사전-사후 검사 설계

이 설계에서 실험 데이터들은 단일 집단의 사람들에 대해 처치 이전과 이후의 동일한 측정을 시행함으로써 얻어진다. 예를 들어 구금된 청소년 집단은 6주 이상의 기간 동안 매주 1회의 법교육 프로그램 수업을 받도록 설계한다고 생각해 보자. 시작 전 그리고 교육의 끝나는 시점에 경찰관이나 교사와 같은 공적 인물에 대한 청소년 범죄자들의 인식을 측정하기 위해 조사가 시행될 것이다. 이 설계는 한 집단의 사후측정만 고려하는 연구 설계보다 향상된 설계이다. 왜냐하면 사전검사 자료는 비교되는 사후검사 데이터에 대한 척도 혹은 기준으로서 작용할 것이기 때문이다. 다시 말하면 이 설계는 참여자들이 프로그램에 참여하는 동안 얼마나 변화하였는지를 평가하는 것이다. 이 설계는 또한 사전-사후 변화와 관련된 요인을 명료하게 확인할 수 있다. 예를 들어 평가자는 어린 청소년일수록 나이든 청소년보다 더 큰 변화를 보이는지의 여부에 대해 알 수 있을 것이다. 그러나 이 설계에는 여러 가지 문제점이 있다. 일단 처치를 받지 않는 비교집단이 없으므로 비교를 할 수 없다. 게다가 관찰된 모든 처치 이전-이후의 변화를 산출해내기 위한 사전-사후 검사 사이에 처치보다는 다른 어떤 요소가 개입되어 있는가의 여부를 알기 어렵다. 결과적으로 이런 설계만으로는 처치의 효과에 관하여 타당하고 인과적인 추론을 하긴 어렵다. 사전-사후에 긍정적인 변화가 나타났다면 이러한 변화는 처치와 인과적 관계가 있다기보다는 상관관계에 있다고 주장하는 것이 더 타당하다.

5. 다중 집단 사전-사후 검사 설계

이 설계는 앞서 논의되었던 연구 설계를 확장한 것이다. 처치를 받은 집단의 사전-사후 검사 자료의 수집뿐만 아니라 처치를 받지 않는 통제집단(혹은 대안적 처치를 받은 집단)으로부터 역시 사전 사후 검사 자료가 수집된다. 예를 들어, 연구자들이 법교육이 포함된 우회교육을 받은 청소년들의 자아개념과, 법교육 프로그램이 포함되지 않은 사회복귀 우회교육을 받은 청소년의 자아개념을 비교할 경우 이 두 집단의 자아개념은 각각의 우회교육 프로그램에 대한 참여 전·후로 나뉘어 측정된다.

이 설계는 실험 집단과 비교집단(통제집단)을 함께 측정하기 때문에 단일 집단 사전-사후 설계보다 더욱 타당한 인과적 추론을 이끌어내기 쉽다. 이 연구 설계에서는 두 집단 사이의 사후검사 차이와 사전검사 차이를 비교할 수 있다. 예를 들어, 법교육의 사전검사에서 나타난 자아개념 평균 점수와 복귀 프로그램 참여자들의 자아개념 평균 점수는 아마도 비슷할 것이다. 그러나 사후 평균 점수는 두 집단 간에 차이가 발생할 수 있을 것이다.

그럼에도 불구하고, 청소년들이 초기에 집단에 할당되는 과정에서 몇 가지 통제를 가하지 않는다면 관측된 사전-사후 검사 패턴에 영향을 주는 것이 처치인지 혹은 통제되지 않은 외생요인에 의한 것인지를 식별해내기 어렵다.

몇몇 연구자들은 결과 측정에 영향을 줄 수 있다고 생각되는 특정 요인들 중심으로 집단을 분류하여 외생적 집단 차의 문제를 교묘히 회피하려 한다. 예를 들어, 동일한 연령이나 성을 가진 집단으로 나누어 법교육 처치를 할 수 있다. 이러한 접근의 주요 한계는 연구자가 잠재적으로 관련되는 모든 변수들을 고려하지 못할 경우 인과적 추론을 하기 어렵다는 것이다(예를 들어, 연령과 성별만을 고려한 분류는 인종변수의 영향력을 간과하게 된다.).

단일 집단 혹은 다중 집단의 사전-사후 검사 설계를 사용하는 연구자들은 사전검사가 사후검사 결과에 종종 영향을 미친다는 사실에 유의해야 한다. 왜냐하면 연구대상들이 처치를 받는 횟수가 증가할수록 처치에 익숙해지기 쉽기 때문이다. 사전검사 과정에서 사용되는 측정도구는 이후 사후검사 점수에 영향을 미칠 수 있다. 면접을 치르는 구직자들이 면접 경험으로부터 면접기술을 익힘으로써, 차후 면접점수가 개선되는 것처럼, 능력 측정을 위해 설계된 두 번째 측정도구의 시행에서 첫 번째 시행보다 점수가 분명히 증가하게 된다(Anastasi, 1982). 무작위 할당 설계는 이러한 문제를 통제하여 검사가 모든 집단에 대해 동일한 영향을 주도록 도와준다.

6. 편중 할당 설계

다중 집단 사전-사후 검사 설계에서, 개개인들은 임의적이고 주관적인 기준을 기초로 만들어진 비교집단에 속하게 된다. 그 결과 각 집단들은 처치의 실행 이전에 이미 서로 차이가 날 것이다. 이는 집단 간 비교를 혼란스럽게 하고, 결론을 애매하게 만든다.

Thistlethwaite와 Campbell에 의해 고안된 편중 할당 설계(biased assignment design)에서 구성원 개개인들은 오직 명확하고 객관적으로 인식되고, 측정가능한 기준에 기초한 비교집단에 할당된다. 할당과정은 기준에 의해 편중(bias)되지만, 이러한 기준을 바탕으로 결과에 있어서 집단 간 차이를 논리적으로 설명할 수 있다. 할당 기준에 의해 도입된 집단 간 변량은 통계적으로 통제될 수 있으며(Minor, Hartmann & Davis, 1990), 따라서 처치는 집단 간 차이를 구분 짓는 주요 요인으로서 남게 되는 것이다. 결과적으로 처치 효과에 관한 좀 더 믿을 만한 인과적 추론이 만들어질 수 있다.

소년보호시설 내의 모든 청소년들이 공적 권위체(경찰이나, 교사, 법조계 인사 등)에 대해 갖고 있는 사전 인식 조사가 시행된다고 가정해 보자. 평균 점수는 개개인의 조사점수 평균 분포로부터 계산된다. 평균 이하의 점수를 보인 사람은(비우호적 인식을 나타냄) 법교육 프로그램 학습에 할당되고 반면, 평균 혹은 평균 이상의 점수를 보인 사람들은 별도의 특별 교육을 받지 않는 통제집단으로 편성된다. 사전검사 점수는 집단 편성 결정에 유일한 기준이 된다. 법교육 프로그램의 완료 이후에 시행되는 사후검사는 두 집단 모두에 행해진다. 데이터의 통계분석기간 동안 집단 간 사전검사 차이는 고정되어 있기 때문에, 사후검사에서 남게 되는 집단 간 차이는 법교육 프로그램을 받았느냐 아니냐에 달려 있다.

편중 할당 설계는 각 개개인들이 근거 있는 이론적 설명에 따라 비교집단에 할당되도록 하여 타당한 추론을 가능하게 한다. 이 설계의 가장 중요한 한계는 다른 사전검사 자료보다 정보가 집단 할당에 영향을 줄 가능성이 있다는 것이다. 그러한 부가적인 정보가 통계적 분석 동안에 신중하게 측정되고 완전하게 통제되지 않으면 설계는 엉망이 될 것이다. 편중 할당 설계는 복잡하고, 완전하게 수행하기에 어려움이 많다. 일반적으로 이 설계는 연구 방법과 통계에 있어 전문가의 해박한 자문 없이는 채택되지 말아야 한다.

Ⅷ. 요약과 결론

대상 모집단 전체에 대한 일반적인 결론을 내리고 싶으나 전체 모집단으로부터 데이터를 얻을 수는 없다면 모집단을 대표하는 표집을 통해 연구하는 것이 가능하다. 이를 달성하기 위한 최선의 방법은 확률 표집 절차를 밟는 것이다. 확률 표집의 가장 큰 이점은 이중적인 성격을 가진다는 것이다. 즉 확률 표집에서 표본은 모집단을 대표한다고 여겨지면서도 표집으로 인해 발생할 수 있는 오차를 측정할 수 있도록 해 준다. 무작위 표본의 속성이 모집단과 다를 가능성이 있기 때문에 이러한 오차 측정은 매우 중요하다.

비확률적 표본을 사용하는 연구에서 얻어진 결과는 일반화하려면 주의를 기울여야 하지만 이러한 연구들도 여전히 가치가 있다. 이 연구의 결과는 최소한 테스트를 받는 집단에 한해서는 의미 있는 결과이며,

몇몇 사례에서는 평가자가 모집단에 있어서도 같은 결과가 나올 것이라고 주장할 수도 있다. 더 나아가 반복적인 연구를 통해 비무작위 표본으로부터 모집단에 대한 일반화가 정당화될 수 있다.

평가 계획과 설계는 법교육 프로그램 시행 전에 시작되어야 하며, 프로그램 시행 과정과 다양한 결과 측정과정에 통합되어야 한다. 이러한 평가 계획은 기본적인 연구원칙에만 얽매이지 말고 연구질문과 실제 상황을 고려하여 세워져야 한다(Cronbach, 1982). 매우 표준적이며 참여자들에게 별다른 영향도 미치지 않는 저예산 프로그램에까지 빡빡한 평가를 시도할 필요는 없다(Smith, 1981). 동시에 연구자는 프로그램 시행 중이거나 시행 후에야 평가가 이루어질 경우 이미 핵심적인 이슈들이 다 지나가버린 후라서 적절한 답변이 나오지 않을 수도 있다는 점에 유의해야 한다.

프로그램 영향에 관한 평가를 타당하게 하기 위한 최선의 방법은 프로그램 대상자들을 무작위 할당하여 비교집단을 만드는 것이다. 만약 이것이 불가능하거나 문제의 소지가 있다면, 유용한 대안은 편의 할당 설계인데, 여기서 프로그램 대상자들은 통계적으로 통제될 수 있는 측정된 준거에 따라 비교집단에 할당된다. 제3의 혹은 미약한 대안은 다중 집단 사전-사후 검사 설계이다. 단일 집단 사전-사후 검사 설계는 이 장에서 소개되는 2개의 설계 중 가장 취약한 설계이며, 타당한 인과적 추론을 얻고자 할 때는 피해야 할 설계이기도 하다. 취약한 설계는 논란의 여지를 많이 만들어 낼 수 있다. 이러한 설계들은 평가에 사용하지 않는 것이 바람직하다. 그러한 설계들은 비용을 절약하거나 본격적인 평가의 사전 단계에서 제한적으로 사용될 수 있다. 이를 통해 평가자는 본격적인 평가단계에서는 어떤 점에 유의해야 하고 어떤 변수들이 프로그램에 연관되어 있으며 프로그램 진행자와 참여자들이 이후의 평가단계에 잘 적응할 수 있을지 등에 대해 알 수 있다.

법교육이 청소년 사법제도에서 표준적이며 널리 활용되는 프로그램으로 자리잡으려면 정련되고 적절한 절차를 갖춘 엄격한 경험적 연구를 통해 평가되어야 할 것이다. 만약 그렇게 하지 않으려면 그저 법교육을 활용하는 것이 막연히 좋으리라고 예측하고 믿어버리는 것도 한 방법이다. 청소년 사법 프로그램의 역사는 후자와 같은 태도가 결국 법교육에 도움이 되기보다는 해를 끼친다는 점을 잘 보여준다.

참고문헌

American Psychological Association(1992). Ethical principles of psychologists and code of conduct. American Psychologist, 47, 1597−1611.

American Psychological Association(1989). Code of ethics. Washington, DC: American Socilogical Association.

Anastasi, A.(1982). Psychological testing(5th ed.). New York: Macmillan.

Babbie, E.(1995). The practice of social research. Belmont, CA: Wadsworth.

Campbell, D. T. & Stanley, J. C.(1963). Experimental and quasi−experimental designs for rearch. Chicago, IL: Rand McNally.

Cook, T. D. & Campbell, D. T.(1979). Quasi−experimentation: Design and analysis issues for field settings. Boston, MA: Houghton Mifflin.

Cohen, J.(1988). Statistical power analysis for the behavioral sciences(3rd ed.). New York: Academic Press.

Cronbach, L. J.(1982). Desingnig evaluations of educational and social programs. San Francisco: Jossey−Bass.

Erez, E.(1985). Random assignment, the least fair of them all: Prisoner's attitudes toward various criteria of selection. Criminology, 23, 365−379.

Finckenauer, J. O.(1982). Scared straight! and the panacea pheomenon. Englewood Cliffs, NJ: Prentice−Hall.

Gottfredson, G. D.(1984). A theory−ridden approach to program evaluation: A method for stimulationg researcher−implementer collaboration. American Psychologist, 39, 1101−1112.

Hagan, F. E.(1993). Research methods in criminal justice and criminology(3rd ed.). New York: Macmillan.

Huitema, B. E.(1980). The analysis of covariance and alternatives. New York: Wiley.

Johnston, J.(1983). The status of evaluation as an enterprise. ERS Newsletter, 7, 1, 7.

Minor, K. I. & Elrod, H. P.(1990). The effects of a multi−faceted intervention on the offense activities of juvenile probationers. Journal of Offender

Counseling, Services and Rehabilitation, 15, 87−108.

Minor, K. I., Hartmann, D. J. & Davis, S. F.(1990). Preserving internal validity in correctional evaluation research: The biased assignment as an alternative to randomized design. Journal of Contemporary Criminal Justice, 6 216−225.

Posavac, E. J. & Carey, R. G.(1980). Program evaluation: Methods and case studies. Englewood Cliffs, NJ: Prentice−Hall.

Rossi, P. H., Freeman, H. E. & Wright, S. R.(1979). Evaluation: A systematic approach. Beverly Hills, CA: Sage.

Scheirer, M. A. & Rezmovic, E. L.(1983). Measuring the degree of program implementation: A methodological review. Evaluation Review, 7, 599−633.

Smith, N. L.(1981). The certainty of judgements in health evaluations. Evaluation and Program Planning, 4, 273−278.

Thistlethwaite, D. L. & Campbell, D. T.(1960). Regression−discontinuity analysis: An alternative to the expost facto experiment. Journal of Educational Psychology, 51, 309−317.

특정 환경에서의 법교육

DARREN WARNER

법교육을 융통성 있게 여러 용도로 사용할 수 있다는 것은 법교육이 매력적인 점 중 하나이다. 공립학교에서의 법교육은 비교적 오래전에 시작되었다. 다양한 청소년 사법 시설에서도 법교육을 사용하고 있다. II절의 여러 장들은 구류, 우회교육, 소년원 시설에서 법교육 프로그램을 실행하는 것에 초점을 맞춤으로써 청소년 사법 시설에서의 법교육을 설명한다.

계속해서 청소년 사법제도에 의해 관리되는 많은 청소년들은 구류 상태로 지내게 될 것이다. 비교적 덜 심각한 범죄로 고소된 아이들의 경우에 그렇다. 청소년이 처음으로 경찰관에 의한 법 집행 절차를 수반하는 청소년 사법제도를 경험하는 것은 구류일 경우가 많다. 청소년 구류가 가장 자주 비판받는 점은 일반적으로 이용가능한 교육적 프로그램이 부족하다는 것이다. 6장에서, Darren Warner는 이러한 비판에 대한 반론을 제기하기 위한 수단으로 법교육을 제시한다. 구류에 대한 간략한 개관과 구류시설에 법교육을 도입하는 것에 대한 이론적 근거를 제공한 후에, Warner는 구류 시설에서의 법교육의 이점과 문제점을 평가한다. 그는 또한 수업 예시를 포함하여 법교육 실행을 위한 실질적 지침을 제공한다.

법률을 위반한 청소년의 대부분은 비교적 경범죄를 저지른 아이들이다 (예: 무단결석, 좀도둑질 등). 우회교육은 그러한 범죄를 저지른 아이들에게 청소년 사법 관리가 가장 흔하게 내리는 결정이다. 더욱이, 많은 재판에서 우회교육을 재범자들에게 여러 번 적용하고 나서 개선의 여지가 없을 때 공식적 판결(예, 보호관찰(probation), 투옥(incarceration))을 내린다.

청소년 사법에 법교육을 적용하려는 최초의 시도 중 하나인 콜롬비아 특별구의 생활법 우회 프로그램(District of Columbia's Street Law Diversion Program)은 이후 프로그램의 모델이 되었다. 7장에서 Jeffery Chinn은 이 생활법 프로그램의 발달과 기원에 대해 논의한다. 그는 초기 계획에서부터 실행에 이르기까지 프로젝트를 수행하는 데 필요한 단계를 추적하고, 프로그램 관리와 관련된 문제들을 고려한다.

8장은 1990년 청소년비행예방국(Office of Juvenile Justice and Delinquency Prevention)의 청소년 사법 / 법교육 운동(Juvenile Justice / LRE initiative)하에서 시작된 Kentucky 주의 법교육 우회 시도에 대한 논의를 제공한다. Deborah Williamnson과 James Columbia는 이 프로그램의 조직적 체계, 시작과 접근 방법, 이론과의 연계를 다룬다. 그들은 또한 일선에서 이 프로그램을 수행하는 사람들의 경험으로부터 프로그램과 관련된 문제와 장점에 대해서 언급하였다. 이 장의 마지막 부분은 이 프로그램으로부터 비롯된 두 가지 유명한 파생적인 결과를 설명하는데, 한 가지는 절도 예방을 강조하는 것이고, 다른 하나는 지리적으로 분산된 지역에 있는 청소년에게 법에 대해 가르치기 위한 원격회의 기술을 이용하는 것이다.

5장에서 지적한 것처럼, 결과 연구는 법교육 프로그램 실행의 질을 입증하는 데 필수적인데, 9장은 우회를 바탕으로 한 법교육에 대한 최초의 체계적인 결과 연구를 제시한다. 8장에서 설명한 켄터키 주 프로그램에 참가한 청소년들로부터 얻은 유사 경험적(quasi-experimental) 자료[18])를 이용하여, 연구자는 법교육이 청소년 자신에 대한 인식과 권

---

18) 원래 실험연구 혹은 경험 연구(experimental study)는 변수를 완벽하게 통제한 상황에서 대상을 무작위 할당하여 실험집단과 비교집단으로 나누어 진행하게 된다. 그러나 법교육은 실제 사법제도의 일부 또는 우회교육이나

력기관, 특히 경찰관에 대한 인식을 개선시킨다는 것을 사전-사후 연구를 통해 밝혀냈다. 더욱이, James Fox, Kevin Minor, William Pelkey는 법교육에 참여했던 사람들 중 이후 1년 내에 재범자가 되는 비율이 10퍼센트를 약간 넘는 수준에 불과하다는 것을 발견하였다. 이 연구는 긍정적인 발견과 한계에 대한 고찰을 동시에 다루었다.

구류와 우회는 보통 청소년 사법 과정으로 진입하는 시작을 의미한다. 일부 청소년들은 이 과정의 마지막 단계(예, 인신구속(residential placement))를 경험하게 되는데, 10장에서 Timothy Buzzell은 소년원에서의 법교육에 대한 실행가능성을 조사한다. Buzzell은 아이오와 주 소년원(Iowa State Training School)(6장에서 이 연구에 대한 Warner의 개요를 볼 것)에서 법교육을 실행하는 것에 대한 광범위한 연구를 수행하였다. 10장은 그의 이전 연구의 연장이다. 교정에 대한 사회적 발달 접근의 견지에서 작업한 Buzzell은 어떻게 캘리포니아(California), 앨라배마(Alabama), 아이오와(Iowa) 주에 있는 수용(residential) 시설에서 법교육을 실행하는지를 밝히기 위해 사례 연구법을 사용한다. 교정교육에 대한 Hamm의 일반적인 형태를 언급하면서 논의를 제시하였다.

어떤 시설인가와는 상관없이, 청소년 사법 관리들이 관리하는 청소년 중 상당수에게는 특수한 교육이 필요하다는 것을 연구들은 보여주고 있다. 11장의 저자는 이 연구를 재검토하여 법교육을 청소년 사법과 결합하려는 노력에서 불리한 교육 여건을 고려할 필요가 있다고 주

교정교육 프로그램으로 사용되기 때문에 특정 대상에 대해서는 교육을 하고 특정 대상은 배제한다거나 하는 식으로 집단 할당을 할 수도 없고 연구자의 의도대로 변수를 통제하기도 어렵다. 심지어 어떤 프로그램이 어떤 장소에서 얼마간의 기간 동안 열릴지도 현실적 상황에 따라 유동적으로 바뀌므로 일단 프로그램이 시작되거나 실행되고 난 후 그 프로그램의 효과를 따지는 식으로 평가가 이루어진 경우가 대부분이므로 유사경험적 연구인 경우가 대부분이다. 법교육 효과 관련 연구에서 언제나 지적되는 문제가 바로 이 유사경험적 성격이다. 이와 관련하여 보기 드물게 변수통제 및 집단 할당, 사전-사후 검사 등의 모든 절차를 통해 법교육의 효과를 경험적으로 증명한 사례로 졸저 『법의식과 법교육』(2007)을 참고하길 바란다(역주).

장한다. Marsha Minor, Sherri Williams, Kevin Minor는 특수 교육에 대한 일반적 개관을 하고, 어떻게 법교육 강의가 특수교육을 받는 학생들을 위해 수정되고 적용될 수 있는지 논의한다. 독자들은 11장에서 설명되는 접근과 2장에서 주장된 접근 사이의 일치를 발견하게 될 것이다.

청소년 사법제도는 법교육을 실행할 때 지역사회 자원의 굳건한 기반을 중요시한다. Paul Knepper는 2부의 마지막 장에서 이러한 자원들을 동원하는 실제적 전략을 제공한다. Knepper는 피해자-범죄자 조정 활동의 경험을 통해 이러한 전략을 이끌어낸다.

구류시설에서의 법교육

"구류시설에서의 법교육"

Darren Warner

Ⅰ. 도 입

법교육은 범죄를 저지른 청소년이나 위기의 청소년들에게 권리와 책임을 교육하기 위한 혁신적인 접근법 중의 하나이다. 법교육은 다양한 영역에서 사용할 수 있는데, 이 장에서는 구류 중인 청소년에게 법교육을 하는 것에 대해 탐구한다. 법교육은 구류 상태에 있는 청소년들이 지역사회로 다시 돌아가기 전에 책무성, 책임성, 시민적 긍지를 갖도록 촉진함으로써 구류 상태를 개선시킬 수 있다.

구류시설에서 법교육을 사용하는 것에 대한 비판이 없지는 않다. 일부 비판가들은 구류시설에서 더욱 형벌적인 방법을 사용해야 한다고 주장한다. 구류시설에서 법교육을 하는 것에 회의적인 사람들은 종종 구류 중의 청소년에게 법교육을 실행하는 것에 대해 다음의 질문을 제기한다.

1. 구류시설에 있는 청소년들은 이미 법을 위반했는데 왜 그들이 법을 배워야만 하는가?
2. 구류시설에 있는 동안 법교육을 하는 것은 법을 위반한 청소년을 너무 부드럽게 대하는 것이 아닌가?
3. 법교육의 비용에 대한 효과(cost effectiveness)는 무엇인가?
4. 구류시설의 직원이 법교육을 할 수 있는가?

이 장에서는 이러한 문제들을 다룬다. 청소년 구류에 대한 개관으로 논의를 시작한다. 그다음에는 구류시설에서의 법교육에 대한 이론적 검토와 다양한 구류시설에서의 법교육 실행에 대해 설명한다. 사용될 수 있는 법교육 예를 제시하고 구류시설에서의 법교육에 대한 미래를 그려 본다.

Ⅱ. 청소년 구류에 대한 개관

1974년 청소년사법과 비행예방조례(The Juvenile Justice and Delinquency Prevention Act)는 성인 교도소에서 청소년을 격리시키도록 주와 지방정부에게 명령했다. 이는 사법부가 성인들을 위해 사용했던 시설들과 분리된 청소년용 구류시설 개발에 유인을 제공했다. 그러나 이 법은 청소년과 성인의 수용시설 자체가 완전히 달라야 한다고 요구하지는 않았다. 그러므로 구류 상태에 있는 모든 청소년이 성인용 시설로부터 완전히 분리된 시설에 머물렀던 것은 아니다. 청소년용 시설이 존재하지 않는 지역에서는 청소년들이 성인 교도소에서 별도로 감금되었다. 1994년에 6,725명으로 추정되는 청소년들이 성인 교도소에서 지내고 있었다(Bureau of Justice Statistics, 1995).

구류(detention)라는 개념은 다소 모호하며, 그 용어에 대한 정의도 주별로 상이하다. 일반적으로 청소년 구류는 법원으로부터(court-related) 판결, 처분(disposition), 송치(placement)가 아직 결정되지 않은 성인처럼, 아직 판결받지 않은 청소년을 잠시 머무르게 하는 것으로 정의될 수 있다. 구류에 대해 규정된 목적이 단지 판결, 처분, 배치 전에 아동을 잠시 억류하는 것이지만, 실제로 구류는 때때로 비공식적인 처벌의 형태로 사용된다. 많은 경우 아직 범죄행위나 그 책임 여부가 증명되지 않았음에도 불구하고 구류를 통해 처벌이 이루어지는 경우가 종종 있다.

Jensen과 Rojek(1992)에 따르면, 1991년에 대략 19,490명의 청소년이 구류 상태에 있었다. 그중에서, 17,788명은 공공시설에 감금되어 있었다. E. Dunlap(personal communication, 1995)은 매해 500,000명의 청소년이 구류시설을 거쳤다고 추정한다. 1980년대 중반 이래로 구류시설에 있는 청소년의 수가 증가하고 있다. 구류되는 청소년의 수는 1984년 400,000명에서 1990년 570,000명으로 증가하였다(Office of Juvenile Justice and Delinquency Prevention, 1994).

구류시설에 머무는 평균 기간은 법정 일정과 처분 이후 배치의 가능성에 의해 주로 결정된다. 1991년, 평균 기간은 15일이었다(Bureau of Justice Statistics, 1991). 그러나 집행된 구류를 보면, 대략 20%는 평균 1주 이내에, 6%는 한 달 이상 구류시설에 있었다.

대부분의 구류 대상자(detainee)들은 심각한 행동적 문제를 나타내지 않지만, 폭력 범죄를 저지르거나 특별히 반항적인 사람들이 있다. 대개는 후자의 경우 구류시설에 수용된다. 그러나 사람들이 생각하는 전형적인 구류는 상습, 폭력범들로 가득 차 있는 시설이다. 사실 구류시설에 있는 청소년의 18%만이 폭력죄로 감금되어 있다(Bureau of Justice Statistics, 1991).

구류시설은 사용되는 안전시설의 수준에 따라 분류될 수 있다. 안전
장치가 아예 없는 것에서(예, 벽이나 펜스가 없고 수용시설에 자물쇠가
없는)부터 안전장치를 최대로 하는 것(예, 12피트 벽이나 펜스와 24시
간 내내 자물쇠로 잠근 시설)까지 그 수준은 다양하다. 대부분의 수용
자들은 중간 정도의 보안시설을 갖춘 시설에서 거주한다. 구류시설 간
공통점 중 하나는 수용자들의 행동을 관리하는 것이 주요 관심사라는
것이다. 관리 전략은 시설마다 다양하고, 기본적 고립 전략, 토큰 경제
프로그램(token economy programming), 전통적인 조작적 조건화(operant
conditioning) 프로그램, 특권을 주는 레벨시스템(privilege-based level),
그룹별 프로그램, 갈등 해결 훈련, 상담, 혹은 이 기술들 간의 조합을
사용한다(K. Richardson and J. Van Hoose, personal communication,
1994).

구류는 일시적이고 주로 24시간 이내의 단기간 억류(holding)를 의미
하기 때문에 소년원에 배치되는 것과는 구별되어야 한다. 더욱이, 구류
의 목적은 소년원의 목적과 다르다. 구류는 청소년이 나쁜 짓을 하고
도망가는 것을 막고, 청소년과 지역사회를 보호하고, 판사에게 부가적
인 처분 선택권을 제공한다(예, 보호관찰 위반에 대한 처벌로서의 구
류). 소년원의 주요 목적은 청소년들에게 사회심리학적, 행동적 변화를
이끌어내는 것이다.

교육 관련 측면에서 살펴보아도 소년원과 구류시설은 다르다. 대다수
의 소년원은 교육 과정을 청소년들의 환경 요소 중 하나로 활용한다.[19)]

---

19) 본문 중의 구류시설(detention home)은 우리나라의 '소년분류심사원', 소년원
(training school)은 역시 우리나라의 소년원과 비슷하다. 우리나라 역시 소년
분류심사원에서는 프로그램 위주의 일시적이고 단발적인 교육을 자체적으로
시행하는 반면 소년원은 '소년원 학교'라는 이름으로 정규 교육 과정을 운영
하여 학력을 인정받고 검정고시에도 대비할 수 있도록 운영되고 있다. 반면
probation home은 보호관찰 처분을 받고 사회 내에 있는 청소년 혹은 성인
들을 관리하는 곳으로 우리나라의 '보호관찰소'와 비슷하다. 다만 미국은 주
마다, 지역마다 제도가 워낙 다르므로 용어도 서로 상이하게 사용되는 경우
가 많으며 우리나라의 제도와 일률적으로 비교하기는 어렵다(역주).

대조적으로 많은 구류시설은 공식적 학과 프로그램을 실시하고 있지 않다. 이런 프로그램을 시행하고 있는 시설들을 보면, 가르치는 데 사용하는 자료의 양이나 내용에 있어서 어떠한 공통점도 보이지 않는다. 시설마다 다른 규칙, 요구조건, 자원들을 가지고 있다. 예를 들어, 어떤 구류시설은 청소년들이 하루에 7시간 수업에 참석할 것을 요구하지만, 다른 곳에서는 하루에 2시간만 요구한다. 시설의 일반적 방침, 예산의 제약, 규모와 같은 요인 때문에 모든 시설이 획일적이지 않다.

대부분의 청소년 사법 관련 종사자와 연구자들은 구류시설의 청소년들에게 체계적인 교육적 프로그램을 시행하는 것이 필요하다는 점에 동의한다. 왜냐하면 구류시설에 있는 많은 사람들은 가정에서 체계적인 경험을 거의 해보지 못했기 때문이다. 그러나 구류시설 교육 프로그램을 만드는 것은 상당히 힘겨운 일이다. 구류시설 관리자들은 질서 있고 안전한 환경을 유지하면서 동시에 거주자를 위한 건전한 교육을 제공해야 할 의무가 있다. 거주자 대부분이 일시적으로 머무르기 때문에 이것은 극도로 어려운 것이 된다. 아래에 설명되는 것처럼 의지가 확실하다면, 그러한 시설에 맞게 법교육을 할 수 있다.

Ⅲ. 구류시설에서의 법교육에 대한 이론적 기반

이 장에서, Becker(1963), Cicourel(1968), Kitsuse(1962), Lemert(1976), Scheff(1966)에 의해 발달된 낙인 이론(labeling theory)이 구류시설에서의 법교육에 대한 이론적 근거를 명확하게 설명하기 위해서 사용될 것

이다. Akers(1994)가 지적했듯이 비공식적, 공식적으로 낙인찍는 것, 즉 사회의 특정 구성원이 사회의 다른 구성원에게 비정상이라는 낙인을 붙이는 것에 대해 초점을 맞추기 때문에 '낙인 이론'이라고 명명되었다. 낙인 이론가들은 문제 행동(예, 청소년 범죄)은 2차적인 문제라고 주장한다(Becker 1963; Cicourel 1968; Lemert 1967 참조). 대신에 누가 누구에게 꼬리표를 붙이고, 무엇이 언제 꼬리표가 주어지도록 결정하는지를 검토해야 한다고 한다. 대부분의 낙인 이론가들은 통제를 직무로 하는 공공 행위자(예, 경찰, 검찰, 지역사회 지도자)가 힘의 역학관계와 경제적 자원에 대한 통제를 바탕으로 꼬리표를 만들고 사회의 특정 구성원에게 적용한다고 주장한다.

낙인 이론은 상징적 상호 작용 이론(symbolic interactionist theory)에 뿌리를 두고 있다. 상징적 상호 작용론은 낙인 붙여진 사람들에게 법을 집행했을 때의 결과를 설명한다. 좀 더 분명히 말하자면, 이 관점의 주요 쟁점은 사회 통제의 시도가 실제로는 반생산적(counter-productive)일 수 있다는 것이다. 다시 말해서, 청소년 범죄를 줄이기 위한 시도가 신중하지 못하고 무분별하다면, 그러한 노력은 청소년 범죄를 줄이는 것이 아니라 오히려 청소년이 범죄에 더 휘말리도록 만들 수 있다. Lamert(1967)가 2차적 일탈의 개념을 사용해서 이러한 생각을 가장 분명하게 표현한다.

낙인 이론은 또한 갈등 이론에 근거를 두고 있다. 초기 낙인 이론가들은(Becker, 1963; Kitsuse 1962) 규범을 만드는 과정에서 정치적, 경제적 갈등의 역할을 고려하였다. 규칙 생성을 검토하면서, Lofland(1969)는 일탈행동을 두 집단 간 힘의 경쟁으로 정의하였다. 규칙 강화에 대해, Becker는 일탈행동(종종 법 위반의 형태에서)의 주요 특징을 힘과 복잡하게 연관되어 있는 것이라고 보았다. Becker(1963, pp.17-18)는 "한 집단이 사회의 다른 집단에게 그 규칙을 부과해야 하는 경우에 두 번째 질문이 생긴다. 사실상 누가 이러한 규칙을 다른 사람이 수용하도록 만들며, 이러한 것이 성공하는 원인은 무엇인가? 물론 정치적, 경제적 힘의 문제이다……"라고 지적했다.

낙인 이론은 법교육에 적합한 배경을 제공한다. 사회적 통제 기관이나 심지어는 공동체에 의해 낙인찍힌 경험은 개인적 정체성의 변화(자신을 '나쁜 아이'라고 생각함), 일반적 행동으로부터의 배제(공동체에서 쫓겨나서 구류시설에 머물게 되는 것), 범죄에 더 관여하게 되는 결과를 가져올 수도 있다.

낙인 이론가들은 일탈 낙인이 적용됨으로써 행위자는 일탈자라는 틀 안에 갇히고 비정상적인 사람으로 찍힌다(Matza, 1969; Scheff, 1966)고 믿는다. 이러한 과정의 결과로, 비행을 저지른 사람의 낙인으로 인해 형성된 자기 정체성이 비행의 원인으로 가장 중요하며, "일탈 정체감(deviant identification)은 후속행위를 가져오는 것이 된다."(Becker, 1963, pp.33-34) 이런 방식으로 비정상적이라고 낙인찍히는 것은 비정상적인 활동에 더 참여하게 되는 가능성을 증가시킬 수 있다.

그러므로 청소년 사법제도를 통해 청소년을 공식적으로 처리하는 것은 그들을 비난하는 것으로 여겨질 수 있다. 구류시설에서 청소년들에 대한 처우와 사회복귀 과정에서 청소년이 그러한 낙인을 받아들이는가의 여부는 가장 중요한 고려사항이다. 법교육은 청소년들의 자기인식과 자기 존중감을 강화함으로써 낙인 과정을 최소화하려고 한다. 사실상 법교육은 구류됨으로써 발생하는 해로운 효과와 구류로 인해 낙인이 찍히게 될 가능성을 약화시키기 위해 노력한다. 법교육은 긍정적인 자기 이미지를 기르고 구류된 청소년과 청소년 사법 관리자 간의 긍정적 상호 작용을 촉진함으로써 구류시설의 분위기를 부드럽게 만든다. 법교육은 청소년 범죄자가 구류시설에 머무는 동안 좋은 시민의 가치와 법에 우호적인 태도를 주입하려는 의도를 가지고 있다. 법교육에서는 구류시설을 떠나 지역사회로 다시 돌아간 후에도 청소년이 그러한 가치와 태도를 가질 수 있다고 생각한다.

IV. 구류시설 내 법교육의 장점과 단점

구류시설에서 법교육을 수행하는 것에 전혀 문제가 없는 것은 아니다. 청소년들은 짧고 들쑥날쑥하게 그곳에 거주하여 이동률이 높기 때문에 수업진행이 어렵다. 게다가, 안전 제한 규정 때문에 법교육을 담당하거나 교사를 훈련시킬 외부 자원인사를 시설 내로 들어오게 하는 것도 어려운 경우가 많다. 게다가 (종종 그런 경우가 있는데) 시설에서 학생들이 수업을 듣는 시간에 제한이 있다면 구류시설에 법교육을 도입하는 것은 번거로운 일이 된다. 근무하는 직원과 교육 과정 개발 영역과 관련된 문제들도 법교육을 수행하는 데 장벽이 된다. 높은 직원 이직률, 마땅히 수업을 맡을 만한 직원들이 없는 상태의 반복, 프로그램 평가의 부재는 구류시설에서의 법교육 프로그램을 조직하는 것이 번거로운 일이 되게 한다.

그러나 이러한 어려움에도 불구하고 구류시설에서 법교육을 수행하는 것은 충분한 매력을 가지고 있다. 전체적으로 법교육은 청소년들에게 민주적이고 체계적으로 잘 조직된 사회에서 그들이 가지는 권리와 책임을 가르친다. 법교육은 또한 좋은 시민성과 준법 태도를 촉진시킬 수 있다. 공민적, 법적, 헌법적 교육을 서서히 가르쳐서 청소년들의 지식 기반을 확대시킬 수 있다.

구류시설에서 법교육을 사용하여 청소년에게 지역사회로 복귀하기 위해 필요한 사회적 기능을 제공한다는 점은 아마도 가장 큰 장점일 것이다. 법교육을 통해 의사소통기능, 문제해결력, 의사결정능력을 증가시킬 수 있다. 프로그램의 대부분은 시민이 일상생활에서 마주하게 되는 잠재적인 갈등과 언쟁을 모의로 훈련함으로써 청소년이 삶의 기능을 갖추도록 할 수 있다.

구류시설에서 법교육을 사용하는 것의 다른 장점은 구류시설과 지역사회 사이의 의미 있는 연결을 위해 외부자원을 사용한다는 점이다. 법교육은 지역사회 구성원이 구류시설의 목표와 재활 노력에 대해 배울 수 있는 매개체가 된다. 법교육을 통하여 직원들은 구류시설 운영에 소용되는 자원들이 효과적으로 사용된다는 것을 보여줄 수 있다. 게다가 그러한 관계는 구류시설에 대한 긍정적인 여론을 유지하는 데 필수적이며, 시설을 위한 기금을 계속 유치하는 데 매우 중요한 것일 수 있다.

법교육은 또한 청소년과 경찰관, 교사, 국회의원과 같은 전통적인 권위를 가진 사람들 사이의 긍정적 의사소통과 상호 작용을 발달시키는 가교 역할을 한다. 실제로 프로그램은 청소년 사법제도에서 아이들이 책임감과 일하는 것에 대한 보상에 대해 배우도록 돕는다. 법교육은 법을 집행하고 시민을 보호하는 사람들도 우리 주변의 평범한 사람임을 아이들에게 알려준다.

구류시설에서 법교육을 하는 또 다른 분명한 이유는 프로그램이 융통성 있고, 다양하기 때문이다. 즉 교실과 각종 거주 시설에서 모두 사용할 수 있다. 교사와 청소년을 돌보는 자원 봉사자는 다양한 사람들이 모여 있는 여러 장소에서 법교육을 실행할 수 있다.

마지막으로 법교육은 구류시설의 교사에게 상호 활동적 교수 전략을 제공함으로써 교수 기술을 개선시킬 수 있다. 그러한 전략은 학습에 대한 열정을 증가시키고, 부수적인 학습 기법을 사용하며, 다양한 학문적 능력과 이해 수준을 가진 사람들을 활용하는 등 다양한 학습 방법을 추구한다. 실제로 법교육은 학습 장애를 최소화하고 자기 존중감을 증가시킬 수 있다.

Ⅴ. 구류시설에서 법교육하기

유타 주에 있는 소년원(Utah Youth Correctional Facility)은 구류상태의 청소년을 위한 법교육 프로그램의 전형적 형태를 갖추고 있다. E. Weaver(personal communication, 1995)는 "청소년들은 하루에 다섯 시간 반 동안 교육을 받게 된다."고 설명한다. 법교육 수업과 그 수업을 진행하는 교사와 관련된 약 10명의 청소년들로 학급을 구성한다. Weaver는 구류시설에서의 법교육이 성공적이려면 열정적이고 다른 대안적인 수업 방식도 사용할 수 있는 융통성 있는 교사가 필요하다고 생각한다. "전통적인(교육적) 환경에서는 대체로 문제가 있었던 청소년들을, 바로 그렇기 때문에 모의법정에 대한 준비는 잘 되어 있는 청소년들로 파악하는 시각이 필요하다."고 Weaver는 말한다.

실제로 법교육은 현존하는 교육 프로그램에 많은 것을 덧붙였다. 법교육은 종종 진부하고 인습적인 교수 전략에 대안적 교수 방법을 제공한다. 법교육은 소년원에 있는 개별 아동의 교육적 필요에 초점을 맞추는 개인별 맞춤처방이다. 유타 주 시설에서는 외부 자원인사(ORP-outside resource persons)를 종종 이용한다. Weaver는 외부 자원인사들을 영입하면 틀에 박힌 일상적인 교실에 변화를 주고, 외부 자원인사들이 "그렇게 나쁜 사람"이 아니라 "실제 인물(real person)"이라는 것을 알게 해 줄 수 있는 수단을 제공하기 때문에 효과적이라고 생각한다. 종종 아이들은 외부 자원인사에 대해 Weaver에게 그렇게 말했다.

법교육은 Weaver가 속한 소년원 수용자들에게 사용할 효과적인 행동관리 도구를 제공했다. Weaver는 구류시설에서 사용하는 교육 과정에 법교육을 도입한 이래로 폭행과 다른 행동적 문제들(behavioral problems)로 인한 사건이 감소했음을 발견하였다. 그러므로 법교육은 학생들에게 새롭고 혁신적인 수업을 제공할 뿐만 아니라 그들이 질서를 유지하도록 도움으로써 구류시설을 더 좋게 만들 수 있다. 직원들의 헌신적인 노력과 재활 프로그램이 있다면, 어떤 구류시설에서도 법교육을 성공적으로 이용할 수 있다.

인디아나 주 청소년 센터(Indiana Juvenile Service Center)의 라포테 카운티(Laporte County)에서도 법교육을 실행하였다. 여러 기능을 수행하는 이 시설은 구류시설 외에도 쉼터와 치료 센터를 제공하고 있다. L. Hunt와 A. Cornett(p. c, 1995)이라는 교사들은 규칙을 다루는 법교육 수업에 새로운 방식을 개발했다. 그들은 5루까지 있는 야구 경기를 했다. 모든 직원들과 이전에 이 경기를 해본 적이 있는 3명의 청소년들은 A 팀, 다른 청소년들은 B 팀이 된다. 최근 이 경기를 실연한 것을 보면(J. Van Hoose, personal communication, 1994), B 팀이 먼저 주자를 진루시킨다. 그러나 그들이 친 모든 공은 아웃으로 결정되고, 게임을 진행하면서 직원들은 새로운 규칙을 만들어 낸다. B 팀에 속한 경기자들은 눈에 띄게 좌절되어 있다. 특히 한 청소년은 A 팀이 부정행위를 하고 있다고 계속해서 주장한다. A 팀이 타석에 서면, 그들이 친 모든 공은 득점으로 이어진다. 최종 스코어는 60:0이 되었다. 이 게임을 통해 청소년들은 공정한 규칙의 필요성을 깨닫게 되었다.

Hunt는 법교육이 학생과 교사 모두에게 이롭다고 지적했다. Hunt는 법교육 프로그램을 실행하면서 소년법의 복잡함에 대해 보다 완전히 배웠고, 이러한 점은 학생들을 가르치는 데 정말 많은 도움이 되었다. Weaver와 마찬가지로 Hunt는 학생들의 태도가 많이 변화하는 것을 발견했다. "구류 결정을 받고 여기에 온 대부분의 청소년들은 법집행관에 대해 몹시 부정적인 태도를 가지고 있습니다."라고 Hunt는 진술했다. "법교육을 마친 후에 아이들이 내게로 와서 '저는 이제 3명의 좋은 경찰 아저씨를 알게 되었어요.'라고 말할 때 감동을 느낍니다."

아마도 성공적이고 의미 있게 법교육 프로그램을 수행하는 가장 쉬우면서 효과적인 방법은 독립적인 프로그램 보조자료를 만들어 내는 것이다(K. Richardson & J. Nan Hoose, p. c, 1994). 이 방법은 수업보조자가 법교육의 융통성을 극대화하도록 만든다. 하나의 교육 과정이나 다양한 교육 과정을 교실이나 거주 시설에서 사용할 수 있다. 현장에서 실제로 법교육을 하는(direct-service) 직원이나 교사들은 수업을 쉽게 할 수 있다. 이 방법을 통해서 구류시설에 있는 모든 학생들은 법교육 교수 전략과 자료를 조금이라도 접하게 된다.

구류시설에서 어떻게 법교육을 실행하는가는 시설에 따라 다양하다. 그러나 성공적인 프로그램 개발을 위해 필수적인 요소들은 존재한다. 첫째, 각각의 시설은 프로그램의 중점과제를 설정해야만 한다. 예를 들어, 한 시설은 갈등 관리와 해결에 집중하고 싶어 할지 모르고, 다른 시설은 청소년 사법제도를 가르치는 프로그램을 개발하려고 할 수도 있다. 본질적으로 전반적인 프로그램의 중점과제는 각 시설의 방침에 따라 결정된다.

중점과제가 결정되면, 목적과 목표를 결정해야 한다. 이는 시설이 얻고자 하는 결과들을 결정하는 데 도움을 준다. 결과는 행동 관리, 대인 간 폭력 감소, 구류 당국과 청소년 사법 관련 직원을 존경하도록 하기, 어떻게 청소년 사법제도가 운영되는가에 대한 지식, 지역사회에 복귀하기, 혹은 단순히 법정 출두 준비하기 등이 있다(이 외에도 다양한 목표 설정이 가능하다.). 각각의 시설에서는 목적과 목표를 설계하는 데 가능한 많은 직원이 참여하도록 해야 한다. 구성원의 참여가 증가하면 직원들의 건설적인 의욕을 불러일으키고, 직원들이 적절하고 헌신적으로 법교육 프로그램을 책임지고 수행하도록 도울 수 있다. 또한 이러한 계획 단계에서 행정적 지원을 획득하고 확장시키는 것도 중요한데 왜냐하면 이를 통해 교수의 빈도와 지속성, 교실 환경 설정, 누가 법교육 수업에 참여할 것인가와 같은 기초적인 법교육 프로그램 요소들을 결정하는 데 도움을 받을 수 있기 때문이다. 직원들이 성공적으로 프로그램 수행의 장애요소를 인식하도록 하기 위해 이 단계에서 외부 자원인사와 접촉해야 한다.

직원 교육과 프로그램 제도화는 서로 직접적인 관계가 있다. 이 단계에서 획득된 행정적 지원은 효과적이고 능률적인 직원 교육에 필요한 시간과 노력을 확보하는 데 매우 중요하다. 행정적 지원과 결부된 효과적인 직원 교육은 구류시설에서 법교육의 중요성과 실행가능성을 확립하는 데 필수적이다. 이렇게 직원교육을 통해 만들어진 토대는 미래, 특히 주요 수업보조자가 떠난 후에 그 유용함이 밝혀질 것이다. 더욱이 모든 구류 직원의 도입 훈련 그리고 지속적인 훈련은 현재 그리고 미래에 효과적으로 법교육이 실행되도록 만든다.

이 글을 쓰는 시점에, 구류시설에서의 법교육을 공식적으로 평가한 적은 한 번도 없었다. 그러나 Buzzell(1988)은 아이오와 주의 소년원 (Iowa State Training School)에서 법교육을 연구했다. Buzzell은 2세트의 자료를 수집했다. 첫 번째 세트는 소년원의 법교육 센터 교관과 직원들이 논평한 내용과 그들이 관찰한 것을 담고 있다. 교육 후 결과를 보고하는 회의 중에 이 자료들을 수집하였다. 두 번째 자료 세트는 전체 법교육 프로그램을 수행하는 동안 직원들을 조사하는 과정에서 얻었다.

Buzzell(1988)은 법교육 훈련의 유용성, 소년원에서 법교육을 사용하는 것의 적합성, 학생들이 인식하고 있는 법교육의 영향 등 세 가지 큰 측면을 측정하고자 시도했다. 전반적으로 직원들은 법교육 프로그램이 학생과 그들 자신 모두에게 매우 유익하다고 결론지었다. 대다수의 직원은 법교육이 소년원에 적합하다는 데 동의했다. 토론과 활동에 학생들이 참여하고(모든 직원의 37.5%), 학생들이 규칙의 역할에 대해 더 잘 인식하고 이해하게 되었고(18.75%), 직원 참여와 흥미를 증가시켰고(12.5%), 자료 자체의 질이 뛰어나다(9.4%)는 것이 이 프로그램의 강점이라고 응답하였다.

법교육을 하는 동안 발견한 학생들의 태도 변화는 무엇이든지 기록하라고 직원들에게 요구하였다. 가장 개선된 점은 동료 상호 작용의 질이었다. 많은 직원들은 또한 학생들이 법교육 수업에 참여하고 나면 학급 활동에 더욱 참여하고자 한다는 것을 언급했다.

그러나 법교육으로 인한 학생 행동 변화에 대한 인식은 직원 간에 다양하다. 주요한 행동 변화는 학생들이 기안한 절도에 관한 규칙을 시행한 후에 절도가 감소했다는 것이다. 또한 학생들이 음주운전법 초안을 작성하고 나면 음주와 운전에 대해 더욱 현실적 관점을 나타내는 것으로 보인다.

전체적으로, Buzzell(1988)의 평가는 소년원에서 법교육을 이용하는 것이 유익함을 시사한다. Buzzel은 제도적 시설(institutional setting)에서의 법교육 훈련은 다음의 요소를 포함해야 한다고 결론지었다.

1. 직원 참여를 촉진하기 위해 행정적 지원이 있어야 한다.
2. 가능한 많은 직원이 이 프로그램에 관련되어야 한다.
3. 다양한 교수 방법과 기술이 사용되어야 한다.
4. 직원과 학생 모두에게 일관된 자료가 제시되어야 한다.
5. 직원에게 적절한 자원이 주어져야 한다.

이상과 같이 법교육은 소년원에서 매우 유용하다고 밝혀졌다. 법교육은 구류시설에서도 이와 마찬가지로 효과적일 수 있다. 구류시설에서 법교육의 적용가능성과 효능을 구체적으로 평가하는 경험 연구가 필요하다.

이제 우리는 다양한 교정 시설에서 사용되고 있고, 구류시설에서 사용될 수 있는 법교육 수업 한 가지를 약술하려고 한다. 이 장에서는 구류시설에서 법교육의 미래에 대해 간단히 살펴볼 것이다.

VI. 법교육 수업의 예

"난파한 선원들의 사례"(National Institute for Citizen Education in the Law, 1990)는 청소년들이 사례를 분석하여 법과 도덕 사이의 관계를 탐구하도록 한다. 또한 청소년들이 규칙의 특성과 그것이 어떻게 적용되는지를 이해할 수 있도록 돕는다. 이 수업은 살인을 금지하는 역사적, 종교적 근거에 대해 토론하는 데 도움이 된다.

이 수업은 사례 연구법의 변형이다. 절차는 학생 간 이해 기능을 증진시키기 위해 교사가 사용한 것과 매우 유사하다. 그 방법은 학생들이 문제 상황을 분석하는 것을 배우도록 도와주며, 이는 비판적 사고와 의사결정 기능을 증진시킬 수 있다. 어떤 사례를 공부하더라도, 따라야 할 일정한 단계가 있다. 보조자는 구류시설에 있는 청소년들이 사실, 문제, 주장, 결정에 대해 생각하도록 장려해야 한다.

1. 사례의 주요 사실을 검토한다.
2. 사례에서 제시된 쟁점이나 문제에 대해 토론한다. 질문의 형태로 학생에게 제시하고, 법적 쟁점뿐만 아니라 공공 정책, 윤리, 현실도 포함해야 한다.
3. 찬성과 반대라는 각각의 입장에 대하여 논의한다.
4. 사례에 제시된 쟁점에 대해 결정한다.

다음 인용 부분은 유인물의 형태로 만들어 학생에게 배포하고, 보조자가 크게 읽는다.

구조요청을 할 시간도 없을 만큼 갑자기 배가 가라앉았고, 세 명의 선원만 살아남았다. 뗏목에는 음식과 물이 없었고, 그들은 낚시 장비는커녕 바다에서 먹을 것을 얻기 위해 사용할 수 있는 어떤 도구도 갖고 있지 않았다.

난파의 충격에서 벗어난 후, 세 명의 선원들은 그들이 처한 상황에 대해 이야기하기 시작했다. 항해사였던 Dudley는 그들이 육지로부터 적어도 1,000마일 떨어진 곳에 있고, 폭풍으로 인해 배가 일반적으로 지나가는 길에서 멀리 떨어진 곳에서 표류하고 있다고 판단했다. 의사인 Stephens는 그들이 음식 없이 30일 이상 버티지는 못할 것이라고 지적했다. 때때로 내리는 비에서 얻는 것이 그들이 확실하게 얻을 수 있는 유일한 영양분이었다. 그러나 그는 만약 세 명 중 한 명이 먼저 죽는다면, 다른 두 사람이 죽은 사람의 시체를 먹고서 한동안 더 생존할 수 있을 것이라고 말했다.

표류한 지 25일째 되는 날, 이 당시 무척 약했던 Brooks는 제비뽑기를 해서, 뽑힌 사람을 희생양으로 삼자는 제안을 했다. Dudley와 Stephens도 동의했고, 다음 날 제비뽑기에서 Brooks가 패를 뽑았다. 이렇게 되자 Brooks는 이의를 제기하며 결과를 부정했다. Dudley와 Stephens는 어쨌든 약한 Brooks는 곧 죽을 것 같으니 그를 죽여도 괜찮을 것이라고 결정했다. 그렇게 합의한 후에 그들은 Brooks를 죽여 식량으로 보충했다.

5일 후에 Dudley와 Stephens는 지나가던 배에 의해 구조되어 항구에 도착했다. 그들이 회복된 후, 그들은 살인 혐의로 재판을 받게 되었다. 그들이 재판을 받게 된 나라에는 다른 사람의 목숨을 고의로 빼앗은 사람은 살인죄에 해당한다는 법률이 있었다.

이 사례를 읽은 후에, 학생들에게 사례에 나타난 사실에 대해 토의하고, 칠판에 그 내용을 적도록 요구한다. 학생들은 주요 사실을 분명히 하는 데 도움이 될 다음 질문들에 대답해야 한다.

1. 이 사건에 연루된 사람들은 누구인가?
2. 이 사건에서 무슨 일이 일어났는가?

3. 어떤 사실이 중요한가?

그러고 나서 교사는 학생들에게 이 사건의 쟁점에 대해서 질문하고, 칠판에 적는다. 다음 질문들은 문제를 명백하게 하기 위해 사용될 수 있다.

1. 당신은 Dudley와 Stephens가 살인죄로 재판을 받아야 한다고 생각하는가? 일부 학생들은 Dudley와 Stephens가 다른 인간의 생명을 고의로 빼앗았기 때문에 재판받아야만 한다고 주장할지도 모른다. 이에 반대하는 다른 학생들은, 상황을 고려한다면 그들의 행동이 중죄가 되지 않는다고 주장할 수 있다. 대신 그들은 과실치사(manslaughter)와 같이 살인보다 경미한 행위였다고 하거나, 혹은 아예 죄가 없다고 할지도 모른다.
2. 이 사례와 관련된 가치는 무엇인가? 인간 생명은 존엄하고, 어떠한 상황이더라도 야만 행위는 부적절하다는 것은 학생들이 다룰 수 있는 가치에 포함된다.
3. 살인이 정당화되는 시기가 있는가? 정당방위로 인한 살인, 전쟁 시 적군을 죽이는 것, 사형수를 죽이는 것, 중죄를 저지르고 살인이나 심각한 위협의 협박을 하는 사람을 경찰이 죽이는 것 등을 포함하는 예를 언급할 수 있다.
4. Dudley와 Stephens의 유죄판결에 적합한 논점은 무엇인가? 그들을 처벌하는 근거는 나쁜 행동에 대한 응보라는 것과 많은 사람들이 흉악한 행위라고 생각하는 것에 대한 책임이다. 그러나 이 상황은 너무나 독특하기 때문에 그들을 처벌하는 것이 범죄 억제력으로 이어지지 않는다고 주장할 수 있다. 또한 Dudley와 Stephens가 그런 범죄를 다시 저지르지 않을 것임에도 불구하고 사회복귀(rehabilitation)에 대한 설득력 있는 논의가 없다는 것을 특별히 언급할 수도 있다.

토의될 수 있는 몇몇 문제들은 다음과 같다.

(a) 살해 금지에 관한 역사적, 도덕적, 종교적 근원
(b) 법과 사회와의 관계
(c) 약속의 효과(예, 그들이 법적으로 강제할 수 있는 계약을 맺었는가?)
(d) 이 경우에 정말로 판결이 내려졌는가?
(e) 법의 집행에서 법이 유연성이 있어야 하는가 혹은 법을 위반한 모든 사람에게 균등하게 적용되어야 하는가?

이 수업은 다양한 환경에서 사용될 수 있다. 예를 들어, R. Harris (personal communication, 1995)는 이 수업을 지역사회 봉사활동 프로젝트(community service project)에서 일하고 있는 청소년들에게 가르쳤다. 휴식시간 동안(예, 비가 오거나 프로젝트 사이에) Harris는 청소년들이 규칙 발달과 시행에 관련된 목표, 이익, 단점, 문제점들을 이해하도록 돕기 위해 이 수업을 종종 사용했다.

이제 법교육이 어떤 구류시설의 교육적 프로그램에 포함되어야 할 이유는 명백해졌다고 볼 수 있다. 법교육 자료와 전략을 이용하는 것은 청소년들이 법을 배우려는 동기를 증가시킬 수 있고, 사회적 기대를 더 잘 인식하도록 할 수 있고, 청소년들이 공식적 교육 경험을 성공적으로 수행하도록 만들 수 있으며, 긍정적인 가치를 가르칠 수 있다.

Ⅶ. 구류시설 내 법교육의 미래

구류시설에서 법교육의 미래는 불확실하다. 전에 논의한 것처럼, 구

류시설을 포함한 어떤 장소에서라도 법교육을 성공적으로 적용하려면 오늘날 청소년의 삶에 영향을 주기 위한 법교육의 역량을 신뢰하고 있는 헌신적인 지원자가 필요하다. 이런 사람들은 법교육이 지속적으로 성공하는 데 그리고 아이들을 위해 매우 중요하다.

구류시설에서 법교육의 미래는 이상, 목적, 목표를 받아들이는 모든 사람들에게 달려 있다. 즉 다양한 법교육 프로그램은 부모, 교육가, 관리, 법집행관과 지역사회 구성원들에 달려 있다. 모든 지역사회는 법교육과 법교육이 가져다줄 수 있는 다양한 이점에 대해 배워야 한다. 현재 구류시설에서의 법교육은 통일된 체계 없이 시설별로 이루어지고 있다. 지역사회의 지속적인 협조에 법교육의 미래가 달려 있다고 해도 과언이 아니다. 법교육을 지지하는 사람들은 미국 청소년의 미래를 염려하는 모든 사람과 프로그램을 논의해야 한다. 그러한 활동을 통해 안정적으로 지지를 증가시키고 축적시킬 수 있을 것이다. 전체적으로 법교육을 가르치는 사람과 지역사회 인사들은 법교육의 기초를 닦고 학교, 우회 프로그램, 구류시설에서 법교육이 발전할 도약판을 형성하기 위해 협력해야 한다.

참고문헌

Akers, R. L.(1994). *Criminological theories: Introduction and evaluation.* Los Angeles: Roxbury.

Becker, H. S.(1963). *Outsiders: Studies in the sociology of deviance.* New York: Free Press.

Bureau of Justice Statistics(1991). *Children in custody, census and mail survey.* Washington, DC: U.S. Department of Justice.

Bureau of Justice Statistics(1995). *Jails and jail inmates 1993−94.* Washington, DC: U.S. Department of Justice.

Buzzell, T.(1988). Law−related education in a juvenile justice setting. *New Designs for Youth Development, 8,* 43−47.

Cicourel, A.(1968). *The social organization of juvenile justice.* New York: Wiley.

Jensen, G. F. & Rojek, D. J.(1992). *Delinquency and youth crime.* Prospect Heights, IL: Waveland Press.

Kitsuse, J.(1962). Societak reaction to deviant behavior: Problems of theory and method. *Social Problems, 9,* 247−256.

Lemert, E. M.(1967). *Human deviance, social problems and social control.* Englewood Cliffs, NJ: Prentice−Hall.

Lofland, J.(1969). *Deviance and identity.* Englewood Cliffs, NJ: Prentice−Hall.

Matza, D.(1969). *Becoming deviant.* Englewood Cliffs, NJ: Prentice−Hall.

National Institute for Citizen Education in the Law(1990). *Street Law: Juvenile court alternative programs.* Washington, DC: National Institute for Citizen Education in the Law.

Office of Juvenile Justice and Delinquency Prevention(1994). *Conditions of confinement: Juvenile detention and corrections facilities.* Washington, DC: Department of Justice.

Scheff, T. J.(1966). *Being mentally ill: A sociological theory.* Chicago: Aladine.

워싱턴 D.C.의 STREET LAW 우회교육 프로그램

"워싱턴 D.C.의 STREET LAW 우회교육 프로그램"

JEFFREY CHINN

Ⅰ. 도 입

많은 청소년들이 법에 대해 혼란스러워하고 있다. 다른 유사한 프로그램들과 마찬가지로 워싱턴 D.C.의 Street Law 우회교육 프로그램은 초범인 소년범죄자들에게 기본적인 법적 권리와 의무를 교육시켜 이러한 법에 대한 혼동을 막으려고 한다. 초범인 청소년들을 일반 법정이 아닌 청소년법정으로 전환시키고 그들에게 법과 교육의 긍정적인 측면을 부각시킴으로써 우회교육 프로그램은 청소년이 청소년 사법제도와 더 이상 관련 맺지 않도록 노력한다. 이번 장은 워싱턴 D.C.의 Street Law 우회교육 프로그램의 배경에 대해 알아보고, 유사한 프로그램들을 소개하며, 프로그램을 시작하는 데 필요한 정보를 제공해 주려고 한다.

워싱턴 D.C.의 Street Law 우회교육 프로그램은 1979년에 가정법원 판사가 초범 소년범죄자를 위한 일반 법정의 대안으로 시작하였다. National Institute Citizen Education in the Law(이하 NICEL)의 협력으로, 그 프로그램은 곧 워싱턴 D.C.의 사법제도의 일부분으로 받아들여졌다.

워싱턴 D.C.의 우회교육 프로그램은 경범죄로 기소되고, 초범인, 12∼17세의 청소년을 대상으로 한다. 청소년 사건을 기소하는 워싱턴 D.C.의 법무부(corporation counsel), 법원의 사회봉사부(the social service division) 그리고 NICEL이 공동으로 마련한 기준에 의거해서 우회교육 프로그램을 적용할 것인지 아닌지가 결정된다(첨가: 프로그램을 적용할 것인지 여부를 결정하는 기준은 청소년의 개인적 기준과 사회적 기준 두 가지로 나뉜다.). 먼저 개인적 기준에는 나이, 죄질(게으름 또는 중범죄의 경우는 해당 안 됨), 전과(재범 이상은 허용 안 됨), 프로그램에 참여한 경험유무(누구도 허용 안 됨), 이전이나 현재의 마약사용여부, 워싱턴 D.C. 거주여부 등이 있다. 사회적 기준에는 통행금지시간 준수, 가정적응성(부모의 감시에 대한 태도), 가정의 안정성(가족관계), 학교생활태도(출석, 문제행동), 지역사회적응력(동료와 지역사회활동), 건강상태(약물남용 또는 정신건강문제) 등이 있다.

이러한 사회적 기준의 요소들을 측정한 것은 청소년이 가족 상담이나 정신건강상담, 약물남용상담 등의 추가적인 조치가 필요한지를 결정하는 데에도 사용된다. 만일 측정결과 추가적인 조치가 필요하다면 청소년은 이러한 추가적인 조치가 가능한 보호관찰기관에 보내질 것이다. 비록 Street Law 프로그램이 모든 청소년에게 어떤 의미에서 도움을 주겠지만 프로그램 그 자체로서는 심각한 위기에 처한 대다수의 청소년들이 바라는 총체적인 해결책을 제공해 주지는 못한다.

기준에 적합한 청소년은 Street Law 우회교육 프로그램을 받을 것인지 아니면 일반 법정으로 갈 것인지를 선택할 수 있다. 변호사와 상담

한 후에 청소년은 법정지위재판(the court status hearing)에서 이에 대해 결정하게 된다. 변호사와 청소년은 프로그램을 설명하는 정보(별첨 A 참조)를 얻을 수 있고, 사전에 더 많은 정보를 얻기 위해 프로그램을 미리 접할 수도 있다. 만일 청소년들이 Street Law 프로그램을 받아들인다면 판사는 프로그램의 성공적 실행을 요구하는 명령을 내린다. 이 때 사건은 6개월 동안 지속되는 것이다. 만일 청소년이 이러한 제안을 받아들이지 않는다면 그때 일반 재판(the adjudicatory hearing)을 위한 날짜가 정해진다. 만일 기소사실을 없애려고 하는 경우에 청소년들은 Street Law 프로그램을 받아들이지 않을 수 없다.

프로그램을 성공적으로 수행하기 위해서 청소년들은 12시간의 법교육 수업을 받아야만 한다. 세 번 이상의 이유 없는 결석은 프로그램의 실패에 대한 근거가 된다. 그리고 이유 있는 결석이 되기 위해서는 청소년의 부모나 보호자가 프로그램 담당자에게 직접 전화를 해서 결석에 대한 이유를 말해 주어야 한다. 법정명령이 선고된 후 6개월이 지나면 청소년은 다시 판사에게 와야 한다. 법정명령은 대부분 통행금지시간 준수, 규칙적인 학교출석, 재검거방지 등을 지키도록 요구할 것이다. 만일 청소년들이 프로그램을 성공적으로 완수하면 법무부(corporation counsel)는 기소를 취소할 것이다. 하지만 만일 청소년들이 프로그램을 성공적으로 완수하지 못하거나 다른 중대한 사항에 대한 위반이 있다고 하면 법무부(corporation counsel)는 일반 재판(the adjudicatory hearing)을 받도록 할 것이다.

Street Law 프로그램에 회부된 대부분의 청소년들은 차량무단사용, 단순폭행, 절도, 재산파손 등과 같은 사항들 중 한 가지에 해당되어 기소되었다. 대부분의 참가자들이 남성이고, 소수인종이며, 위험지역에서 살고 있으며, 나이에 맞게 진학하지 못하였거나 편부모 가정에서 자랐다. 많은 수가 독서량이 부족하고 이해능력이 떨어지고, 학습능력이 부족함을 보여주었다.

Street Law 프로그램은 나중에 전통적인 형태에서 확장되어 세 개의 보호관찰기관에서 방과 후에 이루어지기 시작했다. 토요일의 수업과는 달리 이 수업의 청소년들은 선발 기준에 따라 걸러지지 않았다. 왜냐하면 그들은 보호관찰관의 추천에 의해서 Street Law 프로그램을 받게 되었기 때문이다. Street Law 프로그램은 청소년들이 참여하는 다른 프로그램 때문에 12개라고 하기보다는 차라리 8개로 볼 수 있다. 정기적으로 청소년들은 그들의 보호관찰관과 함께 매주 요구된 출석을 하며 Street Law 수업을 받는다.

일반적으로 워싱턴 D.C.의 Street Law 우회교육 프로그램은 청소년들과 법정운영자, 보호관찰관, 부모들에게 매력적이어서 성공적이었다. 또한 프로그램에 참가한 청소년들의 재검거율은 다른 법정 프로그램에 참가한 청소년들보다 더욱 낮다. 프로그램의 성공적인 수행률이 매우 높으며, 법정에 다시 오는 학생들도 거의 없다(Curd-Larkin, 1982). 프로그램은 청소년들에게 그들이 알아야만 하고 법정에서 필요하다고 느끼는 법적 정보를 제공함으로써, 법을 정복하는 가장 효과가 있는 방법으로 증명되었다. 보호관찰관을 감독하는 어떤 사람은 "생활법에서 청소년들은 바깥세상에서 생존하기 위해 배울 필요가 있는 기술을 배운다."라고 말했다.

Ⅱ. 다른 프로그램들

워싱턴 D.C.의 Street Law 프로그램의 성공은 전국의 법정들에 이익을 가져오기 시작했다. 전국적으로 27개 이상의 지역에서 법교육을 사용하는 우회교육 프로그램이 생겼다. 많은 지역에서 소년법원의 요구에 맞추어 청소년법정을 설계할 때에 워싱턴 D.C.의 프로그램을 본보기로서 사용하였다.

Street Law 프로그램에서 나타난 흥미로운 변화는 크리블랜드 마샬 법대의 Street Law 수업에 의해 행해진 익명의 폭력 프로그램에서 나타난다. 익명의 알코올중독자 12단계 프로그램의 형태에 법교육을 결합시킴으로써 이 프로그램은 폭력범죄자들의 필요를 충족시키고 있다. 익명의 폭력 프로그램은 지원단체와의 유대를 강조하고 지역사회의 봉사 계획을 포함하는 6단계 프로그램을 사용한다. 다음 연구는 프로그램 졸업자들 중 88%가 프로그램의 완수 이후 12개월 내에 소년법원에 다시 오지 않았다는 것을 보여준다(E. Dreyfuss, personal communication, 1994). 또한 프로그램을 완수한 청소년들은 다음 청소년법정에서 자문위원회의 위원으로 다시 활동할 기회를 가진다.

T. Nazario(personal communication, 1994)는 오클랜드와 샌프란시스코의 소년법원에서 운영 중인 우회교육 프로그램을 관찰했다. 1986년에 시작된 우회교육 프로그램은 법대 대학생들과 지역법조인들을 교사로 활용하였다. 13세에서 17세의 청소년들은 보호관찰의 조건으로 이 과정을 이수하며 프로그램을 모두 수행한 후에는 다시 법정에 와서 보고해야만 한다. 수업은 8주 동안 토요일마다 3시간씩 이루어진다. Nazario는 매년 약 340명의 청소년들이 이 소년법원에서 지원하는 Street Law 프로그램을 경험한다고 평가했다. 그는 프로그램이 오랜 기간 유지되고 확대되는 효과를 가져온 것은 프로그램 운영자들이 열심히 노력하고, 법정운영비용이 적게 들고, 다양한 유형의 청소년들에 대해서도 성공률이 높았기 때문이라고 한다.

1986년 이후로 조지아 주의 법교육 우회교육 프로그램은 보호관찰의 일부로서 또는 보호관찰을 대체하는 것으로서 12세~16세의 초범인 청소년들에게 10주 동안 20시간의 법교육 프로그램을 제공하고 있다. 조지아 주의 프로그램은 6개의 소년법원에서 시작하였으며 현재는 주 전체에서 대략 30개의 상대적으로 낮은 비용이 드는 프로그램을 시행하고 있다. 1988년에 프로그램에 대한 추적조사에서 프로그램 참가자들의 재범률이 통제집단보다 낮게 나왔다(A. Blum, personal communication, 1994).

콜로라도 덴버 시에서 청소년들은 12주 동안 일주일에 두 번 법교육 프로그램에 참가한다. 덴버대학 법대 대학생들은 2시간 수업(session)을 담당한다. 그러나 이 프로그램은 매주 부모님들이 다음 수업에 참가하기를 요구한다. Rivera 박사는 부모님들이 처음에는 참가하기를 꺼려 하지만 매주 시간이 지나면서 더욱 열정적이 된다고 한다(personal communication, 1994). 이 프로그램은 덴버 시의 청소년들 사이에서 발생하는 폭력을 예방하는 데 중점을 두고 있으며 덴버 시 검찰청과 공공보호기관(Denver District Attorney's Office and the Public Service)의 지원을 받고 있다. Rivera는 프로그램을 완수했을 때 두 명의 청소년이 동료교사로서 다시 프로그램에 참가하는 것을 원했다고 지적한다.

뉴햄프셔의 케니 시는 초범자들에게 정규법정을 대체하는 프로그램을 제공해 주기 위해 1991년의 봄에 청소년과 생활법 프로그램(Juveniles and Everyday Law Program)을 개발했다. 법교육소개연수회(LRE awareness workshop)의 성공은 직접적으로 초범자들을 위한 20시간의 프로그램의 개발을 가져왔다. 부모님들을 학교에 초청하는 일상적인 행위는 보통 사람들이 생각하는 것보다 훨씬 효과적이었다. 어떤 부모님은 한 번의 수업을 제외하고 모든 프로그램과정에 참가했을 뿐만 아니라 너무 감명받아서 법교육 교사연수 과정에 참가하여 나중에는 실제로 그 프로그램을 위한 교사가 되었다. 이러한 성공적인 예비 프로그램은 협력교사로서 활동할 수 있는 경찰관을 지속적인 교사로서 고용하도록 이끌 수 있다(J. Beecher, personal communication, 1994).

1990년대 초에 뉴저지 주는 야심 차게 성공적인 법교육을 주도한 곳이었다. 법교육의 조정자였던 Gardner는 특별히 널리 퍼진 범죄인 청소년 자동차절도를 에섹스 카운티가 해결하도록 도와주기 위해 우회교육 프로그램을 사용할 수 있는 방법을 발견했다(personal communication, 1994). 1992년 1월부터 10월 사이에 1,000명 이상의 청소년들이 자동차절도로

잡혔다. 자동차절도대책위원회(Joint Auto Theft Task Force)의 일원으로서 소년법원과 가정법원은 이러한 절도경향에 대처할 방안을 만들어야만 했다. 동시에 보험회사와 자동차 대여업체도 절도방지 프로그램을 개발할 필요를 느끼고 그에 대한 기초자금을 기부했다. 목표는 에섹스 카운티에 공포분위기를 없애고, 법정의 부담도 줄이며, 청소년을 정규형사절차 이외의 대안적인 방법으로 우회시킬 수 있는 프로그램을 개발하는 것이었다.

Street Law 프로그램뿐만 아니라 비법교육적인 두 개의 서로 다른 예비 프로그램도 만들었다. 모든 프로그램은 8주 과정이며 토요일 아침에 2시간 동안 이루어졌다. 매우 긍정적인 평가결과에 의해 박차가 가해지면서 두 번째 Street Law 예비 프로그램이 실행되었다. 다른 예비 프로그램과 비교했을 때 법교육을 실시한 집단이 사전사후 태도조사에서 훌륭한 성과와 낮은 재범률을 보여주었다(A. Gardner, personal communication, 1994).

결국 에섹스 대법원은 일주일에 두 번 주말 저녁 이른 시간에 프로그램을 실시하기로 결정했다. 13세~16세의 나이에 초범이거나 재범으로, 아직 재판을 받지 않은 청소년들은 법정에서 5주 동안 프로그램에 참여할 수 있다. 하지만 그러한 프로그램을 성공적으로 완수하지 못하면 다시 정규법정에 회부된다.

위에서 말한 프로그램들은 모두 법교육 우회교육 프로그램을 시작하는 데에 필요한 유연성을 보여주고 있다. 프로그램의 기본적인 형태는 지역사회의 요구와 자원들을 쉽게 충족시킬 수 있다. 그러나 모든 이러한 프로그램들이 동일한 한 가지 특징이 있다. 그것은 그들 모두가 계획을 세웠고 그것을 실행했다는 것이다. 그러나 한 가지 질문이 아직 남아 있다. 그들은 어떻게 그것을 했을까?

Ⅲ. 법교육 프로그램의 시작

법교육의 우회교육 프로그램을 시작하는 것은 상대적으로 복잡하지 않은 과정이고 세 가지의 서로 다른 단계로 구분될 수 있다. 시작계획, 프로그램 계획, 프로그램 실행의 세 단계로 구분된다. 법교육의 우회교육 프로그램은 교육시키고 능력을 키워주는 것을 의미한다. 그러한 프로그램을 만드는 목적은 다음과 같다.

1. 청소년들에게 법과 교육에 관련된 긍정적인 경험을 제공한다.
2. 청소년들에게 법적 책임감과 그들의 권리에 대한 기본적인 지식을 제공한다.
3. 법과 법체계에 위의 사항들을 적용시킴으로써 비판적 사고능력을 발전시킨다.
4. 법체계와 교육에 대한 태도를 향상시킨다.

1. 1단계: 시작계획

이번 단계는 우회교육 프로그램이 설립될 기초를 만드는 것이다. 세심하게 계획을 세우면 전면개정을 하기보다는 일부 수정을 함으로써 차후에 발생할 문제를 해결할 수 있다.

먼저 사법제도에서 초범자들에 유용한 프로그램의 필요성에 대한 평가가 이루어져야 한다. 다음과 같은 질문들은 어떠한 유형의 프로그램들이 필요한 것인지를 결정하는 데 필요한 정보를 제공해 줄 수 있다.

1. 매년 얼마나 많은 초범청소년들이 소년사법 절차를 밟고 있으며 그들은 어떻게 처리되는가?
2. 현재 실시되고 있는 우회교육 프로그램이 있는가? 만일 있다면 어떠한 청소년들에게 적용이 되며, 무엇이 제공되고 있는가?
3. 전통적인 보호관찰을 받은 청소년과 우회교육 프로그램을 이수하는 청소년의 재범률은 어떠한가?
4. 현재 소년범죄자들에게 제공되는 프로그램에 대한 자금 지원은 어떻게 이루어지고 있는가?

이러한 모든 정보는 의사결정자에게 최대한의 호소를 하는 제안서를 쓸 때 필요할 것이다.

다음 단계는 지역소년 사법 체계 필요에 기반을 두어 프로그램의 대상이 되는 청소년 집단을 결정하는 것이다. 일반적으로 프로그램의 대상이 되는 청소년 집단은 나이와 범죄유형에 따라 구분되어 있다. 예를 들어 뉴저지의 프로그램은 청소년자동차절도의 증가에 대처하기 위해 만들어졌다. 우회교육 프로그램은 보호관찰관의 업무부담을 덜어주고 또한 취소되거나 신고되지 않은 사건들에 대해서도 적용대상을 찾아낼 수도 있다.

다음으로 법교육 교육 과정을 사용하는 대안 프로그램을 시작하기 위해서는, 이러한 시작에 도움을 주는 데 관심을 가진 많은 사람들을 확인해야 한다. 이들은 주와 지방의 법교육 프로젝트, 지방 학교 체계, 소년사법기구(판사, 변호사, 보호관찰관, 지방변호사, 학교당국자)에 관련된 사람들일 것이다. 그러한 사람들은 지원하는 글을 써 줄 수도 있고, 초기모임에 참가할 수도 있으며, 접촉해야 할 중요한 사람들의 이름을 제공해 줄 수도 있다.

사건에 대한 최종판결이 날 때까지 피고인의 관점에서 소년사법 절차에 대해 친밀감을 갖는 것은 중요하다. 특히 초범자들에 무슨 일이 일어났는가? 이 정보는 수업에 참가하는 청소년들을 선별하기 위한 효과적인 절차를 만드는 데 필요하다. 예를 들어 워싱턴 D.C.에서 보호관찰관은 청소년과 부모(또는 보호자)와 면담을 한다. 보호관찰관은 청소년이 우회교육 프로그램을 받을 만한가에 대해 추천을 하기 위해 이러한 면담기회를 사용하고 있다.

만일 가능하다면 모임은 소년업무를 담당하는 법원의 책임판사, 가정법원 판사, 검사, 변호사, 경찰이 함께 모여야 한다. 이러한 모임은 프로그램에 대한 인식과 지원을 장려하고 프로그램 등록과정에 도움을 줄 거라는 제의를 받을 수 있도록 설계되어야 한다. 각각의 참가자들은 프로그램을 소개하는 몇 개의 설명서를 받을 수 있어야 한다. 하지만 이러한 설명서의 내용은 프로그램을 간략히 소개하는 것이어야지 전체적인 것을 보여주는 것이어서는 안 된다. 예를 들어 수업계획과 법교육 수업의 한 사례 정도를 제공하는 것은 괜찮으나 전체적인 수업과정을 모두 제공하는 데에는 반대한다.

다음으로 청소년들의 프로그램 신청에 관한 임시적인 계획은 계속해서 개선되어야 한다(별첨 B 참조). 이러한 계획은 정보흐름의 핵심을 확인하는 데에 중요하다. 계획안은 구체적이어야 하지만 법정관계자들과 만난 후에 수정될 수 있을 정도로 충분히 유연해야 한다.

또한 모든 이해당사자들과 함께하는 법교육에 관한 소개연수회를 계획하는 것도 매우 중요하다. 이 연수회는 법교육에 대해 인식하지 못하고 있던 사람들에게 법교육을 소개하는 것이며, 대개 30분~60분 정도 이루어지며, 법교육 수업에 대한 시범도 보여준다. 그리고 이러한 연수회는 법교육 프로그램 운영자 모임에서도 이루어질 수 있다. 주요한 목적은 왜 법교육이 법정의 필요를 충족시켜 주는지를 설명해 주는 것이다. 이 기간에 프로그램운영자들이 프로그램에 대한 등록절차와 교육 과정 모두를 구성하도록 할 것이다. 자주 제기되는 질문들은 프로그램에 대한 비용과 필요성, 효과성 그리고 일반적인 법교육에 관한 것들이다. 소개하는 기간에는 법교육 프로그램을 시작하는 데 관심을 가지게 해야 하고, 추가적인 모임도 만들어야 한다.

2. 2단계: 프로그램 실행하기

프로그램은 청소년 사법 절차에서 특정한 위치를 가지도록 계획되어야 한다. 이러한 위치가 결정이 되면 개별적 프로그램의 목적은 모든 관련된 부분에서 투입되도록 준비될 수 있어야 한다.

프로그램의 교육 과정을 담당할 교사를 선발할 때 평가 기준에는 법교육을 가르친 경험과 학생과 학부모와 의사소통할 수 있는 검증된 능력이 있는지 여부가 포함되어야 한다. 교사자원은 Street Law 수업을 듣는 법대 대학생이나 지역변호사협회원들, 법교육 코디네이터들을 포함하고 있다. 얼마나 많은 자금이 사용가능한가와 직책의 책임성에 따라 교사의 직책은 지원자를 받는 형태가 될 수도 있고 임금을 지불하는 형태가 될 수도 있다.

교사교육은 교사를 선택한 후에 중요하게 고려되는 사항이다. 교사는 법교육 교육 과정과 친숙해야 하고 수업을 시작하기 전에 수업에 대해 편안하게 느껴야 한다. 또한 수업을 자발적으로 도와주는 것에 흥미를 가진 지원자를 받는 것은 소규모 단체를 운영하는 데나 모의재판이나 모의공청회를 지원하는 데 도움이 된다. 또한 교사들은 학생들이 대다수가 개인적인 것에 관한 질문이겠지만 법적인 질문들을 아마할 것이라고 생각할 필요가 있다. 형사절차를 다루는 어떤 수업은 불가피하게 많은 질문을 가져온다. 수업은 법적 충고가 아니라 법적 정보를 제공하도록 설계되어 있다. 예를 들어 골트(Gault)판결[20)에 의해 시작된 적법절차를 받을 권리는 법적 정보이다. 청소년들에게 자신에게 불리한 증거가 강력한 것인지 약한 것인지를 말해 주는 것은 법적 충고다. 법률전문가가 아닌 교사들은 법적 충고와 같은 질문에 그들 스스로가 직접 대답해 주기보다는 경찰관이나 변호사와 같은 외부의 전문가에게 도움을 받아야 한다.

다음으로 변호사와 검사를 포함하여 소년법원과 관련된 모든 사람들이 참석하는 모임이 있어야 한다. 이 모임에서 프로그램 등록절차에 대한 합의를 보아야 하고, 만일 바란다면 프로그램 적용 기준에 대해서도 합의를 보아야 한다. 그리고 프로그램에 참여하는 청소년들에게 기소면제나 보호처분의 수정 등의 이익을 주어 프로그램을 지속적으로 유지하도록 하는 측면들이 명확해져야 한다. 이러한 이점들은 프로그램을 신청할 때 문서나 계약으로 청소년들 앞에 보여줘야 할 것이다.

다음으로 청소년을 프로그램에 위탁하기 위한 적용 기준을 합의해야 한다. 프로그램에 회부될 수 있는 범죄자들을 확정해야 한다. 그 기준은 낮은 독해력을 가진 사람이나 학업중퇴자도 배제하지 않아야 한다. 하지만 그 기준은 극도의 감정적인 문제나 과잉행동문제를 일으킨 청소년들에 대해서는 배제하는 것이어야 한다. 그러나 이것도 심리학적 진단에 의해서 이루어져야 하는 것이지 청소년들의 태도와 책임에 기반을 둔 의견에 의해 이루어져서는 안 된다. 소위 최악의 청소년이라 불리던 이들 중 일부가 훌륭한 청소년으로 밝혀지기도 했기 때문이다.

위의 모임에서 만들어진 회의기록은 등록절차를 구성하도록 개발되어야 할 것이다. 이 기록은 프로그램의 실행지침서로서 활용되어야 한다. 또한 이 기록은 참석 기준, 프로그램 적용 기준, 작성을 요구한 보고서 이들 세 가지에 한정될 필요는 없지만 이들을 포함하고 있어야 한다.

실제적인 과정의 윤곽을 설계할 때 교사, 프로그램 회부 담당자, 법교육계의 대표가 참석해야 한다. 운영진을 사용할 것인지에 대한 결정

---

20) P.193 참조

은 무슨 주제를 필요로 하거나 요구하고 있느냐에 따라 이루어질 수 있다. 수업의 실제적인 선택은 학생 수와 수업과정의 기간에 달려 있다. 지방법교육기구는 수업과 아이디어를 제공할 수 있어야 한다.

수업 장소와 날짜, 수업시간은 매우 중요한 고려요소다. 교통은 종종 간과하는 문제이다. 수업장소는 모든 참여자들이 쉽게 접근할 수 있는 곳이어야 한다. 워싱턴 D.C.의 대법원은 버스와 지하철에 가깝게 위치해 있으며 청소년들에게는 버스와 지하철 이용 티켓이 제공된다. 대다수의 워싱턴 D.C. 청소년들은 매주 버스 요금을 지불하기에도 어려운 가난한 가정출신이다. 가능한 대안적인 장소는 도서관, 교회, 지역사회센터들을 포함한다.

수업을 위한 적절한 시간을 정하는 것은 중요하다. 워싱턴 D.C.의 프로그램은 배심원들이 자유로운 시간을 이용할 수 있으며, 청소년들이 그 도시의 대부분을 여행 다닐 수 있는 충분한 시간을 주기 위해 토요일에 열린다. 매주 열리는 프로그램은 학교의 교외 활동이나 여행시간을 고려해야만 한다.

3. 3단계: 프로그램 실행

지원 계획과 실행지침서가 완성된 후에 실제 수업의 실행이 이루어질 수 있다. 준비할 것은 교실과 교통수단을 정하고, 유인물을 복사하고, 모든 참가자들에게 첫 수업의 날짜를 공지하는 것이다.

학생들의 등록은 협의된 절차에 따라 진행되어야 한다. 수업은 12명이 최적의 숫자이지만 8명에서 15명 정도의 학생들로도 시작할 수 있다. 12명의 집단이 잘 구성되면, 충분히 다양한 아이디어를 제공하고, 좀 더 편안한 수업진행을 가져온다. 각각의 학생들과 부모(또는 보호자)는 편지나 전화(별첨 C 참조)로 연락할 수 있다. 앞으로의 접촉은 개별적으로 학생들의 파일에 기록된다. 왜냐하면 이것은 혼란을 막고 미래상황에 대해 쉽게 참고할 수 있게 해 주기 때문이다. 학생들은 가능한 한 빨리 시간과 장소를 포함한 결정사항들을 공지받아야 한다. 모든 학생들이 어떠한 수업도 놓치지 않고 똑같은 주에 시작하도록 하기 위해서는 잘못된 정보는 이 시점에서 삭제되어야 하기 때문이다. 워싱턴 D.C.의 법원은 청소년을 법원으로 데려오는 사람들의 명단을 작성하고 있는데, 이것은 보호자가 아니라 연락자로서 필요하기 때문이다. 대다수의 가정은 전화를 할 여유가 없거나, 전화번호가 아예 없거나, 또는 친척이나 이웃의 번호를 사용하기도 한다.

부모님들은 처음 오리엔테이션 모임에 참석해야 한다. 이것은 두 가지 목적이 있다. 첫째, 부모님들은 프로그램에 참여할 수 있으며 법교육에 대한 소개를 받을 수 있다. 한 오리엔테이션 모임이 끝난 후에 워싱턴 D.C.의 한 부모님은 "이것은 모든 청소년들이 배울 필요가 있는 것이다."라고 말했다. 둘째, 부모님과 함께하는 것은 청소년들이 수업장소를 파악하는 데 도움을 준다. 만일 가능하다면 청소년과 부모님 모두에게 전체적인 수업스케줄과 출석규칙의 복사본을 제공하는 것이 현명할 것이다(별첨 D를 참조).

첫 모임에서 학생계약서를 나누어준다(별첨 E를 참조). 그 계약서는 학생과 교사, 법원 대표자에 의해 서명되어야 한다. 계약은 수업의 규칙을 알리고 학생들에게 목적을 달성할 기회를 제공한다.

일반적으로 오리엔테이션의 일정은 다음 사항으로 한정되어서는 안 되지만 다음 사항을 포함하고 있어야 한다.

1. 운영진의 소개
2. 소개활동이나 친목게임의 준비(이름게임 등)
3. 학생에 대한 사전조사 실시
4. 수업 규칙과 학생계약서에 대한 토의

5. (모든 학생과 학부모님이 참가해야 하는)수업의 실행
6. 종료 규정(출석용지에 사인하기, 버스표 나누어주기 등)

마지막 수업은 부모님이 참석해야 하는 최종 활동이다. 많은 프로그램들은 최종적으로 모의재판이나 공청회를 실시한다. 몇몇의 프로그램들은 배심원으로 부모님을 초청한다. 이것은 또한 수업에 가정법원 판사를 초대할 아주 좋은 기회이다. 이러한 수업에서 학생들은 수업사후 평가를 할 수 있고 별첨 F에서처럼 수업평가서를 작성할 수 있다. 성공적인 프로그램의 실행에 대한 인증서는 별첨 G처럼 모든 학생들에게 주어져야 한다. 대다수의 청소년들에게 그들이 어떠한 것을 성취하고 그에 대한 인정을 받는 것은 이것이 처음일 것이다.

참여한 모든 사람은 프로그램을 완수한 후에 며칠의 시간을 가져야 하고 그 과정을 되돌아보아야 할 것이다. 법정 운영자와, 학생과 학부모로부터 나온 평가결과는 무엇이 잘 이루어졌고, 무엇이 잘못 이루어졌는지 그리고 무엇이 개선되어야 할지를 결정하는 데에 중요하다.

Ⅳ. 프로그램 운영

1. 기 록

기록과 자료는 간과될 수 없는 것이다. 출석기록부는 청소년이 필요한

수업시수를 모두 받았는지를 확인하기 위해 문서로 보존해야 한다. 사실 편지나, 전화 등의 청소년과 부모님과의 모든 접촉이 자료에 기록되어야 한다. 그리고 모든 자료와 기록은 재판지침서에 따라서 작성되어야 한다. 이것은 법정에 의해 요구되는 진행사항이나 최종보고서를 포함하고 있다. 워싱턴 D.C. 프로그램이 실시되는 12주 동안 법정은 중간보고서나 최종보고서를 요구한다. 각각의 보고서는 단순하며 청소년의 출석과 프로그램의 진행상황을 보고한다. 예를 들어, 보고서는 참여 수준, 수업태도, 출석, 청소년과 부모의 협력 등의 내용을 포함하고 있다. 이러한 정보는 보호관찰관과의 상담 후에 포함될 수 있다. 이러한 보고서와 자료들은 청소년이 우회교육 프로그램을 성공적으로 실행했는지 안 했는지에 대해 결정하는 기준이 되고 이를 바탕으로 일반 형사법정으로 다시 기소를 할 것인지 아니면 기소를 취소할 것인지에 대한 추천서를 작성하는 데 도움을 줄 것이다.

2. 법교육 수업

법교육 수업을 선택하는 것은 프로그램을 준비하는 것 중 가장 어려운 것인 동시에 가장 쉬운 것이기도 하다. 흥미 있고 관련성 있는 법교육수업은 많이 존재한다. 하지만 청소년들의 읽기능력과 나이, 경험의 차이가 크기 때문에 수업에 사용될 수 있는 자료는 주의 깊게 선정되어야 하며 또는 모든 이들이 최대한 참여할 수 있도록 수정되어야 한다. 선정된 수업들은 서로 다르게 구성되어 있어야 하며 또한 매주 청소년들의 능력을 향상시킬 수 있어야 한다. 워싱턴 D.C. 프로그램은 성공적인 프로그램의 실행은 청소년들의 참여에 달려 있음을 강조하고, 또한 성적을 매기지 않고, 어떠한 숙제도 주어지지 않는다는 점도 강조하고 있다.

교육 과정은 참여를 이끌어내기 위해 협동수업, 역할 놀이, 모의재판 등 다양한 법교육 수업전략을 사용한다. 이러한 모든 전략은 읽기 수준이나 능력에 관계없이 매우 흥미롭고, 참여를 이끌어낼 수 있다. 역할 놀이와 모의재판은 청소년들로 하여금 판사, 변호사, 검사, 경찰관으로서 역할을 해볼 기회를 제공하여 수업을 꾸밀 수 있게 하고 재미있게 만든다. 이러한 활동은 또한 법 관련 종사자들을 친근하게 느끼게 하고 신비화하는 것을 막아준다.

내용상 공민이나 법보다는 차라리 범죄에 대해 집중하는 경향이 있다. 잘 알려지지 않은 가장 일반적인 몇몇의 주제는 청소년의 적법절차상 권리, 성인과 소년법원의 차이, 성인법정으로 가는 청소년 권리 포기자들이다. 그러나 다른 법적 주제는 삶의 기술을 향상시키는 것과 관련되어 있다(예를 들어 10대 희생자, 범죄의 결과, 가족법, 약물남용, 분쟁중재, 어린이 학대와 방치, 법이 만들어진 방법, 학교법, 고용법 등). 종종 학생들은 스스로 수업을 위해 현재 일어난 사건이나 개인적으로 관심이 있는 주제를 제안하기도 한다.

3. 외부 자원인사

외부 자원인사를 손님으로서 참여시키는 것은 수업의 성공을 위해서는 필수적이다. 외부 자원인사들은 강의를 하는 것이 아니라 전문가로서 수업에 참여해야 한다. 예를 들어 변호사 또는 검사는 청소년의 적법절차상 권리에 대해 수업을 하는 동안 참석해 있어야 한다.

외부 자원인사는 프로그램에 대해 완벽히 알고 있어야 한다. 만일 충분히 일찍 연락한다면 외부 자원인사는 한 수업 이상이나 전체 프로그램까지도 맡을 수 있을지도 모른다. 예를 들어 워싱턴 D.C.의 한 공무원은 수업계획서를 일찍 받았고 그때 시간계획을 그가 지속적인 자원인사로 활동할 수 있도록 조정하였다. 동일한 공무원을 외부 자원인사로 계속해서 쓰는 것이 공무원과 청소년 사이에 친근감을 증진시킨다.

만일 법교육이 제대로 실시된다면 학생들은 지역사회의 문제와 논쟁거리에 대해 솔직한 토론을 할 수 있는 지역자원인사와 더욱 친밀한 관계를 키워나갈 것이다. 대부분의 워싱턴 D.C의 청소년들은 법정에서 직접 대면하거나, 부정적인 상황에서만 법 관련 공무원과 만났다. 그러나 학생들은 그들이 부당한 대우를 받는 것을 문제 삼고 개인적인 질문을 비공식적인 자리에서 할 때 더욱 편안함을 느낀다. 법교육 수업을 함으로써 청소년과 지역자원인사는 서로의 가치관에 대해 배울 수 있다.

지역자원인사를 성공적으로 수업에 참여시키는 핵심적인 열쇠는 치밀한 준비에 있다. 교사는 미리 지역자원인사와 접촉하여 프로그램에 대한 소개자료와 수업료를 제공할 필요가 있다. 교사는 또한 수업계획 그 자체와 주제를 살펴보아야 한다(예를 들어 수업의 목적과 목표, 법교육 전략 등). 또한 효과적인 자원인사는 진실된 세상의 경험에 대해 말해야 하고, '전쟁이야기'와 같은 쓸데없는 이야기는 하지 말아야 하고, 질문에 대해 칭찬하고, 열정적이어야 하며, 수업을 이끌어 나갈 수 있어야 한다.

외부 자원인사를 사용하는 데 고려할 최종적인 사항은 다음 수업 동안 외부 자원인사의 수업에 대해 이야기를 하는 것이다. 교사는 학생들과 외부 자원인사의 초청에 대해 토의하고 그 수업에 대해 다음과 같이 탐색하는 질문을 해야 한다. 외부 자원인사에 의해 강조된 중요한 점은 무엇이 있었나? 외부 자원인사에 의해 설명된 주제에 대해 학생들이 어떻게 반응했는가? 외부 자원인사는 어떤 주제에 대해 특정한 입장을 옹호하고 있는가? 학생들 중 외부 자원인사의 전문가적 결정에 누가 따를 것인가?

Ⅴ. 결 론

결국 워싱턴 D.C.의 우회교육 프로그램을 성공적이고 가치 있게 만든 것은 교실에서의 청소년들이다. 소수의 성공하지 못한 참여자들은 제외하고 대다수의 학생들은 매우 흥미를 가지고 있었다. 많은 청소년들이 가족과 부모님에게 매일의 수업에 대해 이야기했고 많은 수가 그들의 친구를 데리고 왔다. 친구들은 수업에 완전히 참여할 수 있었고 종종 수업에 다시 왔다. 대부분의 참여자들은 모든 수업을 이수한 뒤에 그들의 일상생활로 돌아갔으나 몇몇은 교사에게 전화를 하거나 수업을 방문하여 관계를 유지하고 있었다.

워싱턴 D.C. 프로그램의 중요한 한 가지 측면은 청소년들 사이의 상호 작용이다. 그들 중 많은 수가 그들의 지역사회와 격리되어 있다. 스트리트로 수업은 그들에게 다른 지역사회의 모습을 보여주고 그들이 유용하게 사용할 수 있는 지역사회의 다양한 자원들을 가르쳐준다. 게다가 학생들은 도시의 다른 지역에서 온 학생들과 상호 작용한다.

워싱턴 D.C. 프로그램은 산만하고 소외된 청소년들에게 그 자체로 호소력이 있어야 한다. 청소년들 중 많은 수가 매우 빨리 자라야 한다는 폭력과 압력에 미칠 지경이다. 대다수가 경제적으로, 학문적으로, 문화적으로 소외되었다. 결국 법교육 프로그램은 법적 권리와 책임에 관해 청소년을 가르치기보다는 더 많이 참여시키려 하고 있다. 그것은 청소년에게 도시에 있는 다른 삶의 측면을 보여주는 것이고, 청소년들이 서로 긍정적인 상호 작용을 하는 것을 말한다. 또한 그것은 이방인으로서 법교육 프로그램에 참여하였다가 친구가 되어서 나오는 것을 말한다.

별첨 A

프로그램 설명 사례
워싱턴 D.C. 스트리트로 우회교육 프로그램

Ⅰ. 스트리트로는 무엇인가?

워싱턴 D.C. 스트리트로 우회교육 프로그램은 NICEL에 의해 소년사법에 대한 대안으로 1979년에 설립되었다.

스트리트로는 청소년들에게 기초적인 법적 책임감을 가르칠 뿐만 아니라 의사결정능력을 향상시킬 수 있도록 고안된 수업 프로그램이다. 수업은 형법, 가족법, 청소년사법제도의 논쟁거리, 규칙, 모의재판, 모의공청회와 같은 다양한 주제를 포함하고 있다. 수업은 또한 지역사회의 자원인사를 참여시킨다.

비록 스트리트로는 학교수업 프로그램의 형태이지만 등수를 매기지 않고 숙제도 주지 않는다. 또한 학생들에게 수업 전에 완성해야 하는 어떠한 읽기숙제와 쓰기숙제도 주지 않는다.

Ⅱ. 참석규칙은 무엇인가?

1. 각각의 학생은 프로그램을 성공적으로 완수하기 위해서는 12개 수업을 참석해야 한다.
2. 수업은 매주 토요일 아침에 뉴욕 500인디애나 거리의 워싱턴

　　D.C. 법원에 있는 배심원의 휴게실에서 열린다.

3. 학생들은 세 번의 정당한 이유 없는 결석을 해서는 안 된다. 이유가 있거나 없거나 간에 결석은 매겨져야 한다. 부모와 보호자는 담당 공무원에게 전화하여 학생이 결석할 이유를 설명해 주어야 한다.

4. 프로그램을 성공적으로 완수하면 기소가 취소된다는 추천서를 받게 된다.

Ⅲ. 담당자는 누구인가?

만일 추가적인 질문이 있으면 프로그램 담당자인 제프 진에게 연락하세요. 202) 546-6644

별첨 B

청소년법정 등록계획서 샘플
청소년법정에 등록하는 청소년들을 위해 제시된 절차

Ⅰ. 회부절차

A. 기소되었을 때 보호관찰 접수원은 소장을 받고 스트리트로 프로그램에 회부하기 위한 기준에 청소년들이 적합한지를 확인할 것이다. 그 기준에는 나이, 범죄의 적정성과 그 외의 발전된 다른 요소들도 포함된다.
B. 기소되었을 때 보호관찰 접수원은 추천서에 따라 스트리트로 프로그램을 담당하는 보호관찰관에게 적절한 청소년을 할당한다.
C. 보호관찰관은 적절한 비행청소년을 선택하고 다음에 따라 처리한다.
   1. 청소년과 부모 또는 보호자에게 계약서에 서명을 하도록 한다.
   2. 부모 또는 보호자와 청소년에게 프로그램 과정에서 요구되는 것에 대해 이야기한다.
   3. 기록을 유지하기 위해 표준적인 기관의 절차를 사용한다.
   4. 회부정보를 완벽히 갖추고 프로그램 교사에게 그것을 전달한다.

Ⅱ. 프로그램 절차

A. 프로그램 교사는 청소년과 부모 또는 보호자에게 환영하는 편지

를 보낸다.

B. 프로그램 접수상담자는 수업 등록 일지에 프로그램 회부여부와 수업을 완수했는지를 기록한다.

C. 프로그램 접수상담자는 "보여주기 없기"에 관여하는 프로그램 교사에게서 보고서나 전화를 받을 것이다.

D. 교사는 수업을 성공적으로 이수한 청소년들의 접수를 통지할 것이다.

별첨 C

학생들에게 보내는 소개 편지 샘플

학생들에게

법원의 감독하에 청소년들을 위한 실질적인 법적 절차인 스트리트로 우회교육 프로그램에 오신 것을 환영합니다. 여러분들이 프로그램에 참가하기를 선택하였고 이후로 우리는 여러분들과 함께하기를 고대하고 있습니다.

프로그램은 매주 토요일 12주 동안 두 시간의 수업으로 구성되어 있습니다. 여러분의 오리엔테이션은 2006년 6월 11일 토요일 11시 30분에 열립니다. 여러분들이 법원의 감독을 받고 있다는 조건으로서 이 수업에 참여해야 한다는 것을 기억하세요. 여러분들은 정당한 사유 없이 세 번 이상 결석해서는 안 됩니다.

날짜: 2006년 6월 11일 토요일　　　　　시간: 9:30~11:30

장소: 워싱턴 D.C. 대법원

뉴욕 인디애나 길 500

3층 3100호

여러분들은 보고서 카드의 복사본을 가져오거나 또는 여러분들과 관련된 참석기록의 복사본을 가져오세요. 첫 수업에 오실 때 이 편지에 동봉된 버스표을 사용하세요. 추가적인 버스표는 수업 끝마칠 때 여러분들에게 나눠줄 것입니다.

만일 여러분들이 추가적인 질문이 있으시면 망설이지 말고 저에게 연락주세요. (202) 555-6644

　　　　　　　　　　　　　　　　　　　　프로그램 담당자

별첨 D

규칙과 의무, 수업계획

Ⅰ. 출석규칙

- 수업은 시애틀의 마틴루터킹 가 2200에서 매주 수요일 4시부터 5시 30분까지 있다.
- 수업은 4시에 바로 시작된다.
- 여러분은 프로그램을 성공적으로 이수하기 위해서는 모두 8개의 스트리트로 수업에 참석해야 한다.
- 수업참여에 대한 인정을 받기 위해서 여러분들은 수업이 끝마칠 때 출석표에 사인을 해야만 한다.

Ⅱ. 의 무

- 스트리트로 프로그램은 1. 매주 생활법을 가르친다. 2. 각 수업에 수업내용을 제공해야 한다. 3. 시간을 맞추어 시작한다. 4. 성공적으로 완수한 학생에게는 이수자격증을 부여한다.
- 스트리트로 프로그램에 참가한 학생은 1. 8개의 스트리트로 수업에 참석한다. 2. 강의에 참여한다. 3. 시간을 지킨다. 4. 다른 학생들의 의견을 존중한다. 5. 보호관찰관에 의해 규정된 조건에도 따른다.
- 보호관찰관은 1. 교실공간을 제공한다. 2. 학생에게 수업에 대해

이야기한다. 3. 보호관찰보고서에 스트리트로 프로그램 추천서를 사용한다.

III. 수업계획

1교시: (3월 3일) 공원에서 차량통행금지 – 예비조사
2교시: (3월10일) 청소년은 무엇인가
3교시: (3월17일) 아동학대나 방치인가?
4교시: (3월24일) 골트 사건
5교시: (3월31일) 작은 요구의 법정
6교시: (4월 7일) 체포 후에 청소년에게 무엇이 일어났나
7교시: (4월14일) 성인모의재판(준비)
8교시: (4월21일) 성인모의재판 실시와 사후검사, 프로그램 졸업

별첨 E

학생 계약 샘플

스트리트로 우회교육 프로그램은 여러분과 법원 간의 계약적 동의이기 때문에 여러분들이 이 과정을 이수하는 동안 반드시 따라야 하는 규칙이 있다. 이 규칙을 위반할 경우 다시 정규법정으로 가야 할 것이다. 규칙은 다음과 같다.

1. 여러분은 정당한 이유 없이는 12개의 수업에 모두 참가해야 한다. 정당한 이유라는 것은 여러분의 부모님이 결석에 대해 정당한 사유를 가지고 있다는 것을 의미한다. 부모님들은 결석에 대해 접수 담당자나 교사에게 여러분들이 결석하는 이유를 알려야 합니다.
2. 여러분들은 이 과정을 이수하는 동안 어떠한 다른 범죄도 저질러서는 안 됩니다.
3. 프로그램을 완수한 후에 여러분들에 대한 기소는 사라질 것입니다.

우리는 또한 다음과 같이 지켜야 하는 규칙들을 가지고 있습니다.

1. 우리는 모든 학생들의 비밀을 지켜주어야 할 것이다.
2. 우리는 주당 하나씩 12개의 수업을 제공할 것이다.
3. 우리는 법정에 추천서를 제공할 것이다.

별첨 F

학생평가양식지 샘플

학생들이 이러한 프로그램에 대해 어떻게 느끼고 있는지 배우기 위해서 다음과 같은 질문에 대답하세요. 여러분의 대답은 비밀이 지켜질 것이며 이름도 적을 필요가 없다는 것을 명심하세요.

다음 문장들을 완성하세요.

1. 이 프로그램에서 내가 가장 좋아하는 부분은_________________
2. 이 프로그램에서 내가 가장 싫어하는 부분은_________________
3. 만일 내가 이 프로그램에 대해 어떤 것을 바꿀 수 있다면 나는__
4. 나는 교사는____________________이라고 느낀다.

여러분의 의견을 가장 잘 나타내는 대답을 선택하세요.

1. 매주 수업에서 무엇을 배우는지 나에게는 명확하다.
2. 이 프로그램은 내가 전에 알지 못했던 법에 관한 몇몇의 정보를 가르쳐준다.
3. 나는 법적 체계에 대해 더 많은 것을 배우기를 바란다.

이 프로그램에 대해 추가적으로 당신이 말하고 싶은 것을 적으세요.

별첨 G

프로그램 수료증 샘플

이 수료증은 스트리트로 프로그램을 성공적으로 완수하였음을 증명
합니다.

참고문헌

Curd-Larkin, M.(1982). The street law difference: A diversion program for first offender. New Designs for Youth Development, September / October, 21 - 24.

골트(Gault)판결

　1966년의 골트판결에서는 15세 소년인 골트의 음란전화사건에 대한 소년법원의 판결이 적법절차가 적용되지 않은 심판절차이었음을 인정하고, 이렇듯 적법절차가 적용되지 않는다면 그 결정은 임의적이고 불공정할 수 있다고 판단하여, 소년심판절차에 부분적으로 적법절차의 적용을 확장하도록 결정하였다. 골트사건에서 지적된 구체적인 문제점으로는 성인에게는 50달러 이하의 벌금형 또는 60일 미만의 구금형으로 처벌될 수 있었던 범죄가 소년에게는 그가 성인이 될 때까지 6년간 소년원송치를 결정하였다는 점이며, 이러한 심판과정에서 적법절차가 적용되지 않았다는 것을 들 수 있다. 이는 소년을 보호해야 한다는 소년법원의 특별한 절차로 인하여 적법절차를 적용하지 않았으며 이로 인해 소년범에게 불이익이 야기되었음을 의미한다. 이러한 이의제기로 인하여 미국 최고재판소는 소년사건처리절차에 있어서 부분적으로나마 기초적인 적법절차의 적용을 확장하는 결정을 내리게 되었다. 골트판결 이후 소년사법에서 적법절차가 강조되면서 이전에는 비행소년의 5%에게만 선임되었던 변호인 선임비율이 거의 50%로 증가하게 되었다.

　15살인 게리 골트는 경찰에 의해 체포되었고 집에서 청소년구치소로 보내졌다. 그는 무엇이 잘못되었는지를 알 수 없었다. 그 당시 그의 부모님은 일하고 있었다. 경찰은 아들에게 무슨 일이 일어났는지 부모에게 이야기해 주지 않았다. 그들이 그를 찾아서 집으로 데리고 온 후 그의 부모님은 그가 풀려나지 않을 거라는 이야기를 들었다. 그는 청소년구치소에서 밤을 보내야만 했다. 게리와 그의 부모는 게리가 기소된 이유에 대해 듣지 못했다. 그들은 재판이 다음 날 열린다는 소식을 들었다.

　재판에서 골트는 옆집 사는 쿡 아줌마가 경찰에 신고했다는 것을 알았다. 그가 그녀의 집에 음란전화를 했다고 불평하면서 말이다. 쿡 아줌마는 재판장에 나타나지 않았다. 대신 경찰관은 쿡 아줌마가 말한 것에 관해 입증했다. 게리는 그 전화에 대해 친구에게 책임을 돌렸고 그가 음란한 말을 하지 않았다고 말했다. 거기에는 변호사도 없었고 어떠한 기록도 법정 증거로 만들어지지 않았다.

　게리와 그의 가족들은 6일 후의 두 번째 재판에 참석했다. 다시 어떠한 기록도 그 과정에서 이루어지지 않았고 그를 고소한 이웃도 그 재판에 참석하지 않았다. 세 번째 재판에서 재판공무원은 게리가 이전의 두 재판에서 전화한 것을 시인했다고 말해 주었다. 게리와 그의 부모는 이것을 부인했다. 하지만 거기에는 어느 쪽이 옳다는 것을 증명할 어떠한 기록도 없다.

제8장

켄터키 소년 사법체계에서 우회교육으로 활용되는 법교육

제 8 장

" 켄터키 소년 사법체계에서 우회교육으로 활용되는 법교육 "

Deborah Williamson & James R. Columbia

Ⅰ. 소 개

이 장은 청소년 사법 체계를 운영하고 법교육(LRE) 프로그램의 활용 방안에 대해 고민하는 현장 실무자나 관계자들을 다룬다. 많은 청소년 사법 프로그램들이 직면한 예산과 시간의 제약에 비추어 보면, 이러한 고민은 처음부터 무리한 것으로 보일 수도 있다. 의심할 필요도 없이, 다양한 사람들에 의해 제기될 무수한 질문들을 위한 준비가 필요할 것이다. 어째서 법교육이 청소년 사법의 맥락에 적합한가? 그것이 교육과정에 기반을 둔 학교와 정말로 관계가 없는가? 프로그램이 시작되기 전에 얼마나 많은 훈련이 필요할 것인가? 누가 수업을 도와줄 것인가? 얼마나 많은 청소년들이 수업에 등록해야만 하는가?

이 장은 이러한 질문들을 다루며 우회 프로그램, 보호관찰부 그리고 위기의 청소년들이나 초범의 청소년 범법자들을 다루는 지역사회의 에이전시들이 교정 프로그램으로 법교육을 선택하는 데 도움이 되고자 한다. 법교육은 매우 융통성 있으며, 청소년 사법 관련 종사자들의 네트워크에 의해 설계될 수 있다. 비록 만병통치약은 아닐지라도, 법교육은 비판적 사고 능력을 발달시키고, 청소년들이 공동체에 창조적으로 참여할 수 있는 수단을 제공하며, 정부기관 연합을 위한 촉매로 기능하며, 가장 중요한 비행 감소와의 연관성이 검증되어 있다(Curd-Larkin,1982).

우리는 Kentucky Court Designated Worker(CDW)(켄터키 대법원 지정 기관) 프로그램21)에서, 선택적 우회교육 프로그램으로서 법교육 활용에 관한 논의를 시작하려 한다. 켄터키의 사회복지부(여기서는 청소년 관련 사건들도 다룬다)가 주정부의 행정부 산하인 데 반하여, CDW 프로그램은 켄터키 법정 산하이다. 종종 전국의 여러 기관들이 켄터키의 법교육 프로그램에 관한 정보를 요구할 때, 그들은 주(state)의 청소년 사법 절차에 관한 자세한 정보도 요구하기 때문에, 우리는 이러한 상세한 부분들도 설명에 포함시켰다. 사법에서 '법교육의 적합성'을 살펴보는 것은 필요하다. 강조할 점은 켄터키에서 면담 일정을 조정하는

---

21) 각 법원에서 비행청소년들에 대한 우회교육기관으로 민간기관을 지정하는 것. 미국에서는 다양한 기관들이 프로그램을 개발하여 이러한 지정을 받아 활동하고 있으나 한국에서는 일부 종교단체들이나 소수의 청소년 단체들만이 활동하고 있어 다양한 프로그램을 가진 우회교육기관의 확충이 시급하다. 특히 일선 학교에서 선도교육 프로그램으로 활용할 기관이 태부족인 상태이다. 민간 영역이 소극적인 반면 역으로 정부기관인 법무부 산하 소년분류심사원이나 소년원(비행예방센터)에서 이러한 교육 프로그램을 일선 학교에 제공하려는 움직임이 활발해지고 있다(역주).

사무관이나 CDW들은 항시 대기상태로 있으며, 규칙적인 근무시간을 유지하고, 비공식 과정에 적합한 청소년들을 가려내며, 청소년 우회를 위한 법교육 프로그램 조력자로서 열심히 봉사한다는 사실이다. 소개된 모형은 우회교육에 활용되는 모형이지만 약간의 수정을 가한다면 보호 관찰과 지역사회 교육에도 적용될 수 있다(National Training and Dissemination Program, 1993).

그다음, 우리는 법교육에서 켄터키의 예비 작업과 조력자 훈련, 자원 인사의 채용 그리고 참여자들의 등록과 관계있는 초기 단계를 다룬다. 또한 미래에 다양한 환경에서 법교육을 시도하게 될 사람들에게 법교육 프로그램의 엄청난 유연성과 창조성을 보여주기 위해 전형적인 법교육 과정에 대해 묘사했다.

이론적 틀을 강조하는 간략한 부분 역시 포함되었다. 청소년 범죄와 관련된 현대의 이론들이 다양하다는 것을 알고 있을지라도, 우회교육 프로그램으로서 켄터키 법교육 프로그램은 허쉬(1969)의 사회통제 혹은 사회유대이론으로부터 큰 영향을 받았다. 허쉬는 청소년들이 사회 규칙을 적절히 신봉할 수 있게 되기 전에, 어떠한 유대 요인들이 존재해야만 한다고 믿었다. 법교육은 이러한 사회적 유대를 발생시키는 방법을 청소년 사법 관계자들에게 제공한다.

이 장의 마지막 부분은 프로그램 발달의 다양한 양상, 이슈들의 해결 그리고 예비 프로그램에서 성공이 어떻게 법교육 프로그램의 확장을 이끌 수 있는지와 같은, 프로그램이 직면해 있는 부차적인 문제들을 다룬다. 우회 프로그램과 관련하여 켄터키 법교육에서의 경험은 우리에게 법교육은 진지하게 추구해 볼 가치가 있는 효율적이고, 비용면에서도 효과적인 프로그램이라는 것을 확신하게 한다.

Ⅱ. CDW 단체들 그리고 우회 프로그램에서 그들의 역할

1986년 켄터키 주 의회는 관련 법령에 따라 청소년 사범을 정식 재판 과정에서 우회시키기 위하여 CDW 프로그램 확장 기반을 위한 기금을 제공하였다(Clary & Isaacs, 1991). 청소년 복지부와 대법원 행정부의 지시하에, CDW 단체들은 켄터키 대법원에서 면담일정을 조정하거나 우회교육 서비스를 제공한다. 대법원에서 부여받은 이러한 자격을 바탕으로, 그들은 18살 미만의 청소년들이 저지르는 비행이나 범죄 그리고 무단결석이나 가출 등의 지위 비행에 관련된 문제들을 처리한다.

이러한 문제제기는 경찰서, 학교, 가족 구성원 혹은 다른 시민들에 의해 이루어질 수 있다. 미국 변호사 협회의 표준에 근거한 통일된 기준들에 의해 청소년들이 지방 법원 소년부의 재판에 출두해야만 하는지와 CDW 프로그램에서 비공식 과정을 이수하기에 바람직한지가 결정된다(부록 A). 살인과 같은 중대 범법자, 1, 2급의 폭행 그리고 성범죄자들은 정식 재판으로 회부되고, 판사가 다루게 된다. 게다가, 앞서 두 번 우회의 경험이 있고 세 번째 범죄를 저지른 청소년들 역시 지방 법원으로 소환된다. 절도나 희롱과 같은 경범죄를 저지른 청소년들은 일반적으로 비공식 과정에 적합하며 CDW와 자발적으로 우회교육 합의를 맺을 수 있다.

켄터키 시스템에서, 청소년들이 우회교육의 기회를 가진다는 것을 이해하는 것은 중요하다. CDW 프로그램은 청소년 사법 체계에서 예비 법정의 양상을 띠며, 모든 프로그램 참여자들은 유죄로 간주된다. 그들이 공식적인 법원 체계의 바깥에서 비공식 계약을 맺었을지라도, 그들은 우회교육에 들어가기에 앞서 정식 재판을 신청할 권리를 가진다.

만일 청소년들이 자신이 무죄라고 주장하며 지방 법원에서 재판받기를 요구한다면, CDW는 법에 의해, 심리 과정으로 사건을 넘긴다.

우회교육 추진에 우선하여, CDW는 켄터키 법령에 의해 공공 범죄의 희생자, 체포 경찰관 그리고 검사에게 청소년들을 우회 프로그램에 참여시키려 한다는 것을 통보할 의무를 진다. 이들은 2주 내에 CDW가 청소년들이 우회 프로그램으로 다루는 것에 대한 이의를 제기할 수 있다. 만일 이의가 제기되면, 사건을 어떻게 진행시킬지 결정하기 위하여 (공식적이든 비공식적이든) 특별한 청문회를 연다. 하지만 그러한 재심이 열리는 경우는 드물며 주에서 발생하는 모든 사건들의 1% 미만으로 일어난다. 만일 전형적인 사건들처럼 아무런 이의가 없다면, 청소년들은 CDW와 우회교육 계약을 체결한다.

우회 동의는 CDW와 청소년들 사이에서 이러한 법적 문제들을 해결하기 위하여 협상하는 계약이다. 부모들이 협상의 과정에 참석할지라도, 그들은 교육장소로 청소년들을 이동시키는 문제나 상담 서비스를 위한 비용을 지불하는 것 이외에는 협상에 적극적으로 관여하지 않는다. CDW는 법에 의해 이 청소년들에게 제기된 문제들을 다룰 의무를 지닌다. 바꾸어 말하면, 우회 계약은 청소년들에게 책임을 지우려는 의도가 있다. 공식적 우회는 전형적으로 손해배상, 비영리적인 지역사회 봉사, 약물/알코올 측정, 상담, 통금 그리고 특별 교육 참석과 같은 조건들을 포함한다.

CDW는 청소년들이 성공적으로 우회교육을 마칠 수 있도록 최선을 다한다. 협상 과정에서는 정해진 시간 내에 지역사회 봉사활동을 수행할 수 있도록 학교 수업이나 직장에서의 근무일정 등을 조정하게 된다. 또한 보통 어떤 봉사활동을 하길 원하는지(예를 들어, 개를 두려워하는 청소년들이 동물 보호소에서 일하도록 배치하지 않기), 지역사회 활동이나 상담 수업이 필요할 때 수송 문제, 또는 손해배상의 책임이 있거나 상담 서비스를 이용해야만 하는 경우의 재정적인 문제 등도 다루어진다. 프로그램 성공의 많은 부분은 이 협상의 성공여부에 달려 있다.

청소년의 참여는 공식적인 우회 협상에서 시작되고 우회 프로그램을 통하여 실현된다.

우회 계약이 제시한 조건들을 청소년들이 지키도록 하기 위해 CDW 단체들은 각각의 사건을 감독한다. 청소년들이 계약을 완수하기까지는 여섯 달이 걸린다. 만일 청소년들이 계약을 제대로 이행하지 못한다면 CDW는 프로그램 실패 관련 회의를 해당 청소년과 함께 열어야 한다. 이 공식적 협의는 청소년들이 명시된 조건들을 따르는 데 실패했기 때문에 개최되는 것이다. 만일 조건을 이행하지 못한 합리적인 이유를 제시한다면, 재협상이 가능할지도 모른다. 그러나 만일 그렇지 않다면 CDW는 법에 따라 재판하기 위하여 법원에 소장을 제출할 의무를 가진다. 청소년들이 처음의 계약 조건들을 성공적으로 완수하는 경우에, CDW는 법적 문제를 해소시킨다. 범법 행위의 공식적 기록은 존재하지 않으며 해당 사건 기록은 비공개 자료로 남게 된다. 우회 사건 파일들에 대한 공적인 접근은 법으로 금지되어 있다.

주에서는 매년 대략 46,000건의 청소년 사건이 발생한다. 이 사건들의 50%는 우회되었다. 놀랍게도 우회교육을 선택한 청소년들 중 89%는 CDW들과 함께 우회 계약을 완수하였다.

Ⅲ. 우회 프로그램의 모델: 법교육

CDW 프로그램의 목적은 범법에 대한 책임성, 사회 체계와 관련된 교육 그리고 비행 행동에 더 이상 참여하지 않도록 하는 것이다. 프로그램 실무자들은 프로그램에 참여하는 비행청소년들과 그들의 지역사회 요구들을 만족시키는 프로그램을 개발하는 과정에서 끊임없는 선택에 직면한다. 그래서 Ross(1990)가 지적한 바와 같이 성공적인 프로그램보다는 비효율적인 프로그램들이 훨씬 더 많은 편이다. 따라서 다른 주에서 유사한 대상자들에게 성공을 거두었던 법교육이 켄터키 청소년 사법 프로그램에서도 도입되었다. 법교육은 켄터키 우회교육 프로그램에 획기적 변화를 가져왔다.

1990년 9월에 시작된 전국 법교육 훈련 및 보급 프로그램(National Training and Dissemination Program, NTDP)을 통해 청소년 사법 기관들에 법교육이 보급되는 과정에서 켄터키 주(주정부) 법교육 운동을 알게 되었다.

주의 CDW 기관 116개 중 12개 단체가 법교육 훈련을 받기 위해 선택되었다. 선택은 해당 기관의 담당 사건 수가 새로운 프로그램을 적용할 만큼 많은지 그리고 이 기관이 전국적인 법교육 운동에 대해 관심과 흥미를 가지고 있는지를 기초로 이루어졌다. 최초의 훈련에는 주의 다양한 지역에서 단체들이 선정되었다(부록 B 참고).

전국 시민법교육 연구소(National Institute for Citizen Education in the Law, NICEL)와 ABA에서 실무자가 CDW 기관들에게 법교육 훈련을 제공하기 위해 켄터키로 왔다. 시작 과정은 3일짜리 집중교육 프로그램이었다. 다루어진 주제들은 프로그램의 이론적 기반, 비행청소년들의 흥미를 유발시키면서 권위, 책임, 정의에 관련된 문제들을 다루는 법, 긍정적인 동료 간 상호 작용을 이끌어내는 상호 작용 전략, 외부 자원인사의 적절한 활용법, 프로그램 활동을 미디어에 소개하는 법 등이었다.

각각의 CDW들은 향후 여섯 달간 시험적인 법교육 프로그램을 수행할 준비를 갖추고 현장으로 돌아왔다. 프로그램을 성공적으로 이끌기 위해 몇 가지 수단들이 동원되었다. CDW들은 예비 프로그램 구성에 필수적인 표준 교육 과정과 수업자료들을 제공받았다(부록 C 참고). 이

교육 과정에 포함된 수업은 지난 3일간의 훈련에서 다루어진 것들이었다. 이들은 수업 목표와 대상, 각 수업에서 사용될 적절한 상호 작용 전략들을 충분히 이해하고 있었다.

자신의 관할 구역으로 돌아온 담당자들은 프로그램에 참가할 청소년들을 모으기 시작했다. 12세에서 17세 사이의 청소년들 중 비공식적인 CDW 프로그램 영역에 적합한 청소년들을 선정했다. 다른 선정 기준은 없었다. 다음, 프로그램이 실행될 공간을 물색했다. 법정, 경찰 훈련실, 시민회관, 보건실 그리고 도서관 등의 공간이 확보되었으며 모든 공간들을 무료로 제공받았다. 그리고 CDW들은 전화상담이나 대면 접촉을 통해 이 법교육 시범 프로그램에서 자원인사로 참여할 법조인들을 확보했다. 어떤 경우에는, CDW들이 실제로 그들의 프로그램을 시작하기 전에 지역사회 탐방 수업을 했는데 이 수업을 통해 자원인사들이 모집된 경우도 있다. 마침내, 대부분의 CDW들은 지역사회에 새로운 프로그램의 시작을 알리기 위해 지역 텔레비전, 라디오 그리고 신문 사무소에 홍보물을 보내기로 결정했다.

이 예비 단계 동안 만들어진 프로그램 형식은 성공적이었고 계속적으로 활용되었다. 프로그램은 오리엔테이션과 법체계에 대한 참여자의 지식수준을 측정하는 것으로 시작된다(부록 C와 D 참고). 이 부모들의 지지와 확신을 얻을 수 있도록 하기 위하여 그들은 오리엔테이션에 초대되었다. 이어지는 수업들은 규칙, 권위, 책임감, 정의, 청소년 사법, 가족법, 환경법 그리고 지역사회 문제 등을 다루었다. 자원인사(예를 들어, 변호사, 시민단체 그리고 경찰)들은 이 수업에 참여하여 활동적 교수 전략을 통해 청소년들에게 켄터키 사법 체계를 알려주었다. 법교육 프로그램에서 전통적 강의 형식 대신 활동적인 교수법이 사용되었다는 점이 중요하다. 자원인사들의 강의 주제와 관련된 현장학습이 수시로 이루어졌다. 프로그램은 모의재판과 졸업식을 통하여 절정에 이른다. 사후검사는 프로그램의 마지막 주 동안 평가 도구로 활용된다(Williamson & Young, 1992).

실제 법교육 수업이 어떻게 이루어지는지 설명하기 위해 전형적인 초기 과정을 설명해 보고자 한다. 청소년들이 CDW와 계약을 맺는 계기가 되는 문제제기의 형태가 청소년들의 태도에 가장 큰 영향을 주게 된다. 예를 들어, 만일 부모나 학교 담당자가 문제를 제기한 것이라면, 청소년들은 프로그램에 열정적으로 참여할 것이고, 프로그램에서 자원인사로 활동할 경찰과도 쉽게 상호 작용할 수 있을 것이다. 반면에, 만일 청소년들이 경찰에게 체포된 경험이 있다면, 그들은 참여를 망설일지도 모른다. 어떤 참가자들은 기대조차 없으며, 또 다른 이들은 지루해할 수도 있다. 집단은 대개 12세에서 17세 사이의 10명에서 15명 단위로 구성되지만 때로는 연령대별로 집단을 나누어 실시하기도 한다.

수업은 프로그램의 주 진행자인 CDW 담당자와 수업을 돕기 위해 초대된 자원인사나 프로그램 내용을 검토하기 위해 참석한 지역사회 지도자나 대학원생 등으로 구성된 보조 진행자에 의해 시작된다. 기본적으로 이 시점이 매우 중요하다. 주 진행자는 법교육 참여가 우회교육의 조건이며 우회교육 계약에 서명했으므로 반드시 출석해야 하고 매우 긴급한 상황에만 결석이 인정된다는 것을 되풀이해서 설명한다. 또한 주 진행자는 우회교육 기간 동안 언제라도 우회교육을 그만두고 정식 재판을 요청할 권리가 있음을 주지시킨다.

강의식으로 프로그램이 진행될 것이라는 생각으로 청소년들이 자리를 잡고 앉아 있을 때, 진행자들은 힘차게 모두 일어나라고 외친다. 참가자들은 5-8명씩 2줄로 서게 하고 맨 앞줄의 사람들에게 펜이나 지우개(또는 이용할 수 있는 다른 물건)를 건네준다. CDW들이 "시작!"이라고 외치면 처음엔 모든 이들은 머뭇거리며 그들의 리더를 본다. 당황한 척하며, 진행자는 말한다. "미안해. 뒤에 있는 학생에게 그것을 건네주라고 이야기하는 것을 깜박했어. 자, 시작!" 이 활동이 반쯤 진행되었을 때, 리더는 다시 한 번 외친다. "그만!" "물건을 오른쪽 어깨 너머로 건네주어야만 한다는 이야기를 잊었어. 자, 시작!" 마침내 물체는 마지막 참가자에게 건네졌다. 1번 줄이 2번 줄보다 약간 빨리 끝냈으나 리더는 2번 줄을 게임의 승자로 선언했다. 마침내, 화가 난 한 참가자가 다소 큰소리로 말했다. "그건 공정하지 않아요. 당신은 우리에게 규칙이 무엇인지 말해 주지 않았어요." 조력자가 말했다. "네 말은 우리가 이 게임을 하기 위해서 규칙이 필요하다는 거니?" "예, 게임을 하기 위해서 규칙이 필요해요." 그 참가자가 불평했다. 진행자는 규칙이 사회 구성에 필수적이라는 핵심을 이해하기 쉽게 입증했다.

시민교육 센터(Center for Civic Education, CCE)의 "무엇이 올바른 규칙을 만드는가?"라는 수업에서는 기존의 규칙을 평가하는 데 필요한 기능을 가르친다. 학생들은 2-3명씩 5개의 그룹으로 나뉜다. 진행자는 각각의 그룹에게 규칙의 예를 제공하고 그들에게 주어진 규칙을 비판하도록 지도한다. 예를 들어, "학교 약물 남용 문제를 해결하기 위하여, 학생의회는 댄스파티에 참여하는 모든 남학생들이 소지품 검사를 받도록 하는 규칙을 만들었다."라는 사례가 있다(CCE, 1992, p.20). 두말할 필요 없이, 청소년들은 재빨리 여학생들에게는 적용되지 않는다는 점에서 차별적인 규칙임을 지적했다. 최근의 프로그램에서, 우리는 위의 규칙이 "댄스파티에 불법적인 물건을 가져오는 모든 이는 즉시 그곳에서 나가야 할 것이며 다음날 교칙에 의해 처벌받을 것이다."로 수정된 것을 확인했다.

이 활동에서 분석한 규칙의 다른 측면은 처벌이 과도하지는 않은지, 이해하기 쉬운지, 세분화되어 있는지, 양도할 수 없는 권리를 잘 보호하고 있는지, 합리적인지, 애초의 목표를 달성할 만한 규칙인지 등이었다. 이 수업에서 제공된 예를 통하여, 학생들은 정당한 규칙의 특성을 배우고, 더 중요하게는 존재하는 규칙을 평가하기 위한 기준 활용 방법을 배운다.

오리엔테이션의 마지막은 수업에서 배운 내용을 실제로 응용해 보는 것이다. 참가자들은 법교육 프로그램을 위한 규칙을 만들고, 이 규칙은 추후 12주의 과정 동안 모든 참가자들이 지켜야만 한다. 이 활동을 통해 만들어진 전형적인 규칙은 수업시간 엄수, 한 사람씩 발표하기, 다른 이의 의견 존중 등이 있다. 참가자들이 만든 규칙을 위반하면 동료들이 즉각 규칙에 순응하도록 압력을 가하게 되는 것을 관찰할 수 있었다.

남은 11주는 유사한 과정으로 진행된다. 모든 참가자들이 높은 수준으로 참여하도록 만들어져 있다. 주제로 다루어지는 내용들은 그들의 삶에서 법과 관련된 개인적 경험에 바탕을 두고 선정된 것이므로 적극적인 참여가 쉽게 이루어진다. 참가자들의 협력활동을 통해 프로그램이 진행된다. 이러한 능동적인 기여는 청소년들이 프로그램에서 주인의식을 발달시킬 수 있다. 상호 작용은 동료 사이에서 경쟁보다 협동을 길러준다. 지역사회의 유력인사들과 긍정적인 상호 작용 기회가 프로그램 기간 동안 주어진다.

Ⅳ. 법교육에서 사회통제이론의 활용

현장에서 전문가들과 논의를 거듭한 끝에, 우리는 허쉬의 사회 통제이론(1969)이 켄터키 프로그램을 위한 이론적 틀로 적합하다고 결론내렸다. 통제이론은 비행의 원인을 열거하고 이를 약화시킬 방법들을 제시한다. 허쉬는 비행행위가 개인과 사회의 유대가 약하거나 깨어질 때 발생한다고 가정했다. 유대의 필수적인 4요소는 애착, 헌신, 관여 그리고 신념이다. 주의 법교육 프로그램에는 이러한 사회적 유대에 관한 고려가 나타나 있다. 우리는 각 요소의 타당성을 주 프로그램을 통해 확인해 볼 것이다.

'애착'은 법교육의 필수적인 측면이다. 로버트 헌터 박사는 공립학교 교실에서 법교육 프로그램을 운영하게 될 경찰관들에게 법교육을 가르쳤다. 그는 "청소년들이 문제를 일으키는 것을 피하게 되는 한 원인은 경찰서나 다른 권위에 대한 그들의 애착이다. 그러한 애착은 학교 규칙과 사회 법규가 필수적이고 공정하다는 학생들의 신념을 강화시킨다."고 기록했다(Caughey, 1993, p.4).

켄터키에서 윌리엄슨과 영(1992)의 연구 역시 애착의 중요성을 지적한다. 클라크는 북켄터키 법교육 프로그램의 16살짜리 참가자이다. 프로그램을 이수하는 동안 그는 프로그램 평가자들과 꾸준히 접촉하면서 열정적으로 프로그램에 참여하여 다시는 범죄에 연루되지 않겠다는 결의를 밝혔다. 클라크가 말했다. "그것은 대개 이 프로그램에서 내가 배운 것 때문이다. 나는 판사, 변호사, 프로그램 조력자 그리고 우리와 함께 일한 다른 이들을 존경하게 되었다. 그들은 정말로 우리가 법을 이해할 수 있도록 도왔다."(윌리엄슨 & 영, 1992, p.19) 명백하게, 클라크는 같은 지역사회에서 프로그램을 도와준 자원인사에게 애착을 발달시켰다.

허쉬(1969)는 또한 '헌신'을 주장했다. 청소년들이 법교육 프로그램을 선택할 때, 그들은 최소 세 달간의 참여 그리고 다섯 달간 프로그램 수행에 자신의 시간과 노력을 투입하게 된다. 우회 계약을 위반한다면 정식 법정에 출두하거나 더 많은 시간의 처벌을 받을 수도 있다.

그러나 예전의 우려와 달리, 우회 계약 위반은 거의 문제시되지 않는다. 청소년들은 프로그램에 성실히 참여하는 것을 즐기는 것처럼 보인다. 프로그램에 헌신하는 증거는 각 CDW들에서 다양한 방식으로 나타났다. 처음 참여한 청소년들은 차기 법교육 프로그램에서 가이드의 역할을 맡기도 했고, 청소년법정과 같은 다른 시민성 근간의 프로젝트들에서 통솔력 있는 역할을 담당했으며, 지역사회에서 좋은 보수의 직장을 얻는 등의 개인적 성공 스토리를 CDW 측에 알려오기도 했다.

다음, 허쉬(1969)는 '관여'의 요소를 제시했다. 켄터키 주 법교육 프로그램에서는 청소년들을 교육적이면서도 재미있는 다양한 활동들에 참여시켰다. 참가자들은 주 대법원, 범죄연구소, 감옥 등을 견학했다. 상호 작용 전략의 하나로 환경법 수업시간에 비의 산성도를 측정하기도 했고 거리에서 경찰관들과 순찰을 함께하기도 했다.

12주 프로그램이 끝난 후에 관여 수준에 변화가 왔을까? 실험은 우리에게 적절하게 만들어진 프로그램이 촉매로 작용하며, 청소년들이 그들의 지역사회에서 혁신적으로 관여하도록 부추긴다는 것을 알려준다. 켄터키 프로그램을 적용한 어느 시골마을에서, 법교육 졸업생들은 치안판사와 함께 청소년 센터를 발전시키기 위한 재정적 기반을 마련하는 활동을 시작했다. 도시 프로그램에서, 그들의 프로그램을 완수한 청소년 그룹은 시의회에 문제를 제기하는 적법한 절차에 대해 조사를 한 후, 청소년들이 배회하고 스케이트보드를 탄다는 죄목으로 체포되는 문제로 의회와 교섭했다. 또한 중앙 켄터키 청소년과 같은 청소년 센터의 개발을 제안했다. 성공적인 법교육 프로그램은 청소년들에게 그들의 지역사회에서 혁신적이고 가치 있는 프로젝트를 추구하는 데 필수적인 기능을 제공한다.

허쉬(1969)에 의해 논의된 유대의 마지막 특징은 '신념'이다. 법교육 프로그램에서 상당한 양의 시간이 법과 관련한 찬반의견 분석에 투자되었다. 취지는 사회에 법이 필요하다는 점을 강조하고 비효율적이거나 불공정한 규칙이 어떻게 변화될 수 있는지 보여주는 것이다.

이 강조점을 이용한 CDW가 좋아하는 수업 중 하나는 제럴드 갈트의 판례이다. 이웃에 장난전화를 했다고 증언하여 구류된 15세의 갈트 시나리오를 법교육 참가자들과 다루었다. 학생들은 이 사건과 관련된 문제의 리스트를 만들도록 요구되었다. 부모의 관심 부족, 변호받을 권리 부재, 정식 고발 공지 부재, 법정에서 기록되지 않은 진행과정, 청문회 동안 심문을 위한 선서 부재 그리고 과도한 처벌 등의 문제들이 가장 많이 언급되었다.

조력자와 법적 자원인사는 다음으로 그 사건이 1967년 이전에 미국

대법원에서 다루어졌다는 사실을 알게 된다. 학생들은 법원이 갈트 측의 손을 들었고, 청소년들은 상담받을 권리가 있으며, 비자발적인 자백은 법정에서 사용될 수 없다는 반대 심문을 위한 선서가 있어야 한다는 것을 공지했으며, 피고인은 정식 고발 공지를 받아야만 하고, 항소권을 가져야만 한다고 명시했다는 것을 알았다. 갈트 판례는 사법 체계에서 청소년들의 권리를 어떻게 보장할 것인가에 대해 선례를 만들었다. 사법 체계상 청소년에 대한 권리 보호는 이 사건 이전엔 뚜렷이 존재하지 않았다(Arbetman & Roe, 1985). 요약하자면, 갈트와 같은 상호 작용 수업을 통하여, 학생들은 법규칙의 필요성을 알 수 있다. 그들은 또한 불공정한 규칙이 변하지 않는 것이 아니라는 점을 깨닫게 된다. 법교육 프로그램에 참여한 청소년들의 우리 정부 체계에 대한 신념은 매우 강화되었다.

V. 직면한 문제들

이 장의 프로그램과 이론들을 읽고, 어떤 사람은 켄터키 프로그램이 별 어려움 없이 성공했다고 생각할지도 모른다. 심각한 문제에 직면한 적은 없지만 당연히 여러 가지 문제들이 발생했다. 예비 프로그램에서 직면한 문제들은 프로그램 계획의 약점을 지적하는 데 효과적이고, 시기적절하고 효율적인 방법에서 문제점을 정정할 수 있게 해 준다. 우리가 직면한 문제점들을 공유하는 과정을 통해 다른 지역에서는 법교육 프로그램 발달과정에서의 문제들을 최소화할 수 있기를 바란다.

1. 자원인사

자원인사는 성공적인 법교육 프로그램에서 없어서는 안 될 구성요소이다. 우회 상황에서 청소년과 밀접하게 관련 있는 자원인사의 신중한 선택은 거듭 강조해도 지나치지 않다. 자원인사는 참가자들과 정직하고 능동적인 태도로 상호 작용하기 위한 준비가 필요하다. 일방적인 강의, 위협, 또는 참여자들에 대한 "언어적인 강압"은 확실히 불행한 수업으로 귀결될 것이다. 참여자들과의 친밀감은 전혀 형성되지 못하게 될 것이다.

프로그램 실무 담당자가 자원인사를 활용하는 데는 몇 가지 단계를 거칠 필요가 있다. 다루어져야만 할 가장 중요한 요소들 중 하나는 자원인사 준비이다. 실무자들은 자원인사와의 충분한 만남과 대화가 필요하다. 주제, 상호 작용 전략, 자원인사에게 할당된 업무 그리고 교통편과 같은 정보가 계획된 수업이 잘 진전될 수 있도록 자원인사들에게 전달되어야 한다.

만일 가능하다면, 수업당 두 명의 자원인사를 할당하여 스케줄을 세우는 것 또한 좋은 생각이다. 종종 사법 체계를 다루는 사람들이 비상 상황에 대응해야만 하는 경우가 있으며, 개인사정으로 인한 취소도 예상될 수 있다. 경험상 자원인사가 수업을 빼먹으면 참여자들은 크게 실망하고 회의적인 태도를 갖게 된다. 두 명의 자원인사가 번갈아가며 지속적으로 스케줄에 참여하는 것의 장점은 강조하지 않을 수 없다.

2. 논쟁 문제

자원인사들과 최상의 계획을 수립했을 때조차, 다른 이슈들이 문제로 나타날지도 모른다. 예를 들면 수업주제가 매우 논쟁적이고, 자원인사가 쟁점의 양 측면을 다룰 것이라는 기대에서, 그가 어느 측의 의견을 지지하고 있을 경우 프로그램 실무자는 무엇을 해야만 하는가? 우리의 경험에서, 이것을 다루는 가장 좋은 방법은 프로그램에 참여할 법 공동체에서 유사한 지위를 가지지만 전적으로 다른 관점을 가지고 있는 자원인사를 추가로 초청하는 것이다. 이것은 참여자들에게 주제를 보는 균형적인 시각을 제공하며 추가적으로, 다양한 견해를 가진 사람들이 시스템을 다루고 있다는 사실을 그들이 깨닫도록 해 준다.

3. 시간 문제

시간 문제는 켄터키 법교육 프로그램에서도 매우 심각했다. 법교육 프로그램을 실행하는 CDW들은 정상적인 업무스케줄 외에도 24시간 전화상담에 응해야 한다. 사전 프로그램에서 여러 번, CDW들은 24시간 이상의 활동 의무를 마친 후에 저녁 법교육 수업을 수행하도록 강요받았다. 높은 수준의 열정이 유지되어야 하기 때문에 과도한 스케줄은 분명히 프로그램의 성공에 장애요소가 될 수 있다.

다른 주의 법교육 프로그램에서는 CDW들보다 훨씬 많은 사건을 다루는 약물 남용과 비행 사건, 심각한 청소년 범법자 등 각각의 범죄를 전문적으로 다루는 실무자들에 의해 법교육 프로그램이 실행되었다. 시간 속박은 점점 더 문제가 될 것이다. 행정가들이 이 문제를 인정하고 그에 따른 준비를 하는 것은 필수적이다.

켄터키에서, 우리는 이 문제를 치유하기 위한 가장 좋은 방법이 같은 지역사회에서 여러 개인들로 구성된 팀을 훈련하는 것임을 이해하게 되었다. 최근엔 경찰, 사회 활동가, 대학원생 인턴들로 구성된 팀이 CDW들과 지속적으로 훈련하는 경우가 늘어나고 있다. 사법 과정에서, 그들은 프로그램 조직과 수업 공동지도의 책임을 나눈다.

4. 기타 문제들

법교육이 직면한 다른 사소한 문제들의 예는 교통(특히 지방에서), 어떤 논쟁적 주제를 다룰 것인지의 문제 그리고 자원인사로서 이전 교육 수료생을 어떻게 활용할 것인가 등이다. 이 문제의 일부는 해결이 되었고, 다른 부분은 아직 문제로 남아 있다. 교통 문제는 켄터키 법교육 프로그램에서 지속적으로 중대하게 나타났다.

대개, 이 문제들은 지역에서 활동하는 개인들이 해결했다. 프로그램에 대해 논의하고 지원을 이끌어내기 위해 지역 법교육 태스크포스를 구성하는 것이 좋다. 태스크포스는 법 영역을 다루는 전문 영역으로 제한되어서는 안 되며, 지역사회 지도자, 부모 그리고 청소년들로 다양하게 구성되어야만 한다.

Ⅵ. 프로그램의 장점

1. 참가자들과의 접촉 증가

법교육 도입 전에는 대부분의 CDW들은 청소년들을 상담 서비스나 다른 교육 프로그램 등 지역사회의 기존 프로그램들과 연결해 주는 방식으로 우회계약을 맺었다. 전화를 통한 감독은 CDW가 청소년들을 추적하는 수단일 뿐이다. 법교육 프로그램을 통해, CDW들은 담당 청소년들과 '대면접촉'을 할 기회를 더 많이 갖게 되었다. 많은 CDW들은 이것을 프로그램의 중요한 장점으로 보았다.

2. 네트워킹 증가

자원인사들을 통해 프로그램이 진행되기 때문에 다양한 기관들 간의 네트워킹이 증가할 수 있다. 켄터키 법교육 프로그램을 도와주는 자원인사들은 사회복지단체, 법률집행, 체육기구, 사법부, 보건부, 중재조직, 병원, 법률회사, 희생자들의 변호사, 환경기구, 수도관리기구, 주 삼림관리, 상담기구 그리고 다양한 대학의 학과와 같은 다양한 기관들로부터 파견되었다. 앞서 논의한 것처럼, 청소년들은 강압적이지 않은 환경에서 적극적인 방식으로 지역사회 지도자들과 상호 작용하는 것이 큰 도움이 된다. 그러나 이렇게 자신의 시간을 들여 자발적으로 프로그램에 참여한 성인들에게 프로그램이 준 영향에 대해서는 거의 논의되고 있지 않다. 자원인사들은 종종 주저하는 마음으로 프로그램에 참여하고, 어떤 경우에는 청소년들에 대하여 부정적인 태도를 가지기도 한다. 각 수업에 주어지는 상호 작용 시간은 지역사회 지도자들과 다른 자원인사들이 법 영역에서 청소년들에 대한 공감을 증진시켜 줄 수 있도록 한다. 그들은 청소년을 직시함으로써 다양하고 복잡한 문제들을 알게 된다.

예를 들어, 최근의 한 수업에서 자원인사는 참가자가 '구타'를 피하기 위해 패거리 리더에게 상납할 목적으로 현금을 훔쳤다는 것을 알고 충격을 받았었다. 그 참가자는 절도 직후에 체포되었다. 범행 동기에 관한 내용은 이 수업을 통해 처음으로 밝혀진 것이었다. 그 청소년은 마침내 모든 이야기를 이 믿을 만한 인물에게 할 수 있을 정도로 충분히 안정을 느꼈다. 이런 친밀한 만남은 자원인사들이 현재 청소년들이 직면하고 있는 문제들을 분명하게 파악하도록 도와준다. 위의 시나리오에서 자원인사는 처음엔 청소년을 범죄자로 보았으나 신체적으로 위협적인 상황을 피하기 위해 자신이 아는 최선의 행동을 한 것으로 인식을 바꾸게 되었다.

자원인사 개인의 청소년에 대한 이해가 높아지는 것은 기관 전체 차원의 변화로 이어질 수도 있다. 같은 지역사회에서 일하는 기관들은 서로의 역할을 이해하지 못하는 경우가 많다. 협력의 기회가 없다면 이러한 문제는 점점 더 심각해질 것이다. 법교육은 다양한 기관들이 지역사회에서 범죄를 줄이는 동시에 청소년을 교육하고 감독하는 공통의 목표를 위한 연합의 기회를 제공한다. 자원인사들이 청소년 참가자들에게 각 기관의 역할을 설명하는 과정에서, 다른 자원인사들과 법교육 프로그램 실무자들은 해당 기관의 명확한 의무, 권위와 책임의 제한 그리고 그 기관이 직면한 문제들을 이해하게 된다. 요약하자면, 법교육을 통해 지역사회 전체가 다양한 이득을 얻게 된다.

마지막으로, 이와 같은 그룹 형성 증진은 추가적인 협력 프로젝트를 가능하게 할 것이다. 이는 켄터키 법교육의 확장과 프로그램의 다양화에서 분명히 나타난다.

Ⅶ. 켄터키 법교육 확장과 다양화

　전국 청소년 사법 법교육 운동에서 CDW 프로그램의 높은 참여율과 성공에 힘입어 켄터키 대법원 재판장, 로버트 F. 슈테판즈는 법원 행정처 산하에 본격적인 법교육 관련 부서를 만들었다. 이 부서는 켄터키 대법원하에서 개발된 모든 법교육 프로그램을 책임진다. 프로그램의 중요성을 잠재적으로 인정하여, 슈테판즈 재판장은 주를 통틀어 다양한 상황에서 법교육의 발전과 양질의 법교육 프로그램을 유지하는 데 프로그램의 실행가로 도움을 줄 어린이 전문가와 법 전문가를 포함한 26명의 원탁회의 멤버를 조직하고 임명하였다.

　1991년 7월 부서 설립 이래로, 프로그램은 다양한 법교육 활동들에 대해 총 13개의 재정지원을 받았다. 지원대상이 된 프로그램에는 청소년 사법 참가자들을 위한 14개의 훈련 협의회, 자원인사 그리고 공립학교 교육가들을 포함하는 광범위한 법교육 활동 등이 있었다. 또한 주 전체에 거의 50,000명의 중학교 학생들이 참여하여 주의 소년 사법 절차를 자세하게 설명한 법교육 전화 회의도 있었고 초등학교 학생들에게 40,000권의 컬러판 교재를 배포하고 분기별로 전국 2,500명의 전문가들에게 법교육 뉴스레터를 보내는 사업도 지원대상이 되었다.

　상대적으로 짧은 기간 동안, 겨우 걸음마를 시작했던 법교육 우회 프로그램은 괄목할 만한 성장을 이루었다. 프로그램 성공 뉴스는 주 전체로 퍼져나갔고, 법교육 프로그램 다양화를 선도하는 다양한 기관들로부터 문의가 이어졌다. 오늘날, 주는 정규 법교육 활동 실행가, 청소년법정 프로그램 매니저, 정규 학교생활전문가, 6명의 지역 법교육 활동가들, 법교육 방법론을 이수한 63명의 CDW들, 연 4회의 원탁회의 그리고 주 전체에서 일어나는 법교육 활동 추진력을 유지하기 위한 주

대학 통계 학부와의 협력 네트워크를 구축하고 있다.

현재 켄터키 법교육 프로그램 아래 2개의 새로운 프로그램은 좀도둑질 예방과 "Under 18: Under law" 프로그램이다. 두 프로그램은 오리엔테이션, 상호 작용 그리고 주 청소년 사법 과정에 관한 자세한 정보를 청소년들에게 알려주는 예방책이다. 이 프로그램들은 아래에서 간략히 묘사하겠다.

1. 좀도둑질 예방

1991년 1월에, 켄터키 쉘비 마을의 월마트 손실(좀도둑)방지 관련자들은 법교육 운동에 대해 알게 되었다. 그들은 초등학교 학생들을 위한 좀도둑질 예방 프로그램을 고안해 줄 것을 요구했다. 이 관련자들은 9세-12세 연령 범위에 있는 청소년들을 체포하는 경우가 많았고, 따라서 문제에 미리 대처할 수 있기를 기원했다. 역설적으로, 법교육 프로그램 실행가와 청소년 복지부의 감독 스텝은 최근 켄터키 청소년 사법 과정을 윤곽으로 하는 컬러판 책을 개발했다. 좀도둑질을 포함하는 비슷한 문제들이 청소년 사법 과정을 묘사하기 위해 채택되었다. 이 출판물의 내용은 두 부분으로 구성된다. (1) 청소년들에게 켄터키 주 청소년 관련 법률에 있는 권리와 책임 알리기 그리고 (2) 범법 행위로부터 청소년들을 지키기 등이었다.

다음으로, 지역 CDW 사무소, 경찰서와 결합한 월마트는 Shelby 카운티 초등학교들에 좀도둑질 예방 프로그램을 도입했다. 위에 서술된 기관들에서 파견된 사람들로 구성된 팀들은 직접 개개의 교실과 청소년들을 방문하여 학생들과 함께 교재에 제시된 학습과정을 진행하였다.

각각의 대표자들은 청소년들에게 좀도둑 사건과 관련하여 그들의 활동을 강조하고 브레인스토밍 활동, 역할 놀이 그리고 가게 보안 카메라, 감시거울, 텔레비전 모니터, 심지어 수갑 등을 직접 만져보면서 수업에 적극적으로 참여한다. 참여자들은 사건이 우회 과정이나 공식 법정 출두 과정에서 어떻게 진행되는지 알게 된다. 교재에 실린 글들을 통해 학생들은 프로그램이 의도하는 범죄예방의 메시지를 더 강하게 인식하게 된다.

초기의 예비 프로그램 동안, 교재는 켄터키 쉘비 카운티 750명의 학생들에게 제공되었다. 평가는 프로그램을 위해 대단한 열정을 보인 학교 교사와 교장들에 의해 이루어졌다. 가장 중요한 것은 지역구 CDW에서 예방 프로그램이 타깃으로 정한 연령대 그룹에서 좀도둑질이 현저하게 줄었다고 보고한 것이다.

프로그램 시작 이래, 월마트 직원, 지역 법집행부 관련 공무원 그리고 CDW들이 주 사법부에서 주관하는 프로그램을 확대 보급하기 위해 훈련되었다. 매년 4,000부 이상 발행된 교재는 3-6학년의 초등학교 학생들에게 전달되었다.

2. "Under 18: Under law"

"무단결석을 한 아동에게 무슨 일이 일어나는가?" "기물파괴행위로 당신은 감옥에 갈 수 있는가?" 이 질문들과 많은 다른 질문들은 1993년 4월 20일에서 21일 사이에 켄터키 교육 방송에서 방영된 전화 토론 2부작 "Under 18: Under law"에서 중등학교 학생들을 위해 답변되었다(Williamson, Hinkle, McCarty & Nally, in press). 그것은 켄터키 최초의 법교육 방송이었다. 그 방송은 제럴드 갈트 사건과 켄터키의 유사한 청소년 사법 사건들에 초점을 맞추었다. 25,000명 이상의 학생들이 첫 방송 동안 432개 지역에서 방청 등록을 했다.

학생들은 청소년 사법 체계의 일반적 구성에 관한 것을 배웠다. CDW의 역할과 우회 과정이 작동하는 방법을 알게 되었다. 학생들은 시나리오를 활용하여 CDW의 역할을 해보는 기회를 가졌고, 어떤 사건이 우회교육의 대상이 될 수 있는지 없는지 판단해 보는 경험도 했다.

전화토론에 참여한 교육가들은 높은 점수를 부여했고 다른 주제와 관련된 방송을 만들어줄 것을 요구하였다. 방송은 1994년 4월과 1995년 2월에 재방영되었다. 이 기고에서는, 공식 법정에서 청소년 사법 절차에 초점을 맞추어 Part 2를 만들 계획을 밝힌다.

Ⅷ. 결 론

1990년대 청소년 문제들은 청소년 사법 프로그램 운영자와 실무자들에게 낡아빠진 형태를 부수고 창의성을 발휘할 것을 요구했다. 법교육은 이에 새로운 대안이 될 수 있을지도 모른다. 법교육은 독특하다. 그것은 책임성과 억제와 같은 전통적 청소년 사법 프로그램의 씨줄을 전략 학습에서 상호 작용의 중요성 같은 새로운 날줄과, 지역사회의 주인으로서 긍지와 자부심을 가지고 교육에 봉사해 온 실천가들의 지혜가 어우러져 만들어 낸 훌륭한 직조물이다. 법교육은 오늘날의 청소년들에게 재활의 망토를 제공한다. 법교육에는 그럴 만한 힘이 있다.

참고문헌

Arbetman, L. & Roe, R.(1985). *Great trials in American history.* St. Paul, MN: West Publishing.

Caughey, P.(1993). Project Prince: The classroom beat. *Summit,* 11, 2−6.

Center of Civic Education(1992). *Drugs in the schools: Preventing substance abuse.* Calabasas, CA: Center for Civic Education Printing.

Clary, S. & Isaacs, P.(1991). *Kentucky juvenile law.* Cleveland, OH: Banks and Baldwin Law Publishing Co.

Curd−Larkin, M.(1982). The street law difference: A diversion program for first offenders. *New Designs for Youth Development,* September / October, 21−24.

Hirschi, T.(1969). *Causes of delinquency.* Berkeley, CA: University of California Press.

National Training and Dissemination Program(1993). *Law −Related Education for Juvenile Justice Settings.* Washington, DC: Office of Juvenile Justice and Delinquency Prevention.

Ross, R.(1990). *Time to think: A cognitive model of offender rehabilitation and delinquency prevention.* Research summary, University of Ottawa.

Williamson, D., Hinkle, H., McCarty, J. & Nally, J.(In press). *Under eighteen, under the law: Kentucky explores telecommunications as a vehicle to teach LRE.* Chicago: American Bar Association.

Williamson, D., Young, C.(1992). Law−related education as diversion option for juvenile offenders in Kentucky. *Journal for Juvenile justice and Detention Services,* 7, 16−19.

우회 법교육과 청소년 범죄자의 사회적 지각 및 자아 인식 간의 관계

"우회 법교육과 청소년 범죄자의 사회적 지각 및 자아 인식 간의 관계"

JAMES W. FOX, KEVIN I, MINOR and WILLIAM L. PELKY

Ⅰ. 서 론

Lipton, Martinson, Wilks 등의 연구(1975)에 의해 영향을 받아 한때 유행한 교정 프로그램이 효과가 없다는 명제는 오늘날 청소년 사법에서는 주류가 아닌 듯하다. 근래의 연구에서 청소년 범죄자의 행동과 인지에 긍정적인 효과가 있는 몇몇의 프로그램을 찾을 수 있다(예를 들어 Andrews 등, 1990: Fagan, 1990: Garrett, 1985: Gendreau & Ross, 1979, 1989: Van Voorhi, 1987). 연구자들은 프로그램이 어떤 조건에서 어떤 사람들에게 효과적인가에 중점을 두고 있다(예를 들어 Andrews et al,

1990: Gendreau & Ross, 1983: Lipsey, 1992: Palmer, 1983, 1991: Wooldredge, 1988). 법교육이 청소년 사법에서 인지적 개입 수단으로 각광받고 있음에도 불구하고(Arbuthnot & Gordon, 1998; Gendreau & Ross, 1987; ross, Fabiano & Ewles, 1988a; Ross, Fabiano & Ross, 1988b), 연구 논문에서는 별다른 관심을 받지 못하고 있다.

켄터키의 우회 법교육 프로그램은 법에 대하여 현실적인 이해와 존중감을 가진 청소년들이 법을 덜 위반할 것이라 전제하고 있다(Buzzell, 1992; Williamson, Chalk & Knepper, 1993). 이러한 전제의 결과로 우회 법교육 프로그램은 다른 사람들에 대한 사회적 지각과 비행 행동에 반하는 자아 인식을 가르치고자 한다. 프로그램은 전국적인 혁신이었고 청소년의 인식을 증진시키려는 측정가능한 목적을 가지고 있다. 본 연구에서는 켄터키 법원 행정처 산하 청소년부(Juvenile Services Division of Kentucky's Administrative Office by the Court)에 의해 제공된 법교육 프로그램을 받은 청소년들의 사회적 지각과 자아 인식을 검토한다.

청소년 관련 사건의 대다수가 우회교육 과정을 거치게 되고, 그 우회교육 프로그램들이 재범을 막는 데 어떤 효과가 있는지 의문이 제기되고 있는 상황이라는 점을 감안해 보면(Jensen & Rojek, 1992; Selke, 1982; Siegel & Senna, 1994), 더 효과적인 우회교육 수단을 개발하는 것은 중요한 문제라고 할 수 있다. 1970년대에 시작 초기부터 법교육 프로그램은 학교에 기반을 둔 비행 예방 프로그램으로 적용되어 왔다(Buzzell, 1992). 법교육이 소년원 맥락 속에서 연구되어 왔음에도 불구하고(Buzzell, 1998), 법교육이 소년법원의 우회교육 프로그램으로 활용될 가능성에 대한 연구는 거의 없다. 본 연구는 법교육이 우회교육의 영역을 확장시키는 의미 있는 대안이 될 수 있을 것인지 탐색해 볼 것이다.

Ⅱ. 이론적 틀

Huner(1987)는 법교육에 대한 긴장이론, 낙인 이론, 사회 통제 이론의 응용가능성을 논의하였다. Williamson과 Young(1992)은 차별적 교제 이론의 타당성을 논의하였다. 이러한 경향 중에서 통제이론, 낙인 이론은 사회적 지각과 자아 인식에 관한 켄터키 프로그램의 초점과 일치한다. 프로그램은 Ross 등(Ross et al, 1988b)의 인지 모형과 일치하며 참여 학습을 강조한다는 점에서도 최근 교육계의 경향과 일치한다.

1. 통제 이론

허쉬의 통제 이론은 청소년들이 가족, 학교와 같은 통상적인 사회제도와 유대가 강한 경우 법을 거의 위반하지 않는 반면 유대가 약해지면 비행 행동을 한다는 것이다. 허쉬의 이론의 기본 명제는 상당히 많은 경험적 지지를 얻고 있다(Agnew, 1985; Caplan & LeBlanc, 1985; Elliott, Huizinga & Ageton, 1985; Gardner & Shoemaker, 1989; Hindelang, 1973; Wiatrowski Griswold & Roberts, 1981). 유대의 강함과 약함의 여부는 기본적으로 사회화에 달려 있다. 사회적 유대는 네 가지 요소로 구성되어 있다.

(1) 청소년으로부터 책임 있는 행동, 준법 행동을 원하는 사람들의 기대에 대한 애착이나 민감성

  (2) 청소년이 생활에서 친사회적인 성취를 통해 발전시키는 법에 대한 헌신이나 이해관계

  (3) 청소년의 친사회적 추구에 의한 관여나 시간과 열정, 헌신

  (4) 법은 준수할 만할 가치가 있다는 신념이나 태도

이러한 요소들은 한 측면에서 청소년이 높은 수준에 있다면 마찬가지로 다른 측면에서도 높은 수준에 있을 것으로 가정된다. 예를 들어 헌신은 관여와 관련되어 있으며 모든 요소들은 애착과 관련되어 있다.

켄터키의 우회 법교육 프로그램은 다음의 수단을 통해 애착을 강화시키도록 계획되었다.

(a) 사회에서 요구하는 책임 있고 법을 준수하는 태도와 행동이 어떤 것인지 분명하게 정의 내린다. (b) 이러한 기대에 부응해야 하는 청소년의 사회적 의무를 강조한다. (c) 부모, 교사, 법적 권위체, 또래 사회 구성원과 같은 일반적인 사회 집단에 대한 청소년의 인식을 개선시킨다. 만약 청소년이 이러한 다른 사람들에 대하여 보다 긍정적인 인식을 발전시킨다면, 청소년들은 이들의 기대에 대하여 보다 민감해질 것이고, 좀 더 이러한 기대에 충족하기 위해 노력할 것이고, 범법 행동을 하기 전에 다른 사람들의 원하는 것을 고려할 것이다.

이론상으로, 만약 청소년들이 통상적인 기대에 부응하기 시작하면, 법 준수를 위한 헌신은 증가할 것이다. 마찬가지로, 이러한 기대들에 부응하는 것은 준법 행동(관여)에 시간과 열정을 보다 투입한다는 것을 가정한다. 실제로 법교육에 있어서 다양한 참여 행위는 관여를 나타낸다. 프로그램은 법은 따를 만한 가치가 있다고 청소년을 설득하고, 모든 시민들이 준수해야 할 책임을 강조하여 신념의 변화를 유도한다. 법률 공무원에 대한 틀에 박힌 부정적인 인식을 바꾸는 것은 신념을 바꾸는 것에 있어서 중요하다.

2. 낙인 이론

낙인 이론은 Becker(1963), Cicourel(1968), Schur(1973) 같은 학자들의 연구에서 알 수 있듯이, 청소년 사법제도를 통한 공식적인 절차를 거친 청소년들이 범죄를 더 저지르게 되는 부정적인 결과를 가질 수 있다고 주장한다(Paternoster & Iovanni, 1989). 상징적인 상호 과정의 이론 기반에서, 사법 절차 동안 사법제도 공무원들과의 사회적 상호작용, 특히 청소년이 자신에 대한 자아 인식 관계를 어떻게 주관적으로 해석하느냐에 따라 부정적인 결과가 일어나기도 하고 일어나지 않기도 한다고 낙인 관점은 주장한다(Lemert, 1951). 만약 사법 절차가 부정적이고, 굴욕적이고, 낙인찍는 과정이며, 지나치게 위협적이라고 해석되면, 청소년 자아 이미지와 권위의 형상에 관한 청소년들의 인식은 부정적이 될 것이다(참조 Farrington, 1977; Jensen. 1972, 1980). 켄터키 법교육 프로그램은 이러한 낙인 이론을 고려하여 청소년들을 통상적인 사법 절차에서 분리하여 다룰 뿐 아니라 과정 자체에 보다 건설적인 대안을 제시하여 이러한 부정적 영향들을 제거하려고 하였다(MaCarthy & MaCarthy, 1991).

켄터키의 프로그램은 위협적이지 않으며, 굴욕적이지 않고, 낙인의 효과를 갖지 않도록 고안되었다(Williamson & young, 1992). Hunter와 Fox가 언급한 바와 같이, 프로그램은 청소년들이 범죄행위로부터 벗어나도록 충격을 주기 위해 위협, 협박, 직선적 위협형 전술을 사용하지 않는다(Finckenauer, 1982). 법과 사법제도에 대하여 지나치게 이상적이고 공상적인 이미지를 나타내려 하지 않으며, 사법제도의 문제점을 무시하거나 경시함으로써 청소년들을 현혹시키지도 않는다. 이것은 청소년들에게 사법제도의 현실적 이해와 이것의 몇 가지 한계를 위협적이지 않은 방법으로 제공하고자 한다. 청소년들과 공식적인 사회 통제

관리자 사이의 긍정적인 상호 작용은 청소년의 자아 인식 발달과 청소년과 법률 관계자 사이의 친밀감을 증진시킨다.

3. 인지모형

Ross 등(1988b)의 인지 모형에서 범죄자의 사고방식은 범죄 행동방식을 이해하고 바꾸는 데 있어 중요 요소라고 주장한다. '범죄를 유발시키는 생각'은 청소년들이 비행을 저지를 위험성을 높이게 되므로, 이러한 사고방식을 변화시키면 행동도 변화하게 될 것이다(Arbuthnot & Gordon, 1988). 이 이론에서는 많은 비행청소년들이 순응적이고 친사회적인 행동패턴에 필요한 인지 기술을 제대로 습득하지 못하고 있다고 주장한다. 구체적으로, 문제나 타인과의 분쟁에 직면한 청소년은 먼저 대안적 해결책이나 충동적인 행동이 자신과 타인에게 가져오게 될 결과에 대해 숙고해 보지도 않고 충동적으로 행동할 것이다. 사회적 인식에 적용해 보자면, 이러한 논리는 비행청소년들이 타인의 관점을 정확하게 이해할 능력을 발달시키지 못했다는 주장을 펴게 된다. 지나치게 자기중심적이고 타인에 대한 공감이 부족한 상황에서 이러한 청소년들은 자신의 행동이 타인에게 미칠 영향을 예상하지 못하고 타인의 의도나 메시지, 행동들을 끊임없이 오해하게 되며 결국 전반적으로 부정적인 사회인식을 갖게 된다.

Ross 등(1988b, p.45)은 "성공한 프로그램은 대부분 하나의 공통점을 가지고 있는데 그것은 이 프로그램들이 비행청소년의 생각에 영향을 주는 방식을 택했다는 점이다."라고 말했다. 성공적인 프로그램들은 '치료가 아니라 훈련과 교육이라는 방식'을 택한다. 요약하자면 인지 모델은 교정 프로그램들이 청소년들에게 자신과 타인의 행동을 이해하는 다른 방식들을 가르치는 과정을 통해 청소년들이 사회적 기대, 의무, 규칙 그리고 법에 따르는 행동을 하도록 해야 한다는 것이다. 켄터키 주의 법교육 프로그램은 청소년들이 충동을 억제하고 문제해결 기술을 습득하고 타인에 대한 공감을 증진시키도록 했다는 점에서 이러한 철학을 충실히 이행하고 있다. 사실, 이 프로그램은 이러한 기본적인 속성들이 미국 형법 자체에 반영되어 있다는 가정하에 만들어진 것이다.

4. 능동적 학습

켄터키의 프로그램은 많은 호응을 얻고 있는 교육 철학에 기초를 두고 있다. 이는 학습과 태도 변화는 학생들이 강의를 수동적으로 받아들일 때보다 학생들이 수업에 도움을 주며 교육 진행 과정에 활발히 참가할 때 더 많이 일어난다는 것이다(Astin, 1985; Chickering & Gamson, 1987; Cross, 1987; McKeachie, Pintrich, Lin & Smith, 1987). 법교육 프로그램에서 적극적인 관여는 학생들이 수업을 받는 양과 비슷한 수준의 과제를 수행한다는 것을 의미하며(예: 토론, 비평, 역할극, 글쓰기, 적용, 계획, 의사결정), 이러한 활동들에 대해 성찰해 볼 기회를 갖는다는 것을 의미한다. 모든 청소년들이 법교육에 적절한 배경 경험을 가지고 있고 주의집중 시간이 얼마 되지 않기 때문에 수업시간 중에 수동적인 관객 역할에 머무르도록 해서는 안 된다. 만약 이러한 수동적 수업참여가 강제된다면 학생들은 흥미와 집중력을 잃어가게 될 것이다. 더구나 학습 대상이 되는 정보를 만들어 내는 데 학생들이 참여하지 못한다면 학생들은 그 정보로부터 소외될 것이다. 학생의 생활 맥락과 관련된 흥미로운 정보를 가진 법교육 교수 활동 모형은, 학생들의 배경 경험을 신체적, 심리적으로 끌어들여 학생들이 학습 경험에 몰두하도록 만든다. 이러한 상황에서, 학습은 학생들이 사람, 사건, 맥락을 이해하고 인식하는 태도에 변화를 가져오게 된다(cf. Young & McCormick, 1991).

Ⅲ. 선행연구

법교육을 청소년사법제도에 활용하는 것에 관한 연구결과는 거의 없다. 학교에서의 법교육 수업에 관해서는 긍정적인 연구결과들이 보고되고 있다(Hunter, 1987; Jacobson & Polansky, 1981). 이 결과들에 의하면 수업을 받은 학생들은 비행경향성이 감소하고 학교당국이나 학업, 법에 대해 긍정적인 태도를 갖게 되었다고 한다. 버젤(Buzzell, 1988; 1992)은 또한 법교육을 아이오와 주 소년원에 적용한 경험을 바탕으로 한 연구에서 청소년들의 태도와 동료에 대한 상호 작용에서 긍정적인 결과가 나타났다고 보고했다. 이와 같은 결과를 바탕으로 법교육을 통한 우회교육이 좋은 결과를 가져올 것으로 예상해 볼 수 있을 것이다.

직접 법교육 영역을 다룬 것은 아니지만 우회교육을 통한 비행청소년들의 태도와 인식 변화를 다룬 연구들은 서로 엇갈린 결론을 내리고 있다. 예를 들어 워미스(Wormith, 1984)는 그룹토론에 참여한 비행청소년들이 개인적 책임감, 법에 대한 존중, 자기절제 등의 성향을 기르게 되었다는 사실을 발견했다. 게다가 로스 등(Ross et al, 1988a)은 문제와 분쟁해결, 개인존중, 연민 등의 사회적 기술에 중점을 둔 인지적 훈련에 의해 보호관찰대상자들의 재비행이 상당히 감소될 수 있음을 발견했다. 반대로 마이너와 엘로드(Minor and Elrod, 1994)는 직업훈련, 야외활동, 가족 상담 등으로 이루어진 법원 주도의 프로그램이 보호관찰대상 청소년들의 자기인식이나 법 기관에 대한 인식에 별다른 영향을 미치지 못했음을 발견했다.

마이너, 카, 데이비스(Minor, Karr, Davis, 1984)는 이 연구에서 사용되고 있는 방법과 매우 유사한 의미분화법을 활용하여 재소 중인 비행 청소년들과 일반 고등학생들의 사회적 인식과 자기인식을 비교하였다.

자기인식에 있어서는 집단 간에 유의미한 차이가 발견되지 않았다. 그러나 전체적으로 고등학생들이 재소 중인 청소년들보다 경찰관, 사회기관종사자, 소년법원 판사, 교정기관 직원들에 대해 상당히 더 긍정적인 인식을 보여주었다. 성인 범죄자들에게서도 비슷한 결과가 보고되었다(Chang, 1977; Chang & Iacovetta, 1981; Chang & Zastrow, 1976). 이러한 결과에서도 알 수 있듯이 비행감소를 위한 개입은 이러한 개입을 하는 공직자들에 대한 인식이 우호적이지 않은 상황에서는 제대로 효과를 발휘할 수 없다. 비행자들의 사회적 인식 변화는 교정의 성공을 위한 선결조건이다. 켄터키 주의 법교육 우회교육 프로그램은 소년 사법 체계에 접하는 초기에 이러한 인식을 바꾸어 이후 다시 재범을 저지르는 것을 막으려는 의도로 만들어졌다.

IV. 프로그램의 개요

켄터키 주 의회에서 1986년 통과된 법안에 의거하여 주 전역에 법원 행정처 소년부 산하에 법원지정직원(Court Designated Worker, CDW) 프로그램이 만들어졌다. CDW 직원들은 전미변호사협회의 기준을 바탕으로 만들어진 통일된 범주에 의거하여 정규 사법 절차에서 우회될 사건들을 선정한다. 이들은 또한 우회 계약을 맺고 감독하는 일도 맡는다. 1990년에 소년부는 전국 법교육 훈련 및 확산 프로그램(National Training and Dissemination Program, 1983년 OJJDP에 의해 시작된 프로그램)으로부터 재정지원을 받아 법교육을 CDW 프로그램의 우회교육 옵션 중 하나로 도입했다. 이듬해에 법교육은 공식적으로 프로그램에 포함되었다(Williamson et al, 1993). 12세에서 17세 사이의 비행자로 우회교육 대상자에 해당되는 청소년은 누구나 법교육에 참여할 수 있다. 참여 동의는 CDW 직원과의 사전 협의에 의해 이루어진다.

켄터키 주의 사례에서 나타난 바와 같이, 법교육에서는 청소년들에게 법, 사법 절차, 미국의 정부체계에서 책임 있는 시민의 행동원칙 등에 대해 가르친다. 다루어지는 주제의 예로는 규칙, 권위, 정의의 개념, 적법절차, 책임, 의사결정, 충동절제, 문제해결, 상대방의 입장이 되어 생각해 보기 등이 있다. 또한 약물중독 관련 교육이나 지역사회 문제에 대한 교육도 포함될 수 있다. 잘 훈련된 CDW 직원은 흥미도가 높은 주제나 참여수업, 현장학습, 다양한 자원인사(예를 들어 법 관련 공무원, 변호사, 판사 등)를 통한 상호 작용을 활용하여 수업을 진행한다.

Ⅴ. 연구계획

이 연구의 대상이 되는 프로그램은 1992년 후반에서 1993년 초반 사이에 각기 다른 켄터키 주 내 5개 지역에서 이루어진 주간 법교육 수업들이다. 세 곳에서는 각각 하나의 그룹이 있었고 나머지 두 곳에서는 두 그룹씩이 있어서 전체적으로 일곱 그룹이 연구대상이 되었다. 각 그룹은 12회의 수업을 받았다. 각 그룹은 처음 비행을 저지른 청소년들로 구성되어 있었다.

유사경험적 방법[22]으로 사전-사후 검사가 집단 간 비교를 위해 이 연구에서 사용되었다. 법교육에 참여한 모든 비행청소년들(57명)에 대해 사회적 인식과 자기인식에 관련된 사전검사가 실시되었다. 그러나 두 곳에서 CDW 담당자가 실수로 검사를 받지 않은 상태에서 24명의 청소년들을 풀어줘서 사후검사는 33명(57.89%)에 대해서만 실시되었다. 이 논문의 다음 절에서 제시된 사회적 인식과 자기인식 자료는 사전 사후 검사자료가 모두 있는 33명의 법교육 참가자와 비교집단으로 선정된 28명의 공립학교 학생들로부터 모은 것이다.

통제집단의 학생들은 법교육 수업에 참여하고 있는 세 지역의 학교들

---

22) 유사경험적 방법, 혹은 유사실험적 방법(quasi-experimental method)은 사전-사후 검사를 통해 경험적으로 데이터를 다루지만 실험연구에서 기본이라 할 수 있는 변수통제나 집단에 대한 무선할당 등이 이루어지지 않은 상태에서 데이터가 수집되는 경우를 말한다. 법교육은 실제 비행청소년 등을 대상으로 한 프로그램의 일부로 시행되는 경우가 많기 때문에 연구를 목적으로 대상을 재배치하거나 특정 대상을 제외, 또는 포함시키는 것이 매우 어렵다. 또한 윤리적으로도 문제가 될 소지가 있어 대부분의 법교육 관련 경험연구들은 유사경험적 방법을 택하고 있다. 쉐이버(Shaver, 1984)는 이런 점을 들어 법교육 효과 연구를 강하게 비판하기도 했다. 변수가 통제된 상황에서 이루어진 실제 실험연구 관련 데이터와 결과는 졸저 『법의식과 법교육』(2007)을 참고하기 바람(역주).

에서 각각 선정하였다. 앞서 말한 사후검사자료를 수집하지 못한 지역들은 제외했다. 통제집단은 자원자 중 연령, 인종, 성별 등 인구학적 변인들이 법교육을 받은 청소년들과 동일한 학생들을 골라 선정하였다. 실험집단과 통제집단의 청소년들은 모두 12세에서 17세 사이였으며 평균(mean)은 15.24세였다. 대상자의 다수는 백인(91.76%)이고 남성(68.24%)이었다.

1. 자료수집

부록 A에 제시된 의미분화척도는 대상자들의 사회적 인식과 자아인식에 대한 자료를 수집하는 데 사용되었다. 이 척도는 오스굿, 수시, 탄넨바움(Osgood, Suci, Tannenbaum, 1957)의 연구에 기반을 두어 만들어졌으며 다음의 세 가지 이유에서 이 연구에 사용되었다. (1) 이 방법으로 의식의 방향성과 정도를 모두 측정할 수 있고 (2) 상대적으로 빠르고 간편해서 읽고 이해하고 응답하는 데 오래 집중하지 못하는 대상에게 적합하며 (3) 약간 수정된 버전으로 비행청소년의 의식에 관한 선행 연구에서 폭넓게 사용되고 인정되어 온 방법이다(Chang, 1977; Chang & Iacovetta, 1981; Chang & Zastrow, 1976; Minor et al, 1984).

부록 A에서 확인할 수 있는 바와 같이 이 척도는 정반대의 의미를 가진 한 쌍의 형용사들로 이루어진 18개의 문제로 구성되어 있다. 이 형용사들은 척도의 맨 위에 제시된 개념에 관한 것이다(하나의 척도 또는 페이지마다 하나의 개념이 제시되어 있음). 각 주제는 (1) 나는 (2) 판사는 (3) 학교 선생님들은 (4) 우리 부모님들은 (5) 우리 이웃들은 (6) 경찰관들은 (7) 나의 가장 친한 친구는 등의 일곱 가지 개념에 대해 묻고 있다. 첫 번째 개념은 자기인식을 평가하는 것이며 나머지는 사회적 인식을 평가하는 것이다. 대상자들은 나란히 놓인 두 형용사 사이에서 평가를 내리게 된다. 한 페이지당 열여덟 가지 척도를 묻는 모든 평가들은 5점 척도로 이루어져 있고 가장 부정적인 평가일 경우 왼쪽 1점에, 가장 긍정적인 평가일 경우 오른쪽 5점에 가깝게 평가를 내리게 된다. 따라서 하나의 개념에 대한 평가점수는 최하 18점에서 최대 90점 사이에 놓이게 된다.

최초의 법교육 수업 전에 본 연구의 교신저자는 각 연구지를 직접 돌아다니면서 일곱 그룹의 법교육 참가자들과 세 그룹의 통제집단 대상자들에게 각각 검사를 실시했다. 검사 때마다 일관되게 다음과 같은 과정이 반복되었다. 교신저자는 자신이 사법 체계로부터 독립적인 연구자라고 소개했다. 그는 대상자들에게 이 연구의 목적이 대상자들의 자신과 타인에 대한 관점을 알아보기 위한 것이라고 설명했다. 또한 익명성의 보장을 약속하고 솔직하게 자신의 의견을 표현해 줄 것을 부탁한 후, 질문지에 표시하는 방법과 필요하다면 도움을 제공할 수 있음을 설명했다. 12주간의 법교육 수업이 종료되고 난 후 법교육 참여자들에 대한 사후검사에서도 이와 같은 방법으로 조사가 이루어졌다(법교육 참여자들은 사전 사후 검사에서 자료를 짝 지을 수 있도록 사회보장번호의 마지막 네 자리 수를 쓰도록 했다.). 앞서 밝힌 바와 같이 사후검사는 처음에 사전검사에 참여했던 57명의 참여자들 중 33명(57.89%)에게만 실시되었다.

통상적으로 청소년들이 켄터키 경찰과 계약을 맺을 때에는 CDW직원에게도 통고된다. 따라서 의미분화척도에 따라 수집된 법교육 참여자에 관한 정보는 CDW직원에게도 통고되어, 교육프로그램 이수 후 1년 이내에 행한 새로운 범죄에 관한 참고자료가 된다.

Ⅵ. 연구결과

1. 척도의 신뢰도 분석

7개 척도로 이루어진 설문지의 내적 일치도를 평가하기 위해 법교육 사전검사, 사후검사, 통제집단 자료에 대해 크론바흐 알파 내적 일치도 (Cronbach, 1951)가 각각 측정되었다. 여기서 측정된 내적 일치도가 표 9-1에 제시되어 있다. 세 가지 자료들 모두에서 높은 내적 일치도가 확인되었다.

<표 9-1>

α 신뢰도 계수

척 도	법교육 사전검사	법교육 사후검사	통 제
나	.65	.89	.82
판 사	.87	.87	.87
교 사	.88	.89	.89
부 모	.83	.90	.92
이 웃	.91	.94	.92
경 찰	.93	.94	.93
친 구	.82	.91	.91

검사 시기의 차이에 따른 측정의 안정도를 확인하기 위한 반복검사 신뢰도도 측정되었다. 법교육에 참가한 학생들 각각의 사전검사척도와 사후검사척도로부터 18개의 응답들을 추출하여 척도합계를 냈다. 사전 척도 합계와 사후 척도 합계를 상호 연관시킨 자료로부터 피어슨과 스 피어만 상관계수가 도출되었다(예를 들어 '나는'이라는 척도의 사전검 사 점수 합계와 사후검사 점수 합계가 짝 지워졌다.). 이 상관계수는

표 9-2에 제시되어 있다.

표 9-2에 제시된 피어슨 상관계수에 의하면 '나는'과 '친구' 척도를 제외한 나머지 척도들에서는 반복검사 시 허용가능한 안정도를 보이고 있다. 하지만 이 상관계수들은 사후검사점수가 법교육 프로그램에 영향을 받았을 가능성을 측정할 수는 없다. 따라서 대상자들의 사전-사후 등수에 기반을 둔 스피어만 상관계수 또한 표 9-2에 제시되었다. 이 자료들도 피어슨 상관계수와 같은 패턴을 보이고 있다. 따라서 '나는' 과 '친구' 척도는 안정성에 문제가 있는 것으로 보인다.

<표 9-2>

t 검정 신뢰도 계수

척 도	사전-사후 피어슨	사전-사후 스피어만
나	.19	.24
판 사	.59	.40
교 사	.37	.33
부 모	.54	.51
이 웃	.37	.33
경 찰	.41	.30
친 구	.25	.21

2. 분석 및 발견결과

집단 평균은 척도 점수 합계를 기준으로 했다. 표 9-3의 첫 번째와 두 번째 숫자열들은 법교육에 참여한 33명의 참여자들의 사전검사와 사후검사 평균을 각각 나타낸다. 세 번째 열은 통제집단의 평균들이다. 표의 오른쪽 세 개의 열들은 일곱 가지 척도에 대한 세 가지 집단 세트의 t-test 비교결과를 요약한 것이다. 첫 번째는 법교육을 받은 집단의 사전검사와 통제집단, 두 번째는 법교육을 받은 집단의 사전검사와 사후검사, 세 번째는 법교육을 받은 집단의 사후검사와 통제집단의 자료를 비교한 것이다.

<표 9-3>

집단 간 평균 비교(점수 분포=18~90)

척도	평 균			t 값		
	법교육 사전검사	법교육 사후검사	통제	법교육 사전검사 & 통제	법교육 사전검사 & 법교육 사후검사	법교육 사후검사 & 통제
나	64.33	68.64	71.93	3.78[**]	2.11[*]	1.26
판사	71.42	73.48	74.29	0.99	1.07	0.29
교사	59.36	66.12	65.43	1.90	2.61[*]	0.23
부모	68.36	73.97	78.54	3.26[**]	2.41[*]	1.42
이웃	55.09	61.97	66.79	3.18[**]	1.88	1.23
경찰	52.30	65.58	68.71	3.96[**]	3.83[**]	0.79
친구	67.50	67.48	73.96	2.08[*]	0.77	1.57

*p〈.05 전통적인 기각값[23)]에 비교한 것
**p〈.05 전통적인 기각값과 본페르니 기각값을 비교한 것

복합 t-test 설계이기 때문에 표 9-3에 제시된 t 값들은 본페로니 t 분산값(Bonferroni t distribution: Huitema, 1980, pp.365-382)과, 이보다는 덜 보수적인 통상 t 값에 의해 평가되었다. 복합 통계 비교가 이루어질 경우 획득된 t 값이 통상값들에 의해 평가된다면 통상값들은 각 개별 t-test 값들에 대해 선택된 알파 수준(이번 경우 .05)에서 1종 오류 수준을 유지하게 된다. 그러나 이 값들은 전체 자료세트에서 하나나 그 이상의 값들이 .05 수준에서 1종 오류를 일으킬 가능성을 배제할 수 없다. 반대로 본페로니 t 분산은 비교의 숫자와 표집 수를 고려한 자유도 수치가 고려되기 때문에 전체 집단의 오류 수준을 .05로 유지한다. 따라서 표 9-3에서 통상값에서는 유의미하지만 더 보수적인

---

23) 기각값(critical values): 어떤 현상의 성질에 변화가 생기거나 그 성질을 지속할 수 있는 경계가 되는 상태에 있을 때 x 값(역주).

본페로니 수준에서는 유의미하지 않은 것으로 나타난 비교값들은 하나나 그 이상의 값들이 1종 오류를 범했을 가능성이 있으므로 해석에 주의해야 한다.

표 9-3의 법교육 사전검사 평균은 대상자들이 법교육을 받기 이전에 어떤 척도에 대해서도 그다지 긍정적인 인식을 갖지 않았음을 보여준다. 73에서 90 사이의 1/4 범위에 든 값은 하나도 없었다. 여섯 개의 척도들은 55에서 72 사이의 2/4 범위 내에 들었으며 경찰관들에 대한 척도만이 그다음 3/4 범위에 포함되어 가장 낮은 값을 보였다. 대부분의 값에서 법교육 대상자들의 사전검사 인식은 통제집단의 인식보다 낮았으며 특히 부모, 이웃, 경찰관에 대한 인식이 낮았다. 통제집단의 판사, 부모님, 가장 친한 친구에 대한 인식이 1/4 범위에 포함되었다는 점이 눈길을 끌었다. 본페로니 값으로 평가해 보면 통제집단에 비해 법교육 대상자들은 자기 자신, 부모님, 이웃, 경찰관들에 대해 상당히 낮은 인식을 가지고 있었다. 통상값으로 평가해 보면 법교육 대상자들은 가장 친한 친구에 대해서도 낮은 사전 인식을 가지고 있었다.

표 9-3은 법교육 집단이 각 척도에서 사전-사후 검사를 통해 긍정적인 변화를 보였다는 것을 알려준다. 가장 큰 변화는 경찰관에 대한 인식(13.28)에서 나타났으며 판사, 부모님에 대한 인식도 1/4 범위 안으로 이동했다. 자기 자신, 교사, 부모님, 경찰관에 대한 인식 변화는 모두 보수적인 수준에서 통제적으로 유의미하였다. 그러나 더 보수적인 본페로니 수준을 적용할 경우 경찰관에 대한 인식변화만이 유의미한 것으로 나타났다.

표 9-3의 마지막 열에서 알 수 있는 바와 같이 모든 척도에서 법교육 대상자들의 사후검사 인식은 통제집단의 인식과 통계적으로 유의미한 차이가 없는 것으로 나타났다. 법교육 대상자 사전검사와 통제집단에 대한 비교에서 나타났던 인식 차이는 사후검사에서는 차이가 없는 것으로 나타났다.

경찰로부터의 자료는 매우 고무적인 사실을 알려주었다. 법교육에 참가한 57명의 참여자 가운데 법교육 후 1년 내에 재비행을 저질러 CDW에 재소환된 숫자는 단 여섯 명(10.53%)뿐이었다.

VII. 요약 및 결론

비행청소년들을 위해 보다 효과적인 프로그램을 개발한다는 관점에서 볼 때 이 연구는 법교육 우회교육에 관해 세 가지 고무적인 결과를 발견할 수 있었다. 첫째, 사전검사단계에서는 법교육 참여자들이 통제집단에 비해 자기 자신, 부모님, 이웃, 경찰관 등에 대해 매우 낮은 인식을 지니고 있었으나 사후검사에서는 이러한 차이가 없어졌다. 법교육 참여자들의 인식은 법교육 이후 통제집단의 인식 수준에 매우 근접하게 된 것이다. 둘째, 법교육으로 인해 경찰관들에 대한 인식이 매우 향상되었다. 또한 본페로니 값에서는 통계적으로 유의미하지 않은 것으로 나타났으나 자기 자신과 타인들에 대한 인식도 법교육 이후 향상된 것으로 확인되었다. 셋째, 법교육 참가자들은 교육 이후 1년간의 재비행률도 낮게(10.53) 나타났다.[24]

이 연구의 결과는 사회통제이론, 낙인 이론, 인지적 모델에서 법교육이 비행청소년의 사회적 인식과 자기인식을 향상시킬 것이라고 했던

---

24) 미국의 경우 주마다 다르기는 하나 통상적인 재비행률은 20% 내외임. 재미있는 것은 전혀 성격이 다른 법교육 프로그램인 청소년법정 프로그램에서도 재비행률이 10% 대로 떨어져서 비슷한 재비행 억제율을 보였다는 점임. Buck, J. & Butts, J.(2002). *the OJJDP Evaluation of Teen Courts (ETC) Project*, Urban Institute Justice Policy Center 참고(역주).

논리적 예측과 일치하는 것이다. 또한 이러한 결과는 법교육의 학교현장에서의 유용성(Hunter, 1987; Jacobson & Polansky, 1981)과 소년수용시설에서의 유용성(Buzzell, 1992, 1988)을 확인한 기존의 연구결과들과도 일치하는 것이다. 이 연구는 청소년 우회교육의 맥락에서 법교육의 잠재적 유용성을 확인하여 기존의 법교육 연구를 확장시켰다. 이를 통해 비행청소년들에게 어떤 교정 프로그램이 유용한지에 대한 논의에 기여할 수 있을 것이다.

그러나 이 연구는 상대적으로 새로운 영역에 대한 탐색적 연구의 성격을 지니고 있어 몇 가지 방법론적 한계를 가지고 있다. 따라서 이 주제에 대한 차기 연구에서 이를 피해 가기 위해 문제점들을 확인해 보는 것이 중요할 것이다.

첫 번째 문제는 쿡과 캠벨(Cook & Campbell, 1979, p.37)의 "통계적 결론의 유효성"을 위협할 만큼 작은 연구대상자의 숫자이다. 표본이 작으면 통계적 추론분석력이 약화되고 따라서 2종 오류의 가능성이 증대된다. 표본이 클수록 통계적으로 유의미한 결과가 발견될 가능성이 높아지는 것이다. 여기에 본페로니 값까지 적용되었다는 것은 본 연구가 매우 보수적인 통계적 기준에 의해 수행되었다는 것을 의미한다.

본 연구에서 이렇게 표본숫자가 작아진 것은 사후검사에서의 표본누락이 영향을 미쳤다. 57명의 법교육 대상자들이 사전검사를 받았으나 33명만이 사후검사를 마쳤다. 사후검사에서의 누락은 "실험 도중 다양한 사람들이 특정 처치 그룹에서 누락되는 경우"(Cook & Campbell, 1979, p.53)에 해당되어 내적 유효성을 위협하게 된다. 만약 누락된 24명의 법교육 대상자들이 사후검사에 참여했다면 결과가 어떻게 되었을지 정확히 측정할 방법은 없다. 그러나 24명의 대상자들이 법교육을 모두 이수했다는 것은 분명히 알고 있다. 프로그램을 다 이수했으면서도 직원이 실수로 사후검사를 받기 전에 이들을 집으로 돌려보냈기 때문에 사후검사를 받지 못한 것이다. 따라서 사후검사 누락은 프로그램의 문제도 아니고 누락된 대상자들이 연령, 성별, 인종 변수에서 다른 대상자들과 다르다고 볼 수도 없다.

쿡과 캠벨(1979, p.52)이 내적 유효성을 위협하는 것으로 본 또 다른 요소는 '질문 자체'의 문제이다. 본 연구에서와 같이 법교육의 사전사후에 같은 질문지를 사용할 경우 편향이 발생할 가능성이 있다. 이런 가능성이 완전히 배제될 수는 없지만 이 문제는 사전검사와 사후검사의 시간적 간격이 매우 짧을 때 발생하는 것이다. 본 연구의 경우 시간 간격이 거의 3개월이었다.

쿡과 캠벨(1979, p.67)이 구조적 유효성에 대한 위협으로 본 대상자의 반응성도 추가적으로 고려해 볼 문제이다. 예를 들어 본 연구의 경우 법교육 대상자들은 사후검사 시 자신을 보다 긍정적으로 보이려고 노력할 가능성이 있다(예를 들어 공무원들을 흐뭇하게 해 주려고 긍정적인 반응을 보였을 수도 있다.). 이런 가능성도 완전히 배제할 수는 없다. 그러나 대상자들이 자신의 본심을 숨길 만한 이유가 분명하지 않다. 응답은 익명으로 처리되며 대상자들도 모두 그 사실을 알고 있다. 설문조사과정에서 대상자들은 조사자가 경찰이나 소년사법기관들과 무관하다는 것을 잘 알고 있었다. 또한 조사 중엔 공무원들이 참석하지도 않았다.

또한 본 연구에서 나타난 대상자들의 변화가 법교육 때문이라고 주장할 수는 없다. 유사실험연구에서는 인과관계를 밝힐 수는 없다. 앞서 논의된 표본의 누락과 질문지의 문제와 함께 유사실험연구라는 점은 연구의 완성도와 통계적 회귀계수 등 내적 유효성을 위협한다. 따라서 이러한 연구 설계에서는 상호 연관성만을 주장할 수 있다. 인과적 주장을 펴려면 무선할당이 적용된 진정한 실험연구를 통해 법교육 프로그램을 평가해야 한다.

이러한 결과들은 법교육이 소년 사법제도에서 우회교육의 영역을 확장시킬 수 있는 의미 있는 수단이 될 수 있음을 보여준다. 우회교육 프로그램에 폭넓은 다양성과 유효성이 요구된다는 점에서 이것은 중요한 함의를 지닌다고 볼 수 있다. 이러한 연구결과는 우회교육 시 법교육 활용을 적극적으로 고려해야 한다는 점을 알려준다. 사실 청소년들에게 법과 사법 체계에 대해 현실적으로 교육하여 자신과 타인들에 대한 부정적 인식을 바꾸는 것은 소년 사법 체계의 모든 교육 프로그램들이 목표로 하는 바이기 때문이다.

부 록

의미분화 척도
(SEMANTIC DIFFERENTIAL INSTRUMENT)

복잡한:	___ : ___ : ___ : ___ : ___	단순한
팽팽한:	___ : ___ : ___ : ___ : ___	느슨한
부주의한:	___ : ___ : ___ : ___ : ___	주의 깊은
약한	___ : ___ : ___ : ___ : ___	강한
게으른:	___ : ___ : ___ : ___ : ___	근면한
예측할 수 없는:	___ : ___ : ___ : ___ : ___	예측할 수 있는
더러운:	___ : ___ : ___ : ___ : ___	깨끗한
무식한	___ : ___ : ___ : ___ : ___	교양 있는
믿지 못할:	___ : ___ : ___ : ___ : ___	믿을 수 있는
부정직한:	___ : ___ : ___ : ___ : ___	정직한
어리석은:	___ : ___ : ___ : ___ : ___	현명한
위험한:	___ : ___ : ___ : ___ : ___	안전한
의지할 수 없는:	___ : ___ : ___ : ___ : ___	의지할 수 있는
차가운:	___ : ___ : ___ : ___ : ___	따뜻한
성실치 못한:	___ : ___ : ___ : ___ : ___	성실한
법을 위반하는:	___ : ___ : ___ : ___ : ___	법을 준수하는
폭력적인:	___ : ___ : ___ : ___ : ___	비폭력적인
비열한:	___ : ___ : ___ : ___ : ___	솔직한

참고문헌

Agnew, R.(1985). Social control theory and delinquency; Alongitudinal test. criminology, 23, 47−61.

Andrews, D. A., Zinger, I., Hoge, R., bonta, J., Gendreau, P. & Cullen, F.(1990). Does correctional treatment work? A clinically relevant and psychologically informed meta−analysis. criminology, 28, 369−404.

Arbuthnot, J. & Gordon, D. A.(1988). Disseminating effective interventions for juvenile delinquents; Cognitively−based sociomoral reasoning development programs. Journal of Correctional Education, 39, 48−53.

Astin, A.(1985). Achieving educational excellence. San Francisco, CA; jossey=Bass.

Becker, H. S.(1963). Outsiders; Studies in the sociology of deviance. New York; Free press.

Buzzell, T.(1988). Law−related education in a juvenile justice setting. New Designs for Youth Development, 8, 43−47.

Buzzell, T.(1992). Law−related education as an intervention with "high−risk" youth, Journal for Juvenile Justice and Detention Services, 7, 42−47.

Caplan, A. & LeBlanc, M.(1985). A cross−cultural verification of social control theory International Journal of Comparative and Applied Criminal Justice, 9, 123−138.

Chang, D. H.(1997). Crime and delinquency. Cambridge, MA; Schenkman.

Chang, D. H. & Iacovetta, R. G.(1981). Perceptual evaluation as an index for conflic resolution and criminal rehabilitation. Indian Journal for Criminology and Criminalistics, 1, 28−39.

Chang, D. H. & Zastrow, C. H.(1976). Inmates' and security guards' perceptions of themselves and of each other; A comparative study. International Journal of Criminology and Penoloigy, 4. 89−98.

Chickering, A. W. & Gamson, Z. F.(1987). Seven Principles for good practice. AAHE Bulletin, 39, 3−7.

Cicourel, A.(1968). The social organization of juvenile justice, New York; Wiley.

Cook, T. D. & Campbell, d. T.(1979). Quasi—experimentation; Design and analysis issues in field settings. Boston, MA; houghton Miffin.

Cronbach, L. J.(1951). Coefficient alpha and the internal structure of tests. Psychometrika, 16, 297—334.

Cross, P.(1987). Teaching for learning. AAHE Bulletin, 39, 3—7.

Elliiott, D. S., Huizinga, D. & Ageton, S. S(1985). Explainind delinquency and drugs use. Beverly Hills. CA; Sane.

Fagan, J. A.(1990). Treatment and reintegrationof violent juvenile offenders; Experimental results. Justice Quarterly, 7. 233—263.

Farrington, D. P.(1977). The effects of public labeling. British Journal of Criminology, 17, 112—125.

Frinckenauer, J. O.(1982). Scared straight! The panacea phenomenon. Englewood Cliffs, NJ; Prentice—Hall.

Gardner, L. & Shoemaker, D. J.(1989). Social bonding and delinquency; A comparative analysis. Sociological Quarterly, 30, 481—500.

Garrett, C. J.(1985). Effects of residential treatment on adjudicated delinquents: A meta—analysis. Journal of Research in Crime and Delinquency, 22, 287—308.

Gendreau, P. & Ross, R. R.(1979). Effective correctional treatment: Bibliotherapy for cynics. Crime and Delinquency, 25, 463—489.

Gendreau, P. & Ross, R. R.(1983). Correctional treatment: Some recommendations for effective intervention. Juvenile and Family Court Journal, 34, 31—39.

Gendreau, P. & Ross, R. R.(1987). Revivification of rehabilitation: Evidence from the 1980s. Justice Quarterly, 4, 349—407.

Hinderlang, M. J.(1973). Causes of delinquency: A partial replication and extension. Social Problems, 20, 471—487.

Hirschi, T.(1969). Causes of delinquency. Berkeley, CA: University of California Press.

Huitema, B. E.(1980) The analysis of covariance and alternatives. New York: Wiley.

Hunter. R.(1987). Lww—related educational practice and delinquency theory. International Journal of Social Education, 2, 52—64.

Hunter. R. & Fox, J. W.(1993, September). LRE: theory in practice and evaluation. Paper presented at the National Training Symposium on Law

　　　　—Related Education and Juvenile Justice, Richmond, KY.

Jacobson, M. G. & Polanksy, S. B.(1981). Effects of a law—related education program. Elementary School Journal, 82, 49—57.

Jensen, G. F.(1972). Delinquency and adolescent self—conceptions: A study of the personal relevance of infraction, Social Problems, 20, 84—103.

Jensen, G. F.(1980). Labeling and identity: Toward a reconciliation of divergent findings. Criminology, 18, 121—129.

Jensen, G. F. & Rojek, D. G.(1992). Delinquency and youth crime(2nd de.). Prospect heights, IL: Waveland Press.

Lemert, E. M.(1951). Social pathology. New York: McGraw—Hill.

Lipsey, M. W.(1992). Juvenile delinquency treatment: A meta—analytic inquiry into the variability of effects. In T. D. Cook, H. Cooper, D. S. Corday, H. Hartmann, L. V. Hedges, R. j. light, T. A. Louis & F. Mosteller(Eds), Meta—analysis for explanation(pp.83—127). New York: Russel Sage.

Lipton, D., Martinson, R. & Wilk, J.(1975). The effectiveness of correctional treatment: A survey of treatment evaluation studies. New York: Praeger.

McCarthy, B. R. & McCarthy, B. J. Jr.(1991). Community—based corrections (2nd ed.). Pacific Grove, CA: Brooks / Cole.

McKeachie, W. J., Pintrich, P. R., Lin, Y. G. & Smith, D, A.(1987). Teaching and learning in the college classroom: A review of the literature. Ann Arbor, MI: National Center for Research to Improve Postsecondary Teaching and Learning, University of Michigan.

Minor, K. I. & Elrod, P.(1994). The effects of a probation intervention on juvenile offenders' self—concepts, loci of control and perceptions of juvenile justice. Youth and Society, 25, 490—511.

Minor, K. I., Karr, S. K. & Davis, S. F.(1984). Social—and self—perceptions of institutionalized and noninstitutionalized Juveniles. Bulletin of the Psychonomic Society, 22, 557—559.

Osgood, C., Suci, G. J., tannenbaum, P. H.(1957). The measurement of meaning Ubana, IL: University of Illinois Press.

Palmer, T.(1983). The effectiveness issue today: An overview. Federal Probation, 47, 3—10.

Palmer, T, (1991). The effectiveness of intervention: Recent trends and current issues. Crime and Delinquency, 27, 330−346.

Paternoster, R. & Iovanni, L.(1989). The labeling perspective and delinquency: An elaboration of the theory and an assessment of the evidence. justice Quarterly, 6, 359−394.

Ross, R. R., Fabiano, E. A. & Ewles, C. D.(1988a). Reasoning and rehabilitation. International Journal of offender Therapy and Comparative Criminology, 32, 29−35.

Ross, R. R., Fabiano, E. A. & Ross, R. D.(1988b). (Re)habilitation through education: A cognitive model for corrections. Journal of Correctional Education, 39, 44−47.

Schur, E. M.(1973). Radical non−intervention: Rethinking the delinquency problem. Englewood Cliffs, NJ: Prentice−Hall.

Selke, W.(1982). diversion and crime prevention. Criminology, 20, 395−406.

Siegel, L. J. & Senna, J. J.(1994). Juvenile delinquency: Theory, practice and law(5th ed.). St. Paul, MN: West.

Van Voorhis, P.(1987). Correctional effectiveness: The high cost of ignoring success. Federal Probation, 51, 56−62.

Wiatrowski, M, D., Griwold, D. B. & Roberts, M. K.(1981). Social control theory and delinquency. American Sociological Review, 46, 525−541.

Williamson D., Chalk, M. & Knepper, P.(1993). Teen court: Juvenile justice for the 21st century? Federal Probation, 57, 54−58.

Williamson D. & Young, C.(1992). Law−related education as a diversion option for juvenile offenders in Kentucky. Journal for Juvenile justice and Detention Services, 7, 16−19.

Wooldredge, J. D.(1988). Differentiating the effects of juvenile court sentences on eliminating recidivism. Journal of Research in Crime and d\Delinquency, 25, 265−300.

Wormith, J. S.(1984). Attitude and behavior change of correctional clientele: A three year follow−up. Criminology, 22, 595−618.

Yong, D. B. & McCormick, G. M, Ⅲ.(1991). The application of cognitive learning theory to criminal justice education. Journal of Criminal Justice Education, 2, 5−14.

수용시설 내 교정교육으로서의 법교육
– 긍정적 사회성향 함양

"수용시설 내 교정교육으로서의 법교육 —긍정적 사회성향 함양"

Timothy Buzzell

Ⅰ. 도 입

지난 10년간 비행청소년에 대한 처우는 커다란 변화를 겪어 왔다. 원칙의 측면에서 가장 중요한 변화는 비행청소년의 재사회화에 대한 긍정적 발전을 꾀하는 접근으로 특징지을 수 있을 것이다. 이러한 접근은 '병에 걸린' 청소년에 대한 치료로서 접근해 왔던 이전의 접근과 대비를 이루는 것이다. 긍정적 발전은 위기의 청소년들에 대해 교육을 보다 더 강조해야 한다는 주장에 근거를 제공한다. 친사회적 행동을 위해 배움의 중요성을 이해하도록 하는 것은 문제아들뿐 아니라 모든 청소년들에게 중요하다. 교육을 통한 긍정적 발전은 모든 수준의 소년 사법 프로그램에서 중요하다.

수용시설에서의 교육은 우범청소년들에게 발전의 기회를 제공할 수 있다. 교육은 교정적 효과를 갖는다고 주장하는 이들도 있다(Fabiano, 1991; Ross & Fabiano, 1985). 이러한 관점에서 보자면 청소년 수용시설에서의 교육은 매우 중요하다. 현재의 교육 과정 원칙을 고려하는 동시에 추론능력과 사회적 기능을 길러주는 교육 프로그램은 수용시설의 목표를 달성하는 데 도움을 줄 수 있다. 그러나 긍정적 발전이라는 관점에서 보자면 교육 프로그램들은 그 자체로 발전을 이룰 기회를 제공하는 것이다. 다시 말하자면, 안정적인 수용시설에서 가르치고 배우는 것은 비행청소년들에게 긍정적인 경험을 제공하는 기회가 될 수 있다. 일반 청소년들에 비해 부족했던 지식과 사회적 기능들은 작은 그룹과 기관 내에서 안전하게 생활하면서 교육을 통해 보충될 수 있다.

이 장에서는 수용시설 내 프로그램들에서 법교육을 어떻게 활용하고 있는지 살펴볼 것이다. 논의는 수용시설 내 프로그램들에서 법교육을 활용하는 이유에 대한 개관에서부터 시작될 것이다. 교정교육에 변화를 선도하고 있는 사례로서 캘리포니아, 아이오와, 앨라배마의 프로그램들이 논의될 것이다. 끝으로 법교육이 최근의 교정교육 발전에 어떠한 영향을 미쳤는지 확인할 것이다.

II. 수용시설에서의 법교육

1. 법교육의 정의

법교육은 법과 일상생활의 관계를 강조하고 법치주의 사회에서 살아가는 데 필요한 기능들을 습득하도록 하는 교육적 접근을 의미한다. 페레이라(Pereira, 1988, p.1)는 법교육을 "학생들과 교육자들에게 우리의 복잡하고 수시로 변화하는 사회에서 발생하는 법과 법적 이슈들에 효과적으로 대응하는 데 필요한 지식과 이해, 기능, 태도를 발전시킬 기회를 제공하는 조직화된 교육적 경험들"이라고 묘사했다. 일단 이러한 정의에 따르자면 법교육은 학생들이 법치사회에 살아가는 데 필요한 기능들을 배우게 함으로써 비행을 예방하는 효과를 줄 것으로 예상된다. 즉 이러한 기능들을 익히게 되면 법을 준수하고 친사회적인 태도를 갖게 될 것이라고 전제하는 것이다.

우리가 교육에 대해 갖는 일반적인 기대를 고려해 보면 이 전제는 타당하다. 분명히 공교육의 중요한 과제는 민주적 시민에게 필요한 기능을 갖춘 준법 시민들을 길러내는 것이다. 몇몇 연구에 따르면 법교육은 친사회적 태도를 길러줄 수 있다고 한다. 예를 들어 브로디(Brody, 1994)는 법교육이 정치적 관용성을 증가시킨다는 주장을 했는데 이는 에이버리 등(Avery et al, 1992)의 연구결과와 유사한 것이다. 또한 법교육이 권위에 대한 긍정적 태도와 관련이 있다거나(Markowitz, 1986; Van Decar, 1984) 법에 대한 전반적인 태도를 향상시킨다(Hersch, 1977; Jacobson & Polansky, 1981)는 연구들도 있다. 그러나 이러한 주장들의 유효성을 검증하고 법교육이 학생들의 인지와 행동에 미치는 영향을 확인하기 위한 추가적인 연구들이 필요하다(Skeel, 1991).

Ⅲ. 수용시설에서 법교육이 필요한 이유

법교육이 전국 사회과 교육에서 광범위하게 활용되면서, OJJDP의 후원을 받는 전국 법교육 훈련 및 보급 프로젝트(National Training and Dissemination Project, NTDP)에서는 법교육이 비행청소년 교정 프로그램으로도 자주 사용된다는 것을 알게 되었다. 1991년에 NTDP는 소년 사법제도하에서 법교육 프로그램의 활성화를 주도하는 전국적인 활동을 지원하였다.

이러한 활동의 논리적 근거는 70년대 후반의 비행예방운동과 비슷하다. 청소년 수용시설에서 활동했던 전문가들의 경험을 바탕으로 후원자들은 법교육이 비행청소년들의 친사회적 성향을 증진시킬 수 있을 것으로 믿었다. 아직까지는 그 결과물들이 상징적인 수준에 머무르고 있지만 이러한 활동을 구체적으로 뒷받침할 보고서들이 많이 발표되고 있다(Curd-Larkin, 1982; Williamson & Young, 1992; Wright, 1994).

이 책의 다른 장들은 법교육을 소년 사법제도에서 활용하는 데 이론적이고 프로그램 차원에서의 근거를 제공하고 있다. 왜 법교육이 유용한가와 관련된 이러한 다양한 설명들은 수용시설과 수용시설 외부에서의 법교육 효과를 평가하는 데 중요한 기초를 제공할 것이다. 그러나 청소년들의 긍정적인 발달이라는 측면에서 접근하는 이러한 설명들과 함께 수용시설에서 새로운 프로그램을 적용시키는 데 작용하는 정치적,

조직적 요소의 중요성도 간과되어서는 안 될 것이다. 이론과 근거가 확실하게 증명되지 않은 상태에서 법교육을 수용시설에 적용시켜 보고자 하는 사람들은 법교육을 실행할 때 예상되는 장애를 극복하는 방법을 익힐 필요가 있을 것이다. 다음 세 개의 사례연구들은 이러한 일반적인 장애물들을 극복한 다른 사람들의 경험을 공유하기 위해 제시되었다.

Ⅳ. 사례 연구들

이제부터 앨라배마, 캘리포니아, 아이오와의 세 가지 수용시설 내 법교육 프로그램들이 논의될 것이다. 논의는 햄(Hamm, 1988)이 제시한 교정교육 변화의 기본 틀에 의거하여 진행될 것이다. 햄은 그가 "비적정화 상태"(sub-optimal condition)라고 명명한 상황에서 교정교육 프로그램들을 적용할 때의 지침을 제시하였다. 법교육을 수용시설 내에 적용할 때 특히 유용할 것으로 보이는 이 지침들은 다음과 같다.

(1) 먼저 외부 지원하에 실험해 볼 것 (2) 대상자들에게 어떤 도움이 되는지 제시할 것 (3) 분명한 목표를 세울 것 (4) 비행청소년들이 수용된 기관의 특성을 고려할 것

햄은 재활과 교육이라는 원칙이 충돌하고 예산 삭감과 인력 및 관리 문제 등 조직적인 제한점이 있으며 교정교육 대상자가 수시로 변동되는 상황이기 때문에 "비적정화 상태"라는 표현을 썼다. 즉 여기 제시된 사례들에서만 이런 어려움이 있는 것이 아니라 모든 수용 교육 프로그

램에서 비슷한 압력들에 직면하게 되는 것이다.

햄의 기본 틀은 법교육을 교정 프로그램에 활용하기 위해 무엇이 필요한지에 관해 두 가지 중요한 아이디어를 제시한다. 첫째, 수용시설에서 교육적 변화를 시도하기 전에 계획과 전략을 철저하게 세워야 한다는 것이다. 둘째, 그의 기본 틀은 명목상 범죄자들이 석방된 후 사회에 복귀하도록 돕는 것으로 되어 있는 일반적인 기관 내 교육 프로그램의 목표에 대해 보다 폭넓은 논의가 필요하다는 점을 일깨운다. 이러한 시사점들은 매우 중요하므로 간단하게 각각의 내용을 살펴보도록 하자.

햄의 기본 틀은 새로운 프로그램이 시작되기 전에 적용상의 문제점들을 이해해야 한다고 강조한다. 그는 새로운 일에 뛰어들기 전에 해야 할 숙제가 있다고 경고한다. 학교에 다녀 본 사람이라면 교육 과정에 편입되기 위해 경쟁하는 수많은 교육 프로그램들이 있다는 것을 쉽게 이해할 것이다. 재활과 청소년의 긍정적인 발달이라는 목표가 혼재된 수용시설 내의 교육도 예외가 될 수 없다. 따라서 수용시설 내 법교육 프로그램 적용의 성공사례들을 살펴보는 것이 도움이 될 것이다.

햄은 또한 수용시설 내 교정교육 프로그램의 궁극적인 목표에 대해 폭넓은 질문들을 던지고 있는데 이는 법교육의 효용성과 직결된 문제이다. 이상적으로는 교육 프로그램들이 비행청소년들이 석방된 후 사회에 적응하는 것을 돕는다고 가정한다. 그러나 몇몇 연구들은 기존의 교정기관 내 프로그램들이 비행청소년들의 재사회화에 거의 도움을 주지 못한다고 비판한다(Bartollas & Sieverdes, 1981; Krisberg, Austin & Steele, 1989; Lerner, 1986). 반대로 경험적 연구에 기반을 두어 수용시설 내의 청소년들에 대한 인지적 접근을 시도하는 프로그램들은 출소 후 성공적인 삶을 살아가는 데 도움이 된다는 연구들도 있다(Becker & Eisikovits, 1991; Garrett, 1985; Gendreau & Ross, 1979; Thornton, 1987). 햄의 주장에 따르자면 교정교육으로서 법교육은 청소년들이 수용시설 안팎에서 친사회적 상호 작용에 참여하는 데 필요한 사회적 기술들을 제공해 줄 수 있다. 이러한 주장들은 수용시설 내에서 긍정적인 사회적 상호 작용을 연습하는 것은 청소년들이 사회로 돌아가 적응하는 데 도움을 줄 수 있다는 중요한 전제를 제공한다.

여기서 분석된 사례들은 접근 방식과 구조에서 서로 상이하다. 캘리포니아 청소년 기관(California Youth Authority)은 1990년부터 법교육을 도입하여 다양한 수용시설들에서 수년간에 걸쳐 실험해 왔다. 주립 아이오와 소년원(the Iowa State Training School for Boys)은 법교육을 1985년에 시작하여 현재 11개 지부에서 커리큘럼을 운영하고 있다. 1991년 최초의 전국 단위 소년 사법제도 내 법교육 시험실시에 참여했던 앨라배마 주의 두 개의 소년원들은 현재 각 지부와 기관 내 학교들에서 법교육을 활용하고 있다. 이러한 다양한 규모와 목적을 가진 기관들은 모두 소년법원의 판결에 따라 청소년들을 수용하고 있다.

1. 외부의 지원하에 실험해 보기

작은 성공사례가 운영자들에게 제시된다면 프로그램은 보다 큰 규모에서 적용될 가능성이 높아지게 된다. 시험적인 프로젝트는 성공하든 실패하든 기관 전체의 운영을 위협하지는 않는다. 또한 햄이 제시한 바와 같이 시험 프로젝트는 중요한 외부의 재정적 지원을 이끌어낼 수 있다. 행정담당자들은 새로운 프로그램의 경우 효과가 검증되기 전에는 충분한 재정적 지원을 제공하려 하지 않을 것이다. 이러한 외부 지원을 얻는 것은 또한 프로그램을 홍보하는 데도 도움이 된다.

아이오와 프로그램은 주립 소년원들(State Training Schools, STS)의 교육 프로그램과 그 외에 선정된 소규모 기관들에서 시험 프로젝트를 시행하는 것으로 시작되었다. 1985년에 시작하면서 STS는 해당기관과

소년법원 직원, 지역사회 인사로 구성된 프로젝트 감독 기구를 설립했다. 이 기구는 워싱턴에 있는 전국시민법교육연구소(National Institute for Citizen Education in the Law, NICEL)와 드레이크 대학에 있는 아이오와 법교육 센터(Iowa Center for Law-Related Education, ICLRE)와 협력하여 실행 계획을 세웠다.

이들은 먼저 커리큘럼 개발에 초점을 맞춘 후 STS에서의 실행 계획을 세웠다. 커리큘럼은 애초엔 1주에 두 번 90분간 법교육이 이루어지는 12주 프로그램으로 개발되었다. 커리큘럼의 현장시험적용에 동의한 기관의 직원들은 NICEL과 ICLRE의 컨설턴트들로부터 훈련을 받았다.

프로젝트에 대한 전문적 조언을 제공할 권위자를 물색하는 것도 중요한 단계의 하나였다. 햄은 이 사람을 성공적 실행에 필요한 기술적 조언, 훈련, 자원들을 제공할 수 있는 "전문가(fixer)[25]"라고 불렀다. NICEL과 ICLRE의 컨설턴트들은 프로그램 실행에 결정적인 역할을 했다. 이러한 외부의 전문가들은 프로그램 전체에 기술적 지원을 제공할 수 있다. 아이오와 센터는 소년원 직원들에게 해마다 필요한 훈련과 교수학습자료들을 계속해서 제공했다.

몇 년간 훈련에 참여한 사람들은 내부의 전문가가 되었다. 처음엔 법교육 감독 기구의 멤버들이 내부 전문가였다. 나중에 STS에서는 주나 전국 단위의 법교육 컨퍼런스에 참여한 시간에 따라 소년원 법교육 자격시험에 응시할 수 있도록 하는 자격인증과정을 만들었다. 소년원 내에서 법교육 직원의 전문성을 갖추도록 한 이러한 구조는 지금까지 약 10년간 법교육 프로그램을 유지하는 데 핵심적인 역할을 했다. 점차 이런 소규모 법교육 수업들은 기관 전체 법교육 프로그램의 이정표가 되었다(Venaga, 1991).

---

25) fixer는 초기의 불안정한 프로그램을 다양한 지원을 통해 안정화시키는 사람으로 미술이나 사진에서 사용되는 '정착제'를 원용한 표현이다. 그러나 안정자, 고정자, 정착자 등의 표현이 어색하여 이 글에서는 '전문가'라는 일반적인 표현으로 번역하였다(역주).

2. 프로그램이 대상자들에게 어떤 도움을 줄 수 있을지 제시하기

프로그램 운영자들이나 정책담당자들이 프로그램의 가치를 믿기 위해서는 어떤 종류의 기록이 필요하다. 프로그램의 근거와 함께 제시되는 다른 기관들에서의 경험에 대한 기록물들은 실행 계획을 만드는 데 도움이 된다. 새로운 프로그램을 옹호하려면 연구나 평가 결과를 제시하는 것이 좋다. 궁극적으로는 프로그램이 대상자들을 도울 수 있다는 것을 보여주는 것이 목적이다.

사회과학교육협회(the Social Science Education Consortium, SSEC, 1992)는 법교육이 소년 사법 수용시설 내의 청소년들에게 도움이 된다는 사실을 현장실행가들이 수긍할 만한 근거들로 제시했다. 전국 단위 시험 프로그램에 대한 조사연구에서 프로그램에 참여한 사람들은 비행청소년의 태도와 행동을 향상시키는 기제로서 법교육에 대한 믿음을 보였다. 가장 많이 언급된 장점은 다음과 같다.

1. 법교육은 학생들이 다른 학생들과 함께 수업에 참여하도록 해 준다.
2. 법교육은 학생들이 이제껏 거부하거나 제대로 이해하지 못했던 사법 체계에 대한 이해를 높이는 데 도움이 된다.
3. 법교육은 비행청소년들이 다른 사람들의 입장을 이해하고 입장을 바꾸어 생각하는 능력을 길러준다.
4. 법교육은 다양한 의견을 존중하는 태도를 길러준다.
5. 법교육은 사람들 간의 의사소통을 증가시켜 준다.

시험 프로그램들에 대한 연구는 다양한 소년 사법제도하의 학생들에게 법교육이 어떤 효과를 미칠 수 있을지 예상하게 해 주었다.

이와 같은 연구들은 수용시설 내의 법교육 프로그램 적용 원칙을 개발하는 데 기반을 제공했다. 캘리포니아 청소년 기관(California Youth Authority, CYA)에서 사용된 법교육 프로그램은 비행청소년들에게 자신의 범죄가 타인에게 어떤 영향을 줄 수 있는지를 알려주면 비행청소년들이 자신의 행동에 대해 책임감을 갖도록 할 수 있을 것이라는 믿음에서 시작되었다. 앨라배마에서 법교육을 활용한 기관들은 학생들이 협동 학습 활동을 통해 팀워크와 같은 중요한 기능을 익히고 모의법정을 통해 의사표현 방법 등을 배웠다는 것을 발견했다. 분쟁조정기능에 초점을 맞춘 아이오와 기관에서는 프로그램이 학생들에게 긍정적인 영향을 주었음을 확인했다. 법교육을 적용한 다른 기관들에서도 전반적으로 비행청소년들에 대한 긍정적인 영향을 보고했으며 법교육의 도입을 옹호하는 주장을 폈다(Brooks, 1992; Buzzell, 1992; Stutz, 1994).

3. 프로그램의 목표를 설정하기

프로그램의 목표와 결과를 연관짓는 것은 중요하다. 예를 들어 기관이 어떤 운영 목표를 가지고 있다면 법교육이 이 목표를 발전시키는 데 어떻게 도움을 줄 수 있는지 보여주어야 한다. 많은 프로그램들이 개별 목표와 결과를 조정하는 데 실패한다. 그 결과 실행 자체가 허용되지 않거나 실행 직후 프로그램이 조각나버리거나 혼란에 빠지게 된다. 기관 전체의 목적을 고려한 프로그램 목표의 분명한 설정이 매우 중요하다.

앨라배마 주 소년부(Alabama Department of Youth Services, ADYS)는 법원으로부터 확인 가능한 결과물이 나오도록 프로그램을 조정하도록 지시받고 있다. ADYS가 1991년 법교육을 시작한 이래 직원들은 법교육이 기관의 전체적인 목표를 어떻게 발전시킬 수 있을 것인지 고려할 필요가 있다는 것을 느껴왔다. 두 개의 소년원에서는 담당 직원이 법교육 수업을 기관 내 다양한 사람들의 필요에 따라 수정하였다.

예를 들어 집중 처치 프로그램(High Intensity Treatment, HIT)은 경범(무단결석, 절도, 좀도둑질 등)을 저질러 프로그램에 회부된 여자 청소년들에게 적절해 보이는 주제들을 다루었다. 교사들은 데이트 강간, 아동학대, 좀도둑질 등의 주제에 초점을 맞추었다. 6개월에서 12개월 사이의 처분을 받은 보다 심각한 비행청소년들에게는 사회에서 규칙과 법의 역할, 생활 법률(임대차 계약, 신용 쌓는 법, 시민권 등) 등의 법교육 수업이 이루어졌다.

CYA가 실시한 피해자 인식 프로그램(Victim Awareness Program)은 상당부분 대상자를 고려하여 만들어진 것이다. CYA 훈련 센터와 전국 범죄예방협회(National Crime Prevention Council)의 직원들에 의해 만들어진 프로그램 매뉴얼은 각 수업과 장마다 학습 목표를 분명하게 제시하고 있다. 다음의 인용문은 가정 폭력을 주로 다룬 장에 제시된 대상자를 고려한 목표 설정의 사례이다.

1. 가정 폭력 가해자를 제지하고 그들의 행동을 반성하도록 하는 것의 중요성을 설명한다.
2. 가정 학대의 특징들을 열거한다.
3. 가정 폭력에 대한 잘못된 상식과 현실을 설명한다.
4. 폭력의 순환관계를 보여준다.
5. 여성들이 계속 폭력을 당하는 이유를 설명한다. 그리고
6. 폭력의 대안들을 제시한다(자신의 의사를 알리는 법, 휴지기를 갖기, 비폭력 한계를 설정하기 등).

이 목표들은 해당 장의 내용에 초점을 맞추고 있고 수업을 통해 능력을 기르는 활동을 하도록 구조화되어 있다. 그 결과 학생들은 무엇

을 해야 하고 어떻게 평가가 이루어질 것인지 예상할 수 있다.

프로그램 실행을 모니터하고 프로그램이 대상자들에게 갖는 효과를 평가하는 것도 중요하다. 이를 위해서도 프로그램의 목표는 분명하게 진술되어야 한다. 또한 자료가 수집되면 효과에 대해 보고하는 것도 마찬가지로 중요하다. 실행 전에 평가 계획을 세우면 문제를 예방하고 적절한 평가 및 모니터링 시스템이 자리잡을 가능성을 높이게 된다.

4. 비행청소년들이 수용된 기관의 특성에 대한 고려

교정교육의 성공 여부를 판단하는 일반적인 기준은 재비행률이다. 햄은 교정교육 프로그램 자체에 재비행 평가를 포함시키기보다는 기관 내의 구조화된 업무에 포함되어야 한다고 주장했다. 교육적 성취, 심리적, 인지적 변화, 읽고 쓰기능력 발전 등도 평가 기준이 될 수 있다. 이러한 결과에 대한 평가는 기관 자체의 기능에 대한 평가로서의 의미도 지닐 수 있다.

SSEC(1992)는 법교육 프로그램 실행 시 기관별 특징을 고려해야 한다고 밝혔다. 대상자들이 시설 내에 수용되는 경우와 일반적인 학교 형태를 띠는 경우의 차이에 주목하여 SSEC는 치료목적과 교육적 목적의 양립가능성을 고려해야 한다고 주장했다.

개인의 긍정적 발전에 초점을 맞추는 법교육은 수용시설 프로그램에 적합하다. 예를 들어, CYA가 사용하는 피해자인식 / 지역사회 안전 프로그램은 희생자의 아픔과 범죄 행동의 결과를 강조한다. 커리큘럼의 차원에서 이 프로그램은 학생들이 이러한 행동을 가해자-희생자의 맥락에서 이해하도록 돕는다. 교육을 통해 학생들은 가해자와 피해자의 관계, 법을 어기는 행동의 결과, 범죄 행동의 원인(가정 폭력, 동료의 영향 등)에 대해 생각해 보게 된다.

CYA의 법교육 프로그램은 이러한 활동을 통해 학생들의 행동이 바뀔 수 있다는 것도 보여주었다. 희생자 프로그램이 실시된 몇몇 캠퍼스에서는 기관 내 범죄 발생이 감소했다. 학생들이 타인의 입장에서 생각할 수 있게 되고 규칙에 기반을 둔 행동을 발전시켰다는 점이 중요한 성과였다.

이러한 결과는 법교육을 소년 사법제도에 적용한 다른 경우들에서도 마찬가지였다. SSEC(1992, p.9)에서는 다음과 같이 결론 내렸다.

법교육은 아이들이 참여하고 개방적 태도를 가지며 서로 대화를 나눌 수 있게 한다는 점에서 가치가 있다. 또한 법교육 참여자들은 한결같이 법교육이 자기 존중감을 향상시키고 대인 능력을 발전시키며 학생들이 효과적으로 자신의 주장을 소통하는 방법을 배우는 데 도움이 된다고 찬사를 보낸다.

아이오와 주립 소년원에서의 법교육에 대한 연구(Buzzell, 1988)에서도 이러한 경향들이 확인되었다. 직원들은 재소자들과 직원 사이의 의사소통이 증가하고 기관 내 규칙에 대한 이해가 높아졌으며 기관 내에서 동료들 간에 긍정적인 상호 작용이 늘었다고 말했다. 성공적인 법교육 프로그램은 법과 규칙, 대인관계 기술에 대한 학습을 통해 비행 청소년들의 행동이 어떻게 변화할 수 있을지 잘 보여준다.

5. 긍정적 발전, 법교육 그리고 수용시설이라는 조건

햄이 제시한 기본 틀은 수용시설 내의 법교육 프로그램의 계획과 실행에 유용한 틀이 될 수 있다. 여기에서 살펴본 세 주의 사례도 다른 이들이 자신의 프로그램을 계획할 때 도움이 될 것이다. 그러나 이러한 주제들은 보다 넓게 보면 수용시설에서 교정교육의 역할이라는 관점에서 다루어질 수 있다.

6. 시설 내에서 개인적 발전을 지원하는 것

시설 내 프로그램에서 직원들이 아이들에게 마음을 열라고 하고 소집단 내에서 동료와의 긍정적인 상호 작용을 촉진시킨다고 해서 친사회적 태도가 진짜 향상된 것인지 의심스러울 수 있다. 수용시설 내 법교육에 대한 공식적이고 포괄적인 평가가 이루어진 것은 아니지만 법교육이 시설 내 청소년들의 발전에 도움을 준다고 믿을 만한 근거들이 많이 있다.

수용시설 내에서의 교육은 프로그램 담당자들에게 진정한 교정교육을 시도할 기회를 제공해 준다. 앞서 언급한 바와 같이 교정교육이 재사회화에 도움이 된다는 몇몇 연구들이 있었다. 게링(Ghering, 1988)은 인지적 접근이 수용시설 내의 상황에 맞는 전략이라고 주장했다. 그는 교정교육에서 민주적 접근 방식을 강조했다. 교육과 재사회화가 만나는 여섯 가지 영역은 다음과 같다.

1. 문제해결, 추론, 자기인식 등의 기본적인 학문적 능력을 사회적 책임과 결합하여 학습하기
2. 사회적 이슈들보다 간단한 문제해결의 요소들로 분해해 보기
3. 지역이나 사회의 정보들을 결합하여 해결책이나 대안을 만들어 내기

4. 참여적 의사결정 상황들을 통해 목표 설정, 계획, 결과 분석 등의 기능을 향상시키기
5. 지역사회 참여와 개인적 성장에 핵심적인 관용과 공감 발전시키기
6. 지역사회의 문화와 사회적 규칙이 존재하는 이유를 분석하고 이 둘을 융합시키기

게링(1988, p,68)은 "수감자들과 시설 내에 수용된 청소년들은 일상 생활에서 참여기회가 주어진다면 책임감 있게 행동할 능력이 있다는 사실을 뒷받침하는 연구와 문헌이 많다."고 결론 내리고 있다. 법교육은 위에 제시된 각 영역과 모두 관련을 맺고 있다.

전통적으로 법 관련 연구는 사회적 이슈에 대한 인식과 추론을 강조한다. 법체계를 형성해 온 모든 이슈들은 사회적 갈등의 형태로 나타났다. 학생들이 이 이슈들을 깊이 있게 다루다 보면 사회의 복잡성과 우리가 개인적으로 사회적 책임감을 가지고 어떻게 선택을 해야 하는지 폭넓게 이해하게 된다. 학생들이 모의법정에서 판사역할을 맡는 수업에서 이러한 관점이 학습된다. 학생들은 분쟁에 대해 판결을 내리고 자신의 판결에 대해 근거를 제시해야 한다. 이 기술은 이러한 사고 과정을 발전시킬 필요가 있는 비행청소년들에게 매우 중요한 것이다.

비행청소년들은 위기관리 능력도 부족하다. 법교육에서는 청소년들에게 문제해결능력을 가르친다. 예를 들어 어떤 수업에서는 지역사회의 공공서비스 프로젝트를 수업에 끌어들인다. 학생들은 지역사회의 문제를 작은 구성요소들로 나누고 가능한 해결책들을 제시해야 한다. 많은 소년 사법 프로그램들이 지역사회 공공서비스 프로젝트를 문제해결능력 향상 수업에 활용한다.

비행청소년들이 대안을 찾는 능력을 기르는 것은 문제해결능력과 관련되어 있다. 많은 위기의 청소년들은 의사결정의 압력에 직면했을 때 대안을 생각해 내지 못한다. 학생들이 연방대법원이 수정헌법 4조를 결정할 때의 상황에 대해 학습하거나 분쟁해결 기능을 학습하게 되면

모든 문제에 얼마나 많은 서로 다른 대안들이 존재하는지 알게 된다. 법교육은 개인 간 혹은 기관 간에 분쟁이 발생했을 때 법적 절차를 통해 대안을 찾을 수 있다는 것을 학생들에게 가르친다. 많은 법교육 수업에서 활용되는 모의 청문회나 모의 조정 프로그램들이 바로 이러한 기능을 강조한다.

많은 법교육 관련 글들이 규칙의 역할과 사회에서 법의 역할에 대한 기본적인 강조로 시작된다. 이러한 주제들에 대해 학습하면서, 학생들은 개인이나 집단의 정책에 대한 선호가 어떻게 실제 정책 결정과 다양한 수준에서 관련되는지 알게 된다. 어떤 수용시설 내 프로그램에서는 학생들이 스스로 규칙을 만들거나 자신의 행동 변화 목표를 설정해 보기도 했다. 참여적 의사결정을 통해 목표를 설정하거나 계획을 세우는 것은 많은 법교육 프로그램들에서 빠지지 않고 다루어지는 주제이다.

분쟁이나 폭력은 대개 다른 사람의 관점을 받아들이지 못할 때 발생하고 범죄 희생자의 입장에 대한 공감이 부족할 때 악화된다. 이러한 불관용의 성향을 바로잡는 방법의 하나로 법교육 수업 중 모의재판에서 학생들이 서로 다른 역할을 맡아보는 것이 도움이 된다. 또는 학생들이 조직화된 소규모 집단에서 범죄 희생자들과 상호 작용해 보도록 하는 것은 비행청소년들이 자신의 행동이 가져올 결과에 대해 성찰해 볼 계기를 제공할 수도 있다.

게링(1988)은 또한 각 기관에서 학생들에게 사회의 주된 규범 체계에 참여할 기회를 제공하도록 권장했다. 아마도 이것이 법교육의 가장 중요한 기여일 것이다. 법은 사회적 기대의 규범적 표현이다. 비행청소년의 법에 대한 관점은 대개 부정적이다. 학생들이 법과 그 적용에 대해 토론하고 어떻게 모든 시민들이 법체계를 바로 세우는 데 역할을 할 수 있는지 가르치는 것은 청소년들이 개인의 가치를 사회적 규칙들의 공식적 표현과 연관지어 생각해 볼 기회를 제공할 것이다. 융합은 원래 대비, 토론, 분쟁 그리고 개인적 변화라는 과정을 필요로 한다. 법교육은 이러한 과정에 도움을 줄 수 있다.

V. 결 론

여기에 제시된 분석들은 법교육을 수용시설 내에 적용시킬 때 근거를 제공한다. 이러한 논의의 목적은 (1) 소년 사법 실무자들이 새로운 교정교육 프로그램을 시설 내에서 실행할 때 예상되는 장애물들을 극복하는 방법을 제시하고 (2) 법교육이 수용시설 내 청소년들의 긍정적 발전에 어떤 역할을 할 수 있는지 생각해 보는 것이다. 전국적으로 법교육이 청소년들의 긍정적인 발전을 촉진한다는 프로젝트 사례들이 많이 있다. 더구나 논의된 경험들에 의하면 법교육 프로그램의 장애물들은 성공적으로 극복될 수 있다. 법교육은 각 기관에 성공의 기회를 제공한다.

참고문헌

Avery, P. G., Bird, K., Johnstone, S., Sullivan, J. L. & Thal-Hammer, K.(1992). Exploring political tolerance with adolscents. Theory and Research in Social Education, 20, 386-420.

Bartollas, C. & Sieverdes, C.(1981). The victimized white in a juvenile correctional system. Crime and Delinquency, 34, 534-543.

Becker, J. & Eisikovits, Z.(Eds) (1991). Knowledge utilization in residential child and youth care practice. Washington, DC: Child Welfare League of America. Inc.

Brody, R. A.(1994). Evaluation of students' civic attitudes / behaviors: Effects of the "With Liberty and Justice for All" materials. Calabasas, CA: Center for Civic Education.

Brooks, J.(1992). The rehabilitative value in teaching law to inmates. Rutgers Law Review, 44, 699-770.

Buzzell, T.(1988). Law-related education in a juvenile justice setting: Applications in the Iowa State Training School. New Design for Youth Development, 8, 43-47.

Buzzell, T.(1992). Using law-related education as an intervention with high-risk youth. Journal for Juvenile Justice and Detention Service, 7, 42-47.

Curd-Larkin. M.(1982). The Street Law Diversion Program: Teaching practical law to youth involved in the juvenile justice system. Silver Spring, MD: Phi Alpha Delta Law Fraternity, International.

Fabiano, E., (1991). How education can be correctional and how corrections can be educational. Journal of Correctional Education, 42, 100-106.

Garett, C. J.(1985). Effects of residental treatment on adjustdicated delinquents: A meta-analysis. Journal of Research and Crime and Delinquency, 22, 287-308.

Gendreau, P. & Ross, R.(1979). Effective correctional treatment: Bibliotherapy for cynics. Crime and Delinquency, 25, 463-489.

Ghering, T.(1988). The connection between democracy and cognitive processes in correctional education. Journal of Correctional Education, 39, 62−69.

Hamm, M.(1988). Making changes in correctional education. Journal of Correctional Education, 39, 146−152.

Hersch, P. H.(1977). Affecting attitudes of eight−grade students toward the criminal justice system through participatory learning. Unpublished doctoral disseration, Brandeis University.

Jacobson, M. G. & Polansky, S. B.(1981). Effects of a law−related education program. Elementary School Journal, 82, 49−57.

Krisberg, B., Austin, J. & Steel, P.(1981). Unlocking juvenile corrections: Evaluating the Massachusetts Department of Youth Services. San Francisco: National Council on Crime and Delinquency.

Lerner, S.(1986). Bodily harm: The Pattern of fear and violence at the California Youth Authority. Bolinas, CA: Common Knowledge Press.

Markowitz, A.(1986). The impact of law−related education on elementary children in reducing deviant behavior. Unpublished doctoral dissertation, Rutgers University.

Pereira, C.(1988). Law−related education in elementary and secondary schools. ERIC Digest, June, 11−19.

Ross, R. & Fabiano, E.(1985). Time to think: A cognitive model of crime and deliquency prevention and rehabilatation. Johnson City, TN: Academy of Arts and Sciences.

Skeel, D. J.(1991). Law−related education research: Curriculum, teaching and learning. In C. C. Anderson & D. T. Naylor(Eds), Law−related education in juvenile justice settings. Boulder, CO.

Stutz, W. A.(1994). Victim awareness educational program evaluation. Olympia, WA: Washington State Department of Corrections, Division of Community Corrections, Victim Awareness Unit.

Thornton, D.(1987). Treatment effects on recidivism: A reappraisal of the "noting works" doctrine. In B. J. McGurk, D. Thornton & M. Williams(Eds.), Applying psychology to imprisonment: Theory and practice(pp.182−189). London: Her Majesty's Stationery Office.

Van Decar, P. A.(1984). The effect of law−related education on student attitude and knowledge about authority and the legal system. Unpublished doctoral dissertation, George Peabody College for Teachers, Vanderbilt University.

Venaga, R.(1991). The Iowa innovators. American Bar Association / LRE Project Exchange, 8, 10-11.

Williamson, D. & Young, C.(1992). Law-related education as a diversion option for juvenile offenders in Kentucky. Journal for Juvenile Justice and Detention Services, 7, 16-21.

Wright, N. D.(1994). From risk to resiliency: The role of law-related education. Technical Assistance Bulletin, 13, 1-4.

법교육과 특수 교육 학생들

제 11 장

"법교육과
특수 교육 학생들"

MARSHA MINOR, SHERRI WILLIAMS and KEVIN I. MINOR

Ⅰ. 도 입

　청소년 사법에서 법교육에 관한 문헌들이 늘어나고 있다(e.g., Buzzel, 1988; Fox, Minor & Pelkey, 1994; Williamson & Young, 1992). 또한 청소년 교정에서 특수교육에 관한 문헌들도 늘어나고 있다(e.g., Forbes, 1991; Rutherford, Nelson & Wolford, 1985; Warboys & Shauffer, 1986). 이 모든 문헌들은 초기 발전 단계에 있고, 아직까지 서로 연결되지 못하고 있다. 이 장의 목적은 그 연결을 시작하는 것이다. 구체적으로는 특수교육의 전반적 모습을 제시하는 동시에 청소년 사법 대상자들에게서 발견되는 특정한 장애 상태의 모습을 고찰하고, 특수 교육 학생들에 대한 법교육의 실행에 대해 논의하고자 한다.

청소년 사법 대상자들의 상당수가 특수 교육을 필요로 한다는 증거가 있다. 예를 들면 국가 차원의 조사에서 Morgan(1979)은 교정교육 기관에 있는 청소년의 42.4%가 교육적 장애를 나타낸다는 것을 발견했다. 더 최근에 Rutherford 등은 이 수치가 28%에 이를 것으로 추정했다. 연구들 역시 지역사회에 의해 운영되는 많은 교정 프로그램 내에 특수 교육을 필요로 하는 청소년들의 비중이 높다는 것을 시사하고 있다(Smykla & Willis, 1981; Swanstrom, Randle & Offord, 1981; Zimmerman, Rich, Keilitz & Broder, 1981). 그래서 기관이 운영하든 지역사회가 운영하든 청소년 사법에서의 법교육 프로그램은 특수 교육 학생들을 내버려둘 수 없는 것이다.

Ⅱ. 이론적 문제들의 유형화

교육적 장애가 다른 요소와 관계없이 범죄 행동의 원인이 된다는 것을 시사해 주는 증거들이 축적되고 있긴 하지만 이에 관한 지속적인 논쟁을 다루는 것이 이 장의 주된 관심사는 아니다(see Moffitt, 1990a; Moffitt, Lynam & Silva, 1994). 이 장의 관심사는 교정교육을 받는 많은 청소년들이 교정교육의 효과에 역행할 수도 있는 장애 상태를 갖고 있다는 점이다.

개개인에게 (장애 학생이라고) 낙인하는 것은 또 다른 이론적 문제가 있다. 왜냐하면 낙인은 특수 교육에서 일상적으로 이뤄지고 있고, 일부 청소년 사법 학자들 사이에서 다소 부정적 명성을 가지고 있기 때문이다. 낙인은 단지 일종의 명명 또는 평가 결과를 기술하기 위해 사용되는 번호 정도에 불과하다는 것을 기억하는 것은 중요하다. 낙인 자체라기보다는 낙인을 주관적으로 해석하는 방식이 낙인을 긍정적이게 혹은 부정적이게 하는 것이다. 더욱이 특수 교육의 영역에서 낙인은 학생들이 가지고 있는 구체적인 필요를 의미한다. 현실상 법적으로 낙인되지 않고서는 장애 학생들이 의미 있는 교육 서비스를 받을 자격을 갖출 수 없다.

1. 특수 교육의 개관

연방법에 정해진 것처럼 특수교육은 특별하게 설계된 교수와 서비스를 제공받을 자격이 있는 사람들에게 제공하기 위해 개발되었다. 공법 504항 93-112-1973년 조치의 복원-은 장애인들의 요구에 대해 관심을 불러일으켰다. 504항은 장애인들의 시민권에 초점을 맞추고 있고, 장애인들이 비장애인 동료들처럼 성공하기 위해 동등한 정도의 기회를 받도록 규정하고 있다.

1975년 의회는 모든 장애아들의 교육 조치로 알려진 공법 94-142를 통과시켰다. 이 입법은 모든 아동들에게 자유롭고 적절한 공교육을 제공한다. 특수 교육의 후원하에서 자유롭고 적절한 공교육이란 부모나 보호자에게 어떤 비용도 부담하게 하지 않으면서 제공되는 특별히 설계된 교수 및 관련 서비스를 의미한다. 게다가 이 입법은 부모나 보호자의 권리도 보호한다. 1986년에 공법 94-142는 공법 99-457로 수정되었다. 이것은 공법 94-142하에서 제공된 권리들을 더 확장시켜서

장애가 있거나 혹은 "위기에 처한" 6살 이하의 아동들까지 포함하게 되었다.

1990년에 공법 94-142는 다시 의회에서 수정되어 공법 101-476 즉 장애인에 관한 조치가 되었다. 이 입법은 장애 범주에 대해 구체적인 정의를 내리고 있다. 이를 통해 특수 교육자들은 특수 교육 학생들의 독특한 필요를 충족시키기 위한 지도 방법을 설계할 수 있게 되었다.

장애 아동과 청소년을 위한 국가정보센터(NICHCY)에 따르면 장애인들에 대한 조치에는 장애아들이 다양한 상태를 보이는 것으로 규정되어 있다(예를 들면 자폐증, 청각 장애, 골격 장애 등). 이 장의 목적을 위해 이 상태들 중에서 세 가지에 초점을 맞출 것이다: 구체적인 학습 장애, 정신장애(이전에 정신 지체로 알려진) 그리고 정서 불안(행동 혼란). 문헌들은 청소년 사법 대상자들 사이에서 가장 흔하게 발견되는 상태가 이 세 가지라는 점에 실제로 동의하고 있다(Morgan, 1979; Murphy, 1986; Reilly, Wheeler & Etlinger, 1985). NICHCY에 따르면 이러한 상태들에 대한 포괄적인 정의는 표 11-I에 나타나 있다. 구체적인 정의와 평가 기준은 상태가 속한 영역에 따라 달라질 것이다.

표 11-I 장애 상태의 정의

---

1. **구체적인 학습 장애**
정의: 듣기, 생각하기, 말하기, 읽기, 쓰기, 문자, 산수 등에서 불완전한 능력이 현저하여 말이나 글을 사용하고 이해할 때 필요한 기본적 정신적 과정의 장애. 이 용어는 인지 장애, 두뇌 손상, 최소한의 뇌기능 장애, 난독증, 발달적 실어증을 포함한다. 이 용어는 주로 시각적, 청각적, 또는 근육 장애, 정신 지체, 정서 불안정, 환경적, 문화적, 경제적 불편 때문에 학습에 문제가 있는 아동은 포함하지 않는다.

2. **정신장애**
정의: 일반적인 지적 기능과 적응 행동에 표준 미달인 결핍이 유의미하게 존재하고, 발달 기간 동안 현저하여 아동의 교육적 수행에 부정적으로 영향을 미치는 것.

3. 정서 불안정(행동 장애)

정의: 교육적 수행에 부정적 영향을 미치고, 정도가 심하며, 오랜 기간 동안 다음과 같은 특징들을 하나 또는 그 이상 보이는 상태. (a) 지적, 감각적, 신체적 요소에 의해 설명될 수 없는 학습 능력의 부재. (b) 동료와 교사 사이에서 만족할 만한 상호 관계를 만들고 유지할 수 있는 능력의 부재. (c) 보통 환경에서 행동이나 감정의 부적절한 유형. (d) 불행이나 우울함의 느낌이 일반적으로 배여 있는 것. (e) 개인적 혹은 학교적 문제와 관련된 물리적 증상이나 공포를 발전시키는 경향. 이 용어는 정신분열증을 가진 아동을 포함한다. 이 용어는 진지하게 정서 불안정을 가지고 있다는 판단이 내려지지 않는다면 사회적으로 환경에 적응하지 못하는 아동들까지 포함하지는 않는다.

자료: 장애 아동과 청소년을 위한 국가정보센터(1993).

어떤 특수 교육 프로그램 내에서의 배치든 전문가들이 팀으로 정보를 모을 필요가 있다. 전문가에는 다음의 사람들이 포함되나 이에 제한되지는 않는다: 부모, 교육자, 상담가, 공인 정신 측정 학자, 공인 정신 분석 의사, 발성 병리학자, 내과 의사, 직업상의 치료전문가, 물리치료 전문가. 팀 구성원들은 그들의 전문 영역에서 다양한 시험이나 평가를 시행한다. 모아진 자료에는 다음과 같은 것들이 있다: 행동 관찰, 적절한 행동 체크리스트, 사회적 / 발달상의 과정, 교실 과제물 낸 것 (work sample), 청력과 시력 검사, 발성 검사, 학업 성취도 평가, IQ 테스트. 연방과 주의 지침에 정해진 것처럼 모든 자료들은 학생 / 부모 / 보호자의 모국어(primary language)로 제시되어야 한다.

III. 청소년 사법 대상자들 사이에서
특수 교육의 필요성

청소년 사법 대상자들에게 모든 종류의 특수교육이 전부 필요한 것은 아니다(Nelson, 1987). 이전에 언급한 것처럼 가장 일반적인 장애 상태들은 바로 학습 장애, 정신장애, 정서적 장애이다. 제도 전반의 규정이나 평가 전략에서 차이가 있기 때문에 청소년 사법 대상자들에게 이러한 문제가 더 많이 나타난다고 단언하기는 어렵다. 평가는 다소 다르게 나타난다.

1. 학습 장애

학습 장애의 범주는 청소년 사법과 범죄 연구에서 가장 주목을 받고 있다. 청소년 사법 대상자들 사이에서 학습 장애가 정신장애나 정서적 장애보다 더 흔하다는 합의는 없다. 그러나 일반적으로 학습 장애는 전체 인구에 비해 청소년 사법 시설에서 더 많이 나타난다(Keilitz & Dunivant, 1987; Murphy, 1986; Swanstrom 등, 1981; Zimmerman 등, 1981). 예를 들어 Swanstrom 등이 발견한 바에 따르면 학습 장애는 7학년 학생들의 표본에서 15.8%인 데 비해 집행유예 청소년의 표본에서는 55.5%로 나타나고 있다. 유사하게 Zimmerman 등이 기술한 바에 따르면 공립학교 표본에서 청소년의 18%가 학습 장애로 분류되는 데 비해 선고를 받은 범죄자에게선 33%를 차지하고 있다.

이러한 연구들에 나타나는 경향의 한 가지 예외는 Pasternack과 Lyon의 조사이다(1982). 그들은 유치장의 청소년 표본과 공립학교 표본에서 학습 장애 비중에 유의미한 차이는 없다고 기술했다. 그러나 이 조사자들의 경우 학습 장애를 매우 제한적으로 정의함으로써 정서 불안정이나 정신장애가 주로 나타난 경우는 제외시켰다. Pasternack과 Lyon의 유치장 청소년 표본에서는 오직 37.5%만이 장애가 없는 것으로 분류되었다. 다수의 대상자들은 학습 장애나 정신장애, 정서장애 중 어느 하나에 해당되었다.

Reilly 등(1985)은 선고를 받은 범죄자들과 다양한 학교의 특수 교육 학생들의 지력과 학업 성취도 수준을 비교하였다. 이 연구자들은 범죄자들이 정신장애나 정서적 장애 학생들보다 학습 장애 학생들과 더 유사하다는 것을 발견했다.

2. 정신장애

정신장애 상태 역시 청소년 사법 대상자들 사이에서 비교적 흔하게 나타난다. 대부분의 정신장애 대상자들은 그렇게 심하지 않다.

청소년 사법 관할하 90명의 청소년에 대한 연구에서 Smykla와 Willis(1981)는 19%가 정신장애로, 43%가 학습 장애로 분류된다고 보고했다. Pasternack과 Lyon(1982)의 40명의 대상자에서는 30%는 정신장애로 12.5%는 학습 장애로 규정되었다. 더욱이 정신장애 상태는 청소년 사법 대상자들 사이에서 더 크게 나타나는 듯하다(Murphy, 1986). Santamour(1987)는 전체 인구의 1-3%가 정신장애라고 기술했다.

3. 정서장애(행동 불안정)

정서장애 / 행동 불안정이라는 용어는 교육과 정신의학에서 비롯된 용어로 이해되어야 한다. 이들은 청소년 사법에서 법과정상의 목적에서 사용되는 용어가 아니다.

정서적으로 장애가 있는 청소년들을 확실한 방식으로 정의를 내리거나 규정하는 데는 어려움이 있다. 왜냐하면 기준의 적용이나 확립과 관련하여 합의된 것이 없기 때문이다(Gilliman & Scott, 1987; Nelson, 1987). 또한 정서장애와 다른 특수 교육의 범주 사이에는 겹치는 부분이 많다(Meltzer, Roditi & Fenton, 1986; Reilly 등, 1985). 더욱이 정서장애와 범죄 행동 사이의 관계는 문헌상으로는 잘 드러나지 않는다. 그러나 확실한 것은 범죄 행동을 보이는 청소년들의 다수가 정서장애는 아니라는 점이다.

학습 장애나 정신장애 상태에 비해 청소년 사법에서 정서장애가 나타내는 것에 대해 알려진 것은 적다. Morgan(1979)은 그의 전국 조사에서 공공시설에 수용된 범죄자의 16.23%가 정서적으로 장애가 있다는 것을 발견했다; 학습 장애나 교육할 수 있는 정신장애의 비중이 각각 10.59%와 7.69%로 나타난다. Pasternack과 Lyon(1982)은 그들의 수감자 대상 표본의 30%가 정서적으로 불안정하다는 것을 발견했고, Gilliman과 Scott(1987)는 교정 기관 두 곳의 청소년 82명 중 73.2%가 정서장애로 지정되어 있다는 것을 발견하였다. 정신장애와 학습 장애와 마찬가지로 정서장애를 드러내는 사람은 전체 청소년 중에서보다 청소년 사법 대상자들 사이에서 상당히 높게 나타난다(Murphy, 1986).

4. 주의 결핍 불안정

Friedman과 Doyal(1987, p.1)에 따르면 "주의 결핍 불안정······은 짧은 집중 시간, 집중의 어려움, 충동 조절 능력의 부족, 산만함, 심한 변덕 등 산만한 움직임(ADHD)을 포함하는 일군의 증상이다." 최근까지 주의 결핍 불안정은 특수 교육에서 공식적인 용어는 아니었다. 그보다는 지적 장애 혹은 학습 장애와 자주 관련되었기 때문에 교육에 중요한 함의를 갖는 정신의학상의 용어였다(Faraone 등, 1993; Friedman & Doyal, 1987).

청소년 사법제도에서 주의 결핍 불안정의 형태는 아직 확립되어 있지 않다. 그러나 자기 보고식 범죄 자료를 사용하는 장기적인 동일 연령 집단 연구에서 Moffitt(1990b)는 범죄 행동에 연루된 적이 있다고 기술한 청소년의 약 1 / 4이 주의 결핍 불안정이 있었다는 것을 발견했다. 게다가 주의 결핍 불안정을 가진 청소년의 거의 반이 범죄 행동에 연루되어 있다고 기술했다. 이러한 발견은 주의 결핍 불안정이 청소년 사법 대상자들 사이에서 당연히 높게 나타날 것임을 시사해 주고 있다.

5. 법교육에 대한 함의

위에서 살펴본 문헌에서 드러나는 것은 분명하다. 즉 교육적으로 장애를 지닌 학생들이 청소년 사법제도 프로그램 외부보다는 제도 내부의 법교육 프로그램에 더 많이 존재한다는 점이다. 따라서 청소년 사법에서 법교육 프로그램이 장애 학생들의 필요를 고려하는 데 실패한다면 심각한 위험이 나타날 것이다. 그 위험이란 장애 청소년들이 장애 상태와 관련된 문제 때문에 법교육에 반응하지 않는 것으로 또는 비협력적인 것으로 판단될 수 있다는 점이다. 청소년 사법에서 그러한 판단은 자주 부정적 결과를 수반하고, 법교육 참여가 훨씬 성공적으로 간주되었다면 가해졌을 처벌보다 더 강한 처벌로 이어질지도 모른다. 이러한 이유 때문에 청소년 사법제도에서 법교육을 실행하는 사람들이 장애 학생들의 필요를 확인하고 수용하는 것은 필수적이다.

IV. 특수 교육 학생들에게 법교육 실행하기

1. 학생들의 확인

청소년 사법에서 법교육 프로그램을 실행하기 전에 집단 내 어느 학생이 장애를 가지고 있는지를 구분하고 장애의 특징을 아는 것은 필수적이다. 이러한 정보의 주된 원천은 다음과 같은 것이다. (a) 부모의 보고서; (b) 청소년 자기 보고서; (c) 사회복지사의 보고서 (d) 부모 동의에 근거해 참조한 학교 기록물. 가능한 한 많은 자료를 참조해서 특별한 장애 상태의 존재를 확인해야 한다.

2. 실 행

많은 필자들(예를 들면 Meltzer 등, 1986; Nelson, 1987; Rutherford, 1988; Rutherford 등, 1985)은 장애 학생들에게 교육을 할 때 기능적인 평가와 기능적인 교육 과정을 활용하는 것이 중요하다고 역설한다. 기능적인 평가에서는 지속적인 노력을 통해 학생들의 교육적 수행이나 일상생활에의 적응을 방해하는 특정한 기능 결핍을 확인한다. 이어서 평가 정보는 학생들의 교육 과정을 만드는 데 활용된다. 학생들이 필요로 하는 것이 학문적, 직업적, 사회적, 삶의 방식 또는 이런 것들의 복합적인 것이든 간에 기능적인 교육 과정은 학생들의 필요에 맞게 특별하게 구성된 것이다. 즉 평가와 교육 과정은 그 개인을 위해 특별히 설계된다.

아래에 제시된 교수 전략은 일반적인 교수 상황에서의 교수 방법, 내용, 물리적 환경을 조정하고 적용한 것을 포함한다. 이러한 조정과 적용은 수업 전달을 용이하게 할 것이고 개인의 필요에 부응하는 적절한 프로그램을 제공할 것이다. 그리하여 개인들이 성공적으로 법교육 프로그램을 완수할 가능성을 높이는 것을 목적으로 한다.

특별하게 고안된 교수에서 사용되는 조정에 대해 고려할 때 수용적 조정(receptive modifications)과 표현적 조정(expressive modifications) 두 가지가 있다는 점에 주목해야 한다. 수용적 조정은 지식을 수용하고 얻는 방법을 다룬다. 이에 반해 표현적 조정은 이해, 일반화, 지식의 적용을 밖으로 보여주는 방법을 다룬다. 두 가지 조정은 수행을 최적화하는 데 필수적이다.

수용적 조정과 표현적 조정에 관련하여 각 전문 분야가 협력하는 팀 접근 방식을 활용하는 것은 특별하게 설계된 교수의 유용한 요소가 될 수 있다. 팀 접근에서는 특정 청소년들을 다루는 다양한 구성원들이 청소년들에게 의미 있고 성공적인 학습경험을 제공하기 위해 필요한 조정과 적용에 대해 모여서 논의한다. 교육 과정을 실행하고 평가하는 데 있어서 교육, 사회, 의료, 지역 공동체 자원들이 팀에 포함될 수도 있다.

특수교육대상자들 사이에서 학습의 성공과 성취를 최대화하려고 할 때 세 가지 범주의 조정이 요구된다. 환경이나 물리적 측면에서 조정, 준비물과 기자재의 조정, 교수 방법과 내용의 조정이 여기에 포함된다. 각 범주에서 구체적인 조정들의 예는 표 11 - Ⅱ에 나타나 있다.

물리적 환경을 조정하기 위한 능력은 때로 제한된다. 그러나 심지어 사소한 변화도 개인의 필요에 효과적일 수 있다는 점을 기억해야 한다. 11 - Ⅱ에 나타난 준비물과 기자재의 예는 이러한 것들이 이미 갖춰져 있지는 않다고 하더라도 보통 교실 상황에서 쉽게 추가될 수 있는 것이다. 교수 방법과 내용의 조정은 장애 학생들을 위해 특별히 설계된 교육 프로그램을 실행하는 데 있어서 무엇보다도 중요한 측면이다. 표 11 - Ⅱ에 나타난 많은 교수 방법이나 내용의 조정은 쉽게 달성될 수 있다. 명심할 점은 이들이 형식의 조정은 보여주고 있지만 내용의 조정은 보여주고 있지 않다는 점이다.

표 11 - Ⅱ

조정의 예시

---

1. *환경이나 물리적 측면의 조정*
A. 학습 좌석의 이용가능성
B. 안쪽으로 소동은 자유로우나(예를 들면 포스터) 바깥으로의 소동(예를 들면 소음)은 최소화되는 자유로운 좌석
C. 추가 조명
D. 소집단 활동을 위한 적절한 장소
E. 휴식 시간 공간 또는 정숙한 공간의 제공
F. 교수자에 대한 학생의 근접성
2. *준비물과 장비의 조정*
A. 예측하고 집중하는 데 활용할 수 있는 일정표
B. 인쇄 형태의 크기와 공간의 증가
C. 수작업 과제에 대한 조작기
D. 소집단 탁자들
3. 바람직한 행동을 보상하는 긍정적 강화기제의 이용가능성
E. *교수 방법과 내용의 조정*
A. 학습 안내 혹은 지도서
B. 읽기 자료의 음성 테이프
C. 요점의 반복과 매일 요약
D. 간명하고 단순화된 진술
E. 자꾸 떠올려주기
F. 각광받는 질문
G. 친숙한 대상을 분명히 말하고 쓰기
H. 장기적인 목적으로 자주 복습하기
I. 매일 핵심 단어나 개념을 요목화하기
J. 언어적 방식으로 자꾸 재진술하기
K. 단순한 / 분명한 글쓰기 방식의 사용
L. 다중감각의, 다중양상의 지도(즉 수용적, 표현적 학습스타일을 수용하는 다양한 접근)
M. 긍정적 작업을 강화하고 격려하는 수직적, 비수직적 단서와 제스처
N. 실제로 그들 자신에 대해 말하는 자기 말하기
O. 가르쳐지는 대상이나 행위에 대한 교사의 시범
P. 직접적 교수(즉 이해를 위해 즉각적인 탐구에 뒤따르는 내용 제시)
Q. 오직 한 두 단계만 다루는 방식의 제시
R. 능력 수준에 따른 읽기 자료의 적용
S. 반복학습의 제공(즉 가르친 내용을 다시 가르치기)
T. 모든 학생의 필요를 수용하는 제어된 교수 속도
U. 과제 수 줄이기
V. 학생과의 계약
W. 협동학습을 문제해결을 위해 소집단 활용과 관련해 실행하기
X. 행동 / 교수 관리 계획(즉 이러한 것을 다룰 때 뒤따르는 계획이나 어려움에 대한 예상)

표 11-Ⅱ에 표현된 많은 아이디어들은 보통 일반적 교실 상황에서 적용된다. 다만 여기서 강조하고자 하는 것은 이 환경에 특별히 관심을 가져야 한다는 점이다. 덧붙여서 어떤 조정을 할 때 장애 학생들이 동료들 앞에서 그들의 나약함을 드러내게 되면 당황할 수 있다는 점을 주의하는 것이 중요하다. 그러므로 장애 학생들을 적응시킬 때 조정에 (장애 학생들에 대한) 지나친 관심은 필요 없다. 특수교육 청소년들이 적응하고 있다는 사실을 지나치게 강조하지 않아도 대부분의 조정은 교수 프로그램으로 자연스럽게 통합될 수 있다.

V. 결 론

법교육의 세 가지 요소는 다음과 같다: (1) 개별 학습이라기보다는 집단학습; (2) 전문적 지식과 경험을 알려줄 수 있는 다양한 외부 자원 인사의 활용; (3) 학습 과정에서 적극적으로 학생들을 참여시키는 것에 대한 강조. 특별히 장애 학생들을 위해 설계된 교수는 이러한 요소들 각각과 부합될 수 있다.

특수교육의 영역이 각각의 학생들의 필요나 학습 유형에 맞춰진 개별화된 평가와 교수 방법을 선호하더라도, 특수 교육 수업은 몇몇 유형으로 나타난다. 가장 일반적인 유형의 하나가 집단 활동이다. 구체적으로 소집단 교수는 동료들 간에 긍정적인 상호 작용과 모델링을 제시함으로써 학습을 진작시킨다. 법교육 교수자들은 집단 내의 모든 개개인들이 지식을 습득하고 성과를 나타내는 방식이나 정도가 같지 않다는 점을 기억할 필요가 있다. 집단 교수는 개인 간의 차이를 조정할 수 있을 만큼 유연하고 다양해야 한다.

집단 내의 특별한 장애 학생들에게 맞는 학습 속도나 수준, 학습 부담(load of information)에 대해 외부 자원인사들이 미리 알고 있다면 장애 학생들에게 외부 자원인사를 활용하는 데 별다른 어려움은 없을 것이다. 동시에 법교육 교수자와 외부 자원인사들 사이에 충분한 래포가 형성된다면 팀티칭 접근 방식이 사용될 수 있을 것이다. 이러한 접근을 통해 잠재적인 행동 장애를 줄이고, 드러난 학습 속도와 수준, 학습 부담을 제어할 수 있을 것이다. 유익하면서도 재미있는 외부 인사들은 보통의 학습자들의 경우와 마찬가지로 특수 교육의 학습자들로부터 관심과 존경을 이끌어낼 것이다.

비장애 학생들보다 장애 학생들 특히 학습 장애, 정신장애, 정서 불안정의 경우 수동적인 수업 방식에 훨씬 더 따르지 않는 듯하다. 어떤 개인의 학습 경험을 극대화하기 위해서는 개인이 그 수업에 활동적으로 참여해야 한다. 그래서 대부분의 특수 교육가들은 활동적으로 학습하는 교수 기법에 강하게 의존한다. 법교육에 관한 유일한 요구는 특수 학습자들을 적응시키기 위해서 활동적인 학습의 실행을 적절하게 조정할 필요가 있다는 것을 교수자들이 알고 있어야 한다는 점이다.

장애 학생들을 가르친다는 것은 하나의 도전이다. 많은 경우 성과가 쉽게 나타나지도 달성되지도 않는다. 그러나 동시에 장애를 가진 개인들이 법교육 교수로부터 이득을 얻지 못할 이유는 없다. 이 장에서 논의된 것과 같은 조정이나 적응을 확립하는 것이 핵심이다. 게다가 만약 법교육을 실행할 책임 있는 사람들이 적절한 조정과 다른 특수 교육의 이슈들에 대해 문제의식을 가지기만 한다면 대부분의 학교 시스템은 특수 교육 상담가들을 활용할 수 있다.

참고문헌

Buzzell, T.(1988). Law—related education in a juvenile justice setting. *New Designs for Youth Development, 8,* 43—47.

Faraone, S. V., Biederman, J., Lehman, B. K., Spencer, T., Norman, D., Seidman, L. J., Kraus, I., Perrin, J., Chen, W. J. & Tsuang, M. T.(1993). Intellectual performance and school Failure in children with attention deficit hyperactivity disorder and in their siblings. *Journal of Abnormal Psychology, 102,* 616—623.

Forbes, M. A.(1991). Special education in juvenile correctional facilities: A Literature review. *Journal of Correctional Education, 42,* 31—35.

Fox, J. W., Minor, K. I. & Pelkey, W. L.(1994). The relationship between law—related education diversion and juvenile offenders' social—and self—perceptions. *American Journal of Criminal Justice, 19,* 61—77.

Friedman, R. J. & Doyal, G.(1987). *Attention deficit disorder and hyperactivity*(2nd ed.). Danville, IL: Interstate.

Gilliman, J. E. & Scott, B. K.(1987). The behaviorally disordered offender. In C. M. Nelson, R. B. Rutherford, Jr. & B. I. Wolford(eds.), *Special education in the criminal justice system*(pp.141—162). Columbus, OH: Merrill.

Keilitz, I. & Dunivant, N.(1987). The learning disabled offender. In C. M. Nelson, R. B. Rutherford, Jr. & B. I. Wolford(Eds.), *Special education in the criminal justice system*(pp.120—140). Columbus, OH: Merrill.

Meltzer, L. J., Roditi, B. N. & Fenton, T.(1986). Cognitive and learning profiles of delinquent and learning—disabled adolescents. *Adolescence, 21,* 581—591.

Moffitt, T. E.(1990a). The neuropsychology of juvenile delinquency: A critical review. In N. Morris & M. Tonry(Eds.), *Crime and justice: An annual review of research*(pp.99—169). Chicago, IL: University of Chicago Press.

Moffitt, T. E.(1990b). Juvenile delinquency and attention deficit disorder: Boys' developmental trajectories from age 3 to age 15. *Child Development, 61,*

893-910.

Moffitt, T. E., Lynam, D. R. & silva, P. A.(1994). Neuropsychological tests predicting persistent male delinquency. *Criminology, 32*, 277-300.

Morgan, D. I.(1979). Prevalence and types of handicapping conditions found in juvenile correctional institutions: A national survey. *Journal of Special Education, 13*, 283-295.

Murphy, D. M.(1986). The prevalence of handicapping conditions among juvenile delinquents. *Remedial and special Education, 7*, 7-17.

National Information Center for Children and Youth with Disabilities(1993). Disabilities which qualify children and youth for special education services under the Individuals with Disabilities Education Act(IDEA). Fact Sheet. Washington, DC: U.S. Department of Education, Office of Special Education Programs.

Nelson, C. M.(1987). Handicapped offenders in the criminal justice system. In C. M. Nelson, R. B. Rutherford, Jr. & b. I. Wolford(Eds.), *Special education in the criminal justice system*(pp.2-23). Columbus, OH: Merrill.

Pasternack, R. & Lyon, R.(1982). Clinical and empirical iedntification of learning disabled juvenile delinquents. *Journal of Correctional Education, 33*, 7-13.

Reilly, T. F., Wheeler, L. J. & Etlinger, L. E.(1985). Intelligence versus academic achievement: A comparison of juvenile delinquents and special education classifications. *Criminal Justice and Behavior, 12*, 193-208.

Rutherford, R. B. Jr.(1988). Correctional special education. *Teaching Exceptional Children, 20*, 52-54.

Rutherford, R. B. Jr., Nelson, C. M. & Wolford, B. I.(1985). Special education in the most restrictive environment: Correctional / special education. *Journal of Special Education, 19*, 59-71.

Santamour, M. B.(1987). The mentally retarded offender. In C. M. Nelson, R. B. Rutherford, Jr. & B. I. Wolford(Eds.), *Special education in the criminal justice system*(pp.105-119). Columbus, OH: Merrill.

Smykla, J. O. & Willis, T. W.(1981). The incidence of learning disabilities and mental retardation in youth under the jurisdiction of the juvenile court. *Journal of Criminal Justice, 9*, 219-225.

Swanstrom, W. J., Randle, C. W. & Offord, K.(1981). The frequcny of Learning disability: A comparison between juvenile delinquent and seventh grade populations. *Journal of Correctional Education*, 32, 29−33.

Warboys, L. M. & shauffer, C. B.(1986). Legal issues in providing special education services to handicapped inmates. *Remedial and Special Education*, 7, 34−40.

Williamson, D. & Young, C.(1992). Law−related education as a diversion option for juvenile offenders in Kentucky. *Journal for Juvenile Justice and Detention Services* & , 16−19.

Zimmerman, J., Rich, W. D., Keilitz, I. & Broder, P. K.(1981). Some observations on the link between learning disabilities and juvenile delinquency. *Journal of Criminal Justice*, 9, 1−17.

법교육 프로그램을 위한 지역사회 자원의 동원

"법교육 프로그램을 위한 지역사회 자원의 동원"

PAUL KNEPPER

Ⅰ. 서 론

법교육 프로그램들은 지역사회 자원들을 성공적으로 이용해야 한다. 이 점에 관해서, 법교육 실행가들은 피해자-가해자 중재 활동처럼 공식적인 법적 시스템 내에서 여타의 다른 활동을 했던 경험자로부터 많은 것을 배울 수 있다. 피해자-가해자 중재제도는 1974년 Ontario 주, Kitchner에서 복귀한 한 보호관찰 요원의 경험으로부터 시작되었다. 지난 20년간 150개 이상의 프로그램들이 미국과 캐나다에서 시행되었다. 피해자-가해자 중재 프로그램은 현재 유럽을 거쳐, 호주에서 스코틀랜드까지 8개 국가에서 실행되고 있다(Umbreit, 1994).

피해자-가해자 중재제도의 고안자는 프로그램 개발을 위한 전략을 발견하고, 수년간의 활동을 통해 그것을 성공적으로 증명해 내었다. 이 장에서는 지역사회 자원을 활용하기 위한 고안자들의 몇 가지 전략을 개관할 것이며 이것은 법교육 프로그램에서도 마찬가지로 적용될 것이다. 특히, 지역사회 자원 개발 전략들은 5개의 주요 주제를 둘러싸고 조직된다: 목적 진술문 작성, 지역사회에 지원 요청, 공적 의식의 형성과 프로그램 홍보, 외부 자금 지원을 위한 탐색 그리고 프로그램 평가이다.

Ⅱ. 목적 진술문

법교육 프로그램 실행가들은 법교육이 무엇인지, 법교육이 지역사회에 왜 중요한가 등에 대해 설명할 필요성이 있다. 목적 진술문은 다음과 같은 내용을 포함해야 한다: (a) 법교육이 무엇을 의미하는가를 말해 주는 기술적 문장 (b) 청소년에게 법교육의 중요성을 드러내는 문장 (c) 그리고 법교육 프로그램이 지역사회에 얼마나 이익을 가져다줄 것인지를 설명하는 문장이 포함되어야 할 것이다.

프로그램의 목적 진술은 지역사회 인사들과 공공시민에게 프로그램을 소개하는 데 사용될 것이다. 지역사회 자원을 효과적으로 촉진시키기 위해서는 광범위한 지역사회 조직 및 청소년 법정 기관을 대상으로 프로그램에 관한 수많은 프레젠테이션을 해야 한다. 그리고 주의 깊게 목적 진술문을 준비하는 것이 좀 더 용이하고 효과적인 프레젠테이션이 되도록 할 것이다. 목적 진술문은 전단 혹은 소책자로 다시 만들어져서 프로그램에 접촉하는 사람들에게 쉽게 배포되어야 한다. 이는 프로그램에 접촉하는 사람들에게 인쇄된 정보의 제공을 통해 면대면 접촉의 질을 향상시킬 것이다(Umbreit, 1994).

Ⅲ. 지역사회에 지원 요청하기

지역사회로부터 새로운 법교육 프로그램에 대한 지원을 이끌어내기 위해서는 지역사회에 대한 개념을 소개하는 계획초안이 요구된다. '마케팅 전략'과 유사하게 이러한 계획은 지역사회 자원이 되는 인사들을 확인하고, 그들과 접촉하기 위한 전략을 짜야 한다. 그리고 나서 그들의 지원을 통합하기 위한 장기적 전략을 유기적으로 구성해야 한다.

1. 관련 집단 분석

계획단계에 있어서 첫 번째 과제 중의 하나는 지역 청소년법정 제도 내에서 활동하고, 새로운 법교육 프로그램 개발에 관심을 가지는 지역 내 모든 사람들을 확인하는 것이다. 핵심 인사 명단을 작성하는 동안, 각각의 인사들이 어떤 종류의 자원을 가지고 있는지, 뿐만 아니라 그들 개개인이 법교육 프로그램 개발에 어느 정도 지지할 수 있는지 혹은 반대할 수 있는지를 고려하는 것이 매우 중요하다(Umbreit, 1994).

1) 지방 법집행 기관

많은 시경찰국은 경찰-학교 연락 및 범죄 방지를 위한 프로그램 또는 청소년 문제 전문가인 (senior officer)에 의해 감독되는 여타 다른 프로그램을 두고 있다. 범죄 지역에서의 보안관 사무실은 이런 전문가를 포함하는 부서를 두고 있을 것이다. 지방 법집행 업무에 종사하는 공무원들은 이러한 전문가들을 소개(추천)할 필요성이 있으며 또는 미팅 장소나 다른 여타 서비스를 공급할 수 있을 것이다.

2) 판사와 검사

판사와 검사의 참여는 핵심적이다. 그들은 전문가 추천 및 미팅 공간을 제공할 수 있으며, 프로그램에 대한 신뢰성과 정당성도 제공한다. 지역사회의 존경받는 구성원들로서 그들은 법교육 프로그램을 촉진시킬 수 있을 것이다.

3) 법조인(변호사) 단체

주 전체 혹은 지역 단위의 법조인(변호사) 단체들은 법교육 프로그램을 위한 중요한 자원이 된다. 이 조직들은 법교육 학습 참여에 접촉할 현재 활동 중인 변호사들의 인명록을 보유하고 있다. 교실의 학습활동에 자원하는 법조인들은 또한 금전적으로 기꺼이 지원할 수도 있을지 모른다.

5) 사회 서비스 기관(사회 자선 기관)

지역 United Way와 청소년 활동 리그(Junior Action League) 같은 자선 단체들 또한 법교육의 잠재적 지지자이다. 이 조직의 구성원들은 지역의 이슈, 흐름에 대한 정보를 제공할 수 있으며 자원봉사자 모집의 제공원이 될 수 있다. 또한 이 조직들은 미팅 장소 혹은 사무실 설비의 사용 등과 같은 다른 유형의 자원들을 공급할 수도 있을 것이다.

6) 시민 조직

Kiwanis와 로터리클럽(Rotary Club)과 같은 인도적 조직들은 그 지역사회에 긍정적 영향을 미치기 위한 것들이다. 설비, 물품 구입 또는 그 외의 것 등 특별한 필요를 요청하는 데 이런 조직의 도움이 필요할 것이다. 또한 그들은 여타의 활동을 통해 법교육의 인식을 증진시킬 수도 있을 것이다.

7) 시 / 주 선출직 공무원들

시장, 지방 의회 의원들, 주 입법자들 그리고 여타의 선출직 공무원 개개인들은 종종 지역사회 삶의 질에 진심 어린 관심을 가지고 있다. 그들은 법교육에 대한 금전적 지원, 인식의 형성, 정당성 제공 혹은 세 가지 전부를 제공할 수 있다.

8) 단과대학 및 종합대학

지역의 고등 교육기관들은 자원봉사자를 포함하여 다양한 지원 서비스를 제공할 수 있을 것이다. 범죄 정의학, 공공 정책(행정)학, 정치학, 사회사업 및 사회학을 포함하는 몇몇 학위 프로그램들은 인턴십 자격요건을 가지고 있다. 인턴들은 대학 학점에 반영되는 자원 봉사 서비스 시간을 채운다(complet). 법교육 조력자들에 의해 그들의 다양한 재능들이 활용될 수 있을 것이다. 대학 교수들 역시 프로그램 평가 혹은 재정 지원을 얻을 수 있는 기회에 관한 정보 등을 제공할 수 있을 것이다.

각종 관련 집단에 대한 분석은 지역사회 핵심 인물의 영향력에 관한 평가와 프로그램에 대한 이들의 지지를 이끌어내고 반대를 중립화하는 최상의 방법적 지식을 제공하도록 한다. 지역사회에 대해 지속적인 영향을 미치는 것에 자부심을 가지는 프로그램들은 적절한 관련 집단과 타협을 이룬 프로그램들인 것이다.

Ⅳ. 지역사회 자원들과의 접촉 시작

잠재적 자원들을 확인한 다음 단계는 자원들과 실제로 접촉하는 것이다. 지역사회 지도자들과 여타 이익 집단들은 초기 접촉 계획에 개입될 필요가 있다. 그들은 프로그램 지휘자에게 매우 중요한 통찰력을 제공할 수 있다. 게다가 지역사회 지도자들은 종종 그들이 초기에서부터 관여되어 있는 프로그램에 대해서 더욱 기꺼이 지지하려는 경향이 있다.

자원 접촉의 초기 접근방법은 대상이 되는 지역사회 지도자들에게 우편으로 공식적인 질문서를 보내는 것이다. 예를 들어, 전국 유태인 여성 회의의 세인트루이스 지부국에서 개발한 피해자 문제를 다룬 설문지는 법교육과 관련된 설문지를 설계하는 데 유용할 것이다(Susman & Vittert, 1980). 판사, 검사 혹은 다른 정부 공무원들과 같은 몇몇 개개인들은 질문지 조사가 지나치게 비인격적이라 여기고, 바쁜 그들의 일정에 짐으로서 인식할지 모른다. 그럼에도 불구하고 그들에 대한 우편조사는 그들의 자기소개서를 동봉할 기회를 제공해 줄 것이다.

좀 더 직접적이고 덜 형식적인 방법은 간단하게 대상이 되는 지역 인사에게 전화를 걸어 인터뷰 혹은 프로그램 프레젠테이션(소개발표) 브리핑 약속을 정하는 것이다. 접촉 대상들이 사전에 구체적인 목적을 통지받지 않고서는, 미팅 장소에서 미팅의 목적에 대해 혼란을 느낄지 모르지만, 그러한 미팅을 저지할 지역 인사들은 거의 없을 것이다. 이런 사람들에게는 방문 이전에 법교육에 관한 정보를 미리 보내야 한다. 프로그램 실행가들은 미팅 전에 사무실 설비 기증자나 전문가 추천자 등과 같이 접촉 대상 개개인에게 주어진 역할을 수행하는 데 필요한 것들을 미리 준비하여야 한다(Zehr, 1983).

또 다른 전략은 점심미팅 혹은 소세미나(미니세미나)를 조직하는 것이다. 두 시간 정도 걸리는 이런 미팅은 지역사회로부터 선정된 핵심 인사들에게 전국적인 법교육 운동을 설명할 수 있는 컨설턴트나 객원 연설가를 초대할 수 있도록 도움을 줄 것이다.

또는 법교육 실행가들은 전국 법교육 조직 중 한 조직에 의해 만들어진 비디오 방영과 이에 따른 간략한 프레젠테이션을 할 수도 있다.

1대1 인터뷰나 미니세미나 전략 혹은 두 전략을 결합하여 사용하든지 간에 청소년법정의 문제점에 대한 해결책으로서 프로그램을 묘사하는 것은 피해야 한다. 법정 체제 내에서 그러한 것들은 그 어떤 비판도 개인적 모욕으로서 쉽게 해석하는 경향이 있으며, 체계적 결함을 나열하는 것은 직업상 업무에 부담만 가중시킨다는 이유로 방어적 반응만을 불러일으킬 것이다.

그보다도 프로그램들은 현재 존재하는 이익을 보충하게 될 연계된 노력으로서 특징지어질 수 있다. 강조되어야 할 것은 법교육이 여타 다른 영역에서 현재 진행되고 있는 노력에 기여할 것이라는 점이다.

Ⅴ. 지지 세력의 결집(통합)

일단, 지역사회 자원이 되는 인사들을 명료화하고, 접촉하면, 마지막 단계는 그들의 지지를 결집하는 것이다. 이를 위한 비형식적 방법의 하나는 사회 이벤트를 조직하는 것이다. 사교 모임을 지원하는 일은 지역사회 자원이 되는 인사들의 만남을 제공해 줄 것이며, 프로그램에 대한 그들의 기여를 인식하게 하는 계기를 마련해 줄 것이다.

지역사회 지지를 결집하는 또 다른 방법은 자문위원회를 구성하는 것이다. 자문위원회는 매일 이뤄지는 법교육 프로그램 실행과정에 참여하지는 않는다. 그보다는 기금 조성자, 자문단(컨설턴트), 분쟁 해결자 및 법교육 촉진자로서의 기능을 수행한다.

자문위원회는 (특히, 프로그램 개발 초기 단계 동안) 정기적 만남을 가지는 소규모 집단 구성원을 확보하는 데 도움을 줄 뿐만 아니라, 프로그램에 대한 지역사회 인사들의 지지를 유지하고 촉진시키는 적절한 방법들을 제공한다.

훌륭하게 계획된 의제가 있는 분기별 점심미팅은 자문위원회를 적합하고 가치 있는 자산으로 만들 것이다(Zehr, 1983).

자문위원회 회원은 앞에서 열거했던 지역사회 인사 각각을 대표하는 한 명의 대표들이 모여서 이루어질 필요는 없다. 그러나 자문위원회 회원은 지역사회의 기본자원을 폭넓게 반영해야 한다. 만약 자문위원회 회원이 너무 적다면, 한 명 혹은 두 명의 멤버가 참석하지 못할 때에는 프로그램 프레젠테이션 미팅을 실행하기가 어려울 것이다. 자문위원회가 회원이 너무 많다면, 위원회는 쓸모없는 집단이 될 것이다. 5명에서 7명의 회원으로 시작하고, 프로그램을 개발하면서 더 많은 회원을 추가하는 것이 가장 좋은 방법이다. 공식적 자문 집단은 약 12명으로 구성되어야 최상의 활동을 할 수 있을 것이다.

초기 소수의 회원으로 시작하고, 프로그램을 진행하면서 계속적으로 확대시키는 것은 몇 가지 이유에서 훌륭한 전략이 된다. 즉 사람들은 비형식적 분위기에서 쉽게 관계를 형성한다는 것이고, 소규모 집단 사람들 사이에서 비형식적인 분위기가 쉽게 생성된다는 점이다. 몇몇 지역사회 인사들은 프로그램에 대한 어느 정도의 의식 없이는 장기적으로 프로그램에 전념하는 것을 꺼리게 될 것이다. 게다가 특정 위원회 구성원들은 프로그램 진행의 서로 다른 단계에서 가장 잘 활용된다. 자금 기부 경험이 있는 사회 자선단체 지도자는 프로그램 초기에 가치 있는 존재가 되기 쉽다. committed judge 위원회 결정은 프로그램을 지속시키는 데 필요한 정당성을 제공한다(Zehr, 1983). @@

LA 기본권교육재단(CRK)의 기초를 세운 Vivian Monroe는 위원회가 사법계, 법대, 지역 법조인(변호사)단체, 공립학교 체제, 대학과 은행 / 기업 사회의 대표를 통합해야 한다고 제안한다. 기업가와 은행가는 자금을 생성하는 지역사회 기업들과 접촉을 하기 때문에 프로그램 실행에 매우 중요하다. 지역사회 내에서 여타의 프로젝트를 수행하는 여성과 남성들 즉 노련한 지역사회 단체 조직자(조직 창시자) 역시 중요한 자원이 될 수 있다. 적어도 세 가지 준거에 근거해서 지역사회 인사들을 자문위원회 구성원으로 포함시켜야 한다. (1) 자금 기부 혹은 생성능력 (2) 지역사회에서의 중요도와 여타 지역사회 지도자와 기꺼이 접촉할 수 있는 능력 (3) 프로그램 개발에 도움을 줄 수 있는 능력(Monroe, 1975)

VI. 홍 보

위에서 기술된 3단계 계획이 지역사회 자원이 되는 인사들을 법교육에 참여시킬 것이나, 이뿐만 아니라 대상을 핵심 인사 외에 지역사회 구성원으로 좀 더 확대시켜 법교육 프로그램을 촉진시킬 필요가 있다. 이는 홍보를 요구한다. Eaneman–Taylor(1985)는 법교육 프로그램의 시작을 브로드웨이 쇼 기획에 견주어 비교했다: 법교육 프로그램과 브로드웨이 쇼 둘 다 참여자(배우)와 지지자(후원자)가 성공하는 것을 필요로 한다. 프로그램에 관한 정보를 홍보하기 위해서는 이에 관한 정보가 지역 내 인쇄 및 방송 매체에 전달되어야 한다. 이는 근린 지역 출판물, 지역에서 출판되는 잡지와 더불어 라디오와 텔레비전 방송국, 신문 등을 포함한다. 이런 미디어 판로를 발견하는 가장 쉬운 방법은 황색신문(Yellow Pages)을 이용하는 것이다. 그러나 국제 편집·출판인 연감(The Editor and Publisher International Yearbook)과 방송 연감(The Broadcasting Yearbook) 같은 미디어 명부(자료)는 지역 도서관 참고자료 섹션(색인)에서 찾을 수 있으며 이것들은 좀 더 체계적인 명부를 제공한다.

1. 인쇄 매체를 통한 홍보

법교육 프로그램은 지역 라디오나 공영 텔레비전 프로그램에 매력적으로 보일 수 있다. 지역의 이슈들을 지적하는 언론인들은 관련 자료들을 모니터링하며, 청소년에 초점을 둔 새로운 프로그램은 훌륭한 이야깃거리를 제공한다. 또는 프로그램이 지역 신문에 하나의 이야깃거리를 만들어 낼 수 있다. 신문은 지역사회 이슈에 중점을 둔 칼럼과 더불어 지역 사건 기사들을 발행한다. 만약 법교육 실행가들이 보도 자료를 기자들에게 제공한다면 신문 기삿거리는 증가할 것이다.

관계진에게 사전에 발표하는 보도 자료(프레스 릴리스)는 간결한 보도 기사의 형태로 작성된다. 프레스 릴리스는 "5개의 W"형식(누가, 무엇을, 언제, 어디서, 왜)에 의해 작성될 수 있다. 제아무리 노련한 출판업자들조차도 결코 이러한 고전적인 신문 기사 작성의 원칙(형식)을 피하지 않는다. 뉴스 기사를 작성할 때, 가장 눈길을 끌거나 주목할 만한 지면은 제목(타이틀)을 제공하고 그러고 나서 첫 줄을 써 내려 가야 한다는 사실을 마음속에 새겨두어야 한다. 차후 문장은 누가, 무엇을, 언제, 어디서 그리고 이유(왜)의 내용들을 제공한다. 그러고 나서 세부내용들은 중요성에 따라 내림차순으로 주어질 수 있다. 뉴스 기사들이 요약될 때는, 명확한 명사와 활동적인 동사들이 채택되어야 한다.

만약 "기자단(writer's block) 혹은 집필진"이 충돌하여 하나의 문장을 구성하는 일이 불가능하게 보인다면(보도 기사의 형태로 작성될 수 없게 된다면), 5-W 형식은 하나의 간단한 보고서(특정문제에 관한)를 만드는 데 사용될 수 있다. 각각의 단어는 답변과 함께 핵심 정보를 전달하기 위해 타이핑된다. 그러고 나서 이러한 정보는 칼럼니스트와 편집자뿐만 아니라 "지역 광고 게시판(community bulletin board)과 독자 투고란(letters to the editor)"에도 보내어진다(Eaneman-Taylor, 1985).

2. 방송 매체를 통한 홍보

방송 미디어 작업은 추가적인 기회와 도전을 제공한다. 만약 프로그램이 특정의 뉴스거리가 될 만한 측면을 가지고 있다면―예를 들어 지역축제 참여―인터뷰 일정이 잡힐 것이다. 라디오와 텔레비전 방송국은 인터뷰 혹은 논쟁 형식의 지역 자체 프로그램을 제공하며, 이 프로그램에서 가장 중요한 대상(목표물)들을 소개한다. 인터뷰를 할 대상자의 이름과 더불어 프로그램 아이템 책자가 방송국에 전달될 것이다. 프로그램 책자는 몇 주 전에 미리 출연자들을 기재하기 때문에 프로듀서와 일찍부터 접촉하는 것은 매우 중요하다.

공익광고(Public service announcement)는 프로그램을 홍보하는 또 다른 방법이다. 공익광고는 지역사회에서 가장 가치 있다고 여겨지는 것들이 10−60초간 짤막하게 홍보되는 것을 말한다. 공익광고 편집은 비용이 많이 들 수 있고, 상당한 전문성을 요구한다. 더 나아가 제작자를 구해야 하고, 대본을 작성하는 문제가 있다. 대본은 훌륭하게 작성될 필요가 있다. 그것은 프로그램에 관한 핵심 사실과 관련되어야 하고, 사람들의 관심을 유지해야 하며, 주어진 광고 길이에 적합해야 한다.

프로그램을 촉진시키기 위한 비디오 제작물은 다른 조직과 연계하여 개발할 필요가 있다. 대학 및 단과대학들은 비디오 시설을 갖추고 있으며 종종 이런 장비는 충분히 활용되지 못한다. 비디오 시설마다 편차가 존재하지만, 제작된 비디오테이프가 타깃이 되는 텔레비전 방송국과 비교할 만한 방송 체제를 갖출 수 있도록 장비에 대한 주의 깊은 관리가 이뤄져야 한다.

필요한 시간과 비용 그리고 대본의 주요 역할이 주어지면, 경험 있는 대본 작가를 확보하는 것이 현명할 것이다.

Ⅶ. 외부 기부금 조성

정부 자원이 감소하는 시기에 법교육 프로그램은 나름대로의 장점을 가진다. 왜냐하면 법교육 프로그램은 고효과, 저예산 프로그램이기 때문이다. 법교육 프로그램은 비용 효과적이기 때문에 자금의 상당한 지출 없이도 성공적으로 수행될 수 있다. 뿐만 아니라, 외부 자금의 확보는 프로그램을 지속적으로 실행하는 데 있어 매우 중요하다.

1. 기부금 제공원

기부금은 주로 공적, 사적 기부금 두 가지가 있다. 공적 기부금은 연방, 주, 지방정부로부터 기부된다. 사적인 기부금은 기업가 조직, 민간 재단, 자원봉사 조직으로부터 기부된다. 공적 기부금에 관한 정보는 선출직 공무원으로부터 얻게 될 것이다. 미국 상원 혹은 의회 의원들(office)은 연방 자금에 관한 정보를 가질 것이며, 비슷하게 주 의원들과 시장 혹은 위원회 구성원들은 주와 지방 자금을 지원받을 수 있는 기회에 관하여 잘 알 것이다. 이들 개개인들은 정보 집합소로서의 역할을 하며, 공적 자금 제공원에 연결고리를 제공할 수 있을지 모른다.

기부금을 전문적으로 조성하는 사무기관을 두고, 기부금 크기에 의존하는 지역 단과대학 및 종합대학들은 지역 프로젝트 업무에 열성적으로 참여하는 교수들을 채용할 것이다. 대학 교수들과의 협력은 공적 기부금을 지원받는 데 유용한 수단을 제공할 것이다.

사적 기부금의 제공원에 대한 가장 완성도 있는 명부는 재단 주소록 (Foundation Directory)이다. 모든 연구기관의 도서관에 비치된 이 주소록에는 최소 10만 달러 이상의 연간 기부금을 지원하거나, 최소 1백만 달러의 자산을 가진 재단이 2,800개 이상 기록되어 있다. 또한 각 재단의 임무, 활동, 직원, 기부 이력에 관한 정보도 포함되어 있다. 최대의 재원을 가진 재단이 가장 잘 알려지는 반면에 보다 규모가 작은 지역 재단들이 간과되어서는 안 된다. 지역 기업 혹은 자선 사업가들에 의해 설립된 재단들은 지역 프로젝트에 헌신적이기 때문에 그들은 자금 지원에 있어 핵심적인 제공원이 된다.

2. 기부금 지원 요청서 작성

기부금 지원 요청문은 예술적 형태로써 가장 잘 기술되어야 할 것이다. 몇몇 개개인들은 항상 기부금 지원을 이끌어내는 요청서를 작성하는 반면, 그렇지 못한 다른 사람들은 첫 기부금 지급을 확보하기 전에 몇 가지 노력이 이루어져야 한다. 그러나 훌륭한 참고문헌으로 도움을 받는다면, 모든 사람이 신뢰할 만한 제안서를 다 같이 작성할 수 있다.

기부금 요청 제안을 위한 특정의 형식은 기부금 제공원과는 다르다. LA 소재 기부금 획득술 센터(The Grantsmanship Center in Los Angeles)에서는 (Arlington, Virginia에 있는 국가 정보부 혹은 정부 정보 서비스에서와 같이) 기부금 요청 제안서 작성에 도움이 될 만한 지침들을 출판하고 있다.

기부금 요청 제안서는 일반적으로 소개(도입), 문제 진술 또는 요구 평가, 프로젝트 목표 기술 그리고 목표를 달성하기 위한 수단, 평가 계획과 함께, 여타 자금 및 예산 등을 포함한다. 그러나 제안서를 작성하는 첫째 단계는 제안 형식(proposal format)과 요청서 만료기한에 관한 내용들을 질문하기 위해 자금 제공원과 접촉하는 것이다.

대다수의 지원금 요청서들은 기부자로부터 자금 지원을 얻어내지 못한다. 이 사실이 신청자들로 하여금 외부 자금 지원을 받는 것을 포기하게 한다는 의미는 아니다. 본질적으로 이는 기부자로부터의 거절에 잘 대응하는 신청자들이 최대의 성공을 즐기게 된다는 의미이다.

기부자로부터 거절 통지서를 받을 때 가장 중요한 것은 거절이유를 이해하는 것이다. 대다수의 재단 혹은 기부금 단체가 가치 있는 모든 프로젝트를 지원할 충분한 자금이 없기 때문에 자금 지원을 거절하게 된다. 만약 자금 지원 거절이유가 불명확하다면, 기부자에게 전화를 거는 것이 적절할 것이다. 그러나 질문은 직접적으로 제안서에 관련되어야 한다. '상대를 비난'하려는 유혹은 피해야 한다. 기부자들은 규칙적으로 제안을 거절하는 불쾌한 임무를 가진 사람들이다. 게다가 "아니오"란 "지금은 아니다"란 뜻일 것이며 감정적인 반응은 장래에 기부금을 지원받을 기회를 얻는 데 손해만 가져올 뿐이다(Kauss & Kauss, 1990, pp.330−331).

Ⅷ. 평가의 중요성

평가는 홍보 활동 및 기부금 지원 둘 다에 있어서 중요한 전제조건이다. 기본적으로 평가는 법교육 실행가들이 법교육 프로그램을 강화시키고 향상시키기 위해 사용할 수 있는 정보를 제공한다.

1. 평가의 유형

일반적으로 말하자면, 프로그램 평가는 네 가지 상이한 목적에 따라 설계된다(Posavac & Carey, 1985, pp.13−17).

1. 요구 평가: 요구에 대한 평가 혹은 요구 평가에서는 제안하는 프로그램과 관련시키면서 지역사회에서 특정한 요구(필요)사항들을 기술할 것을 요구한다. 지역사회의 상위 계층을 알아보려는 지역사회 인물에 관한 조사는 일종의 요구 평가이다. 요구 평가는 지역사회의 사회 경제적 측면과 어떤 종류의 서비스가 지역사회 구성원들에게 매력적일 수 있는지에 대한 정보를 수집한다.

2. 과정 평가: 과정 평가는 프로그램이 애초에 설계된 대로 잘 실행되어 왔는지의 여부와 그것이 대상 집단(population)에 도움이 되었는지의 여부를 조사하기 위해 설계된다. 이러한 유의 평가는 추천 과정(referral process)에 관한 정보, 명문화된 프로그램의 목표와 일상에서 프로그램 실행 과정 사이의 적합성에 관한 정보를 제공한다.

3. 결과 평가

   이와 같은 평가는 프로그램이 효과적인지의 여부를 측정(평가)하려 한다. 프로그램이 효과적인가의 여부를 측정하기 위한 준거를 정하는 데 논쟁이 따를 수 있다. 그러나 다중적인 측면에서 프로그램의 목표가 표현되었다면, 지식 획득, 태도 변화, 행동 변화 측면에서 법교육 프로그램 결과에 관하여 생각하는 것이 유용할 것이다. 세 가지 측면 중 마지막 행동 변화의 측면은 많은 사람들이 가장 중요하다고 여길 것이다. 이는 또한 완벽하게 측정하기가 가장 어렵다.

4. 효율성 평가: 효율성 평가 혹은 프로그램 감사는 비용의 측면에서 프로그램 결과를 검증하는 것이다. 이 평가에서 핵심적인 질문은

동일한 목적을 비용을 적게 들이면서 달성할 가능성이 있느냐의 여부이다. 인건비를 할당하는 일은 논쟁 없이는 결코 쉽지 않다. 그러나 프로그램 회계감사는 프로그램 실행가들이 가장 효율적으로 자원을 활용할 수 있도록 이와 관련된 정보를 제공할 것이다.

종종 평가는 평가되는 프로그램과 연관되어 있지 않은 외부 전문가에 의해 수행된다(예를 들어 대학 교수, 여타 프로그램 실행가 혹은 여타 법교육 혹은 프로그램 평가에 관한 지식을 가진 사람들). 외부 전문가는 프로그램에 대하여 정당성, 신뢰성, 중립성을 가져다주지만, 추가적인 비용을 들여야 한다. 이런 이유에서 내부 평가 기관에서 평가를 수행하는 것이 유용하다. 이러한 평가가 프로그램 실행가들에게 질적인 정보를 제공하는 자체 평가들이다. Umbreit은 프로그램 실행가들이 내부 자체 평가 설계에 관하여 고려할 수 있게끔 피해자-가해자 중재 프로그램을 위한 평가 도구를 설계하였다.

2. 정보 시스템

한 프로그램의 평가로부터 얻어진 정보는 결국 사전에 제대로 구축된 정보 체제와 다름없을 것이다. 프로그램 실행가의 문서보존(기록보존)은 그것이 과정, 결과 혹은 효과 평가이든 간에 모든 평가에 필수적인 데이터를 산출해 낸다.

프로그램 초기에, 체계적인 기록 보존의 필요성은 명백하지 않을 것이다. 소수의 사례들이 포함될 때는, 비형식적인 문서기록보존 방법이 잘 들어맞을 것이다. 그러나 사례 수가 늘어나면 정보 체제가 구성되지 않고서는 문서작업은 다루기가 매우 힘들어진다.

정보 체제는 사례 관리와 동일한 것이 아니다. 사례 관리는 추천에서 접촉이 완료되기까지 프로그램을 통해 개개 참여자들의 발달과정을 추적할 수 있는 능력을 가리킨다. 효과적인 사례 관리 체제는 프로그램에서 특정의 한 참여자가 어느 단계에 있는지를 빠르게 알아내는 것을 허용한다. 정보 체제는 전체 통계자료의 수집을 포함한다. 통계 데이터는 프로그램의 전반적인 실행과 효과(영향력)의 윤곽을 기술한다. 정보 관리 역시 자금 제공의 원천과 지역사회에 대한 프로그램을 촉진시키는 데 필요한 자료를 제공한다(Zehr & Chupp, 1983).

구축된 정보 시스템은 프로그램이 모니터 될 수 있도록 짜여져야 한다. 따라서 이것(정보 시스템)이 실행될 수 있는 엄밀한 형식을 기술하는 일은 어렵다. 아직 정보 시스템을 실행시키는 데 있어서 몇몇 주요한 문제점들이 발견될 수 있다.

첫째, 기록의 중복은 피해야 된다. 새로운 프로그램을 소개하는 것이 또 다른 문서기록보존 체제를 실행해야 함을 의미할 필요는 없다. 새로운 체제에 의해 요구되는 정보는 이전의 정보와 통합하는 것이 바람직하다.

두 번째, 편협한 기술은 피해야 된다. 정교한 컴퓨터 체제의 사용은, 만일 아무도 원하지 않고 공급할 수도 없는 정보를 모으는 것이라면, 유용한 정보를 제공하지 않을 것이다.

세 번째, 정보는 보통 단일의 목적만으로 수집되지 말아야 한다. 다양한 고객들(예, 프로그램 실행가, 기부금 제공원, 평가자, 공공)의 요구가 고려되어야 한다. 요점은 핵심적인 정보를 수집하고, 일관된 방식으로 그것을 기록하는 것이다(Posavac & Carey, 1985).

IX. 일곱 가지 치명적 오류

결론적으로, 지역사회 자원의 동원에 관하여 정반대적인 시각을 가지고 생각하는 것도 유용할지 모른다. 즉, 어떻게 하면 자원들을 조금씩 낭비해서 없애버릴 것인가 그리고 새로운 프로그램을 어떻게 하면 취소시킬 것인가 살펴보는 과정을 통해 오류를 피해갈수 있는 것이다.

Wengerd(1993)는 프로그램 발달에 있어서 "7개의 치명적 오류"를 밝혔다. 오류들은 새로운 프로그램을 확실하게 위협하는 7개의 활동들이다.

1. 당신이 이행할 수 있는 것보다 더 많이 약속하는 것.
   : 프로그램 실행가들의 과도한 열성(의욕)의 분출은 프로그램의 계발이 현실화되지 못하게 만드는데 이 동안에 목표들이 명세화되기 때문에 보다 많은 가치 있는 프로그램들이 실패하게 된다.
2. 상황을 수정할 기회를 주지 않은 채 공직자들을 비판하기.
   : 지역사회 지도자들, 사법계 인사들과 공무원들은 극복되어야 할 경쟁자가 아니라, 설득하고, 환심을 사야 할 잠재적 동맹자들이다.
3. 원래의 목적이 아닌 다른 의도로 기부금을 사용하는 것.
   : 기부금을 획득하고, 사용하는 데 있어서 고도의 윤리적 실행 기준을 유지하는 것이 핵심이다.
4. 모든 일을 혼자서 하는 것.
   : 프로그램을 실행하는 방법은 자원봉사자나 타인의 독특한 재능과 능력을 최대로 활용하려고 노력해야 한다.
5. 야심에 가득 찬 사람을 당신의 자문단으로 위촉하는 것.
   : 정치적 주가가 오르는 사람은 프로그램 촉진과 홍보에 유용하다. 그러나 모든 개개인들과 안면을 두기 위해 지나치게 가까이하려

는 유혹은 제지되어야 한다.

6. 훌륭한 의도를 가진 것처럼 보이는 것은 모두 실행에 옮기는 것.

 : 효과적인 정보 체제는 적절히 실행되고 유지되어야 한다.

7. 자신과 비슷한 부류의 사람들을 주위에 두는 것.

 : 프로그램의 모든 수준에서 다양성이 확보되어야 프로그램이 생존할 수 있다. 왜냐하면 그것은 비전의 폭을 촉진시키고, 장애를 회복시키며, 목적을 강력하게 만들기 때문이다.

참고문헌

Eaneman-Taylor, P.(1985). How to get the public to your program. In C. J. White(Ed.), *The bulwark of freedom: Public understanding of the law*(pp.96-102). Chicago, IL: American Bar Association.

Kauss, T. R. & Kauss, R. J.(1990). How to quality for a foundation grant: A sophisticated primer. In D. L. Gies, J. S. Ott & J. M. Shafritz(Eds.), *The non-profit corporation: Essential readings*(pp.327-334). Pacific Grove, CA: Brooks / Cole.

Monroe, V.(1975). Raising founds from the local community for law-related educational projects. In C. White(Ed.), *The $$ game: A guidebook on the funding of law-related educational programs*(pp.39-44). Chicago, IL: American Bar Association, Special Committee on Youth Education for Citizenship.

Posavac, E. J. & Carey, R. G.(1985). *Program evaluation: Methods and case studies.* Englewood Cliffs, NJ: Prentice-Hall.

Susman, M. & Vittert, C. H.(1980). *Building a solution: A practical guide for establishing crime victim services.* St. Louis, MO: National Council of Jewish Women.

Umbreit, M. S.(1994). *Victim meets offender: The impact of restorative justice and mediation.* Monsey, NY: Criminal Justice Press.

Wengerd, A.(1993). *The seven deadly sins in program development.* Paper presented at the Victim-Offender Mediation Association Annual Training Institute and Conference, Loyola University of Chicago.

Zehr, H.(1983). *VORP organizer's handbook.* Valparaiso, IN: PACT Institute of Justice.

Zehr, H. & Chupp, M.(1983). *VORP case and information management.* Valparaiso, IN: PACT Institute of justice.

법교육의 혁신

Ⅰ절의 도입부분을 통해, 우리는 법교육이 상당히 짧은 기간 동안 급속히 성장했음을 살펴봤다. Ⅱ절의 도입부분에서는 법교육이 다양하게 활용될 수 있음을 살펴봤는데, 최근의 이러한 성장은 새로운 방향에도 보다 더 다양하게 사용될 수 있도록 발전하고 있다. Ⅲ절에서는 기본적인 법교육 접근을 확장시켜 다른 적합한 프로그램과 합쳐 보고자 한다. 이러한 제안들은 단지 법교육의 내용을 다른 형태로 제공할 뿐 법교육의 중요한 토대를 바꾸지는 않는다.

Ⅲ절의 첫 장인 13장에서는 클린턴 정부에 의해 추진된 국가 및 지역사회 봉사활동(the national / community service movement)과 법교육을 통합하여 훌륭한 예를 만들었다. David Crowley는 봉사활동이라는 수단을 통해 통합했다. 앞부분에서 Crowley는 법교육과의 매우 유사한 봉사활동의 이론적 근거를 설명한다. 그리고 국가적 봉사활동 운동을 개관한 후, 봉사학습 프로그램 개발을 위해 충분하고도 세부적인 지침을 제시한다.

14장에서는 살펴볼 것은 최근 법교육 혁신에서 창의적이라고 주목받는 것인데, Sue Larison, Deborah Williamson, Paul Knepper는 연극이라는 매체를 통해 법교육을 실행했다. 법교육 교수자는 학생들의 관심을 높이고 지속시킬 방법을 찾는 데 있어서 이 장이 교육적이면서도 고무적이라는 것을 발견하게 될 것이다. 이 장은 무엇이 창조력과 풍부한 자원, 독창성을 통해 달성될 수 있는지를 보여주는 실례가 될 것이다.

미국 헌법의 6개 수정조항에도 불구하고, 소년 법정은 전통적으로 배심원의 의사진행(jury proceedings)이 없었다. 실제 대법원은 청소년들에게 심판의 자유를 주지 않았다.(McKeiver v. Pennsylvania, 403 U.S. 528(1971)). 하지만 몇몇 주에서 이러한 상황이 변하기 시작했다. 청소년법정이 덜 심각한 경우에 있어서 유죄인지 무죄인지 판결한다는 제한점이 있지만, 소년사법과정에서 배심원의 의사진행을 요구하기 위한 다른 프로그램보다 더 낫다. 15장에서 Jeanis Lyles와 Paul Knepper는 청소년법정 프로그램과 법교육을 연결하고자 했다. Lyles와 Knepper는 청소년법정의 역사, 철학, 구조, 과정을 검토하였다. 그리고 켄터키의 법교육 프로그램에서 생겨난(발생한), 켄터키 프랭클린 카운티의 청소년법정 프로그램을 설명하였다. 이 장은 청소년법정의 유익과 법교육이 어떻게 결합될 수 있는지를 보여준다.

법교육 운동에서 한 가지 주목할 만한 공백은 청소년들의 희생에 집중하지 못하는 점이다. 아직도 굉장히 많은 청소년들이 절도와 폭력적인 범죄로 희생당하고 있다. 16장에서 Erin Donovan이 논의한 The Teens, Crime and the Community(TCC) 프로그램은 이러한 공백을 주장하며 법교육의 또 다른 형태로 TCC를 바라보고, 학교와 청소년 사법제도 두 곳에서 TCC를 적용했다. 청소년의 희생을 방지하기 위한 상호 간의 관심으로 만들어진 프로그램과 지역사회를 연결하면서 세부적인 관심을 갖게 되었다. 13장과 비슷하게 16장에서도 청소년 주도 봉사 프로젝트(youth-driven service project)의 교육적 가치를 강조한다.

마지막 장에서 Deborah Williamson, David Melcher 그리고 Jennifer VanHoose는 앞장들로부터의 자료를 가져오고, 미래의 법교육을 유지·발전시키기에 좋은 다른 자원을 소개한다. 법교육의 제도화에 관한 정의에서 한발 더 나아가, 저자들은 연방/주 지도자들의 지원이 필요하다는 것과 전략적 계획의 중요성을 이야기하는 것으로 시작한다. 그리고 이들은 학교와 다른 환경에서 법교육을 많이 활용하자고 제안하고, 법교육 종사자(practitioners)와 대학 사이의 밀접한 협력을 주장하며, 성인을 위한 법교육 개발의 필요성을 증명한다. Williamson, Melcher 그리고 VanHoose는 전문적인 네트워킹의 중요성과 지역사회의 인식을 증대시킬 것을 논의한다. 법교육의 미래로서 기술과 지역사회 봉사활동의 역할 또한 검토한다. 법교육의 잠재성을 더 많이 실현시킬 것을 저자들은 권고한다.

국가 차원의 봉사활동과 지역사회 차원의 봉사활동의 연결

"국가 차원의 봉사활동과 지역사회 차원의 봉사활동의 연결"

DAVID CROWLEY

I. 도 입

1993년 9월 21일, 클린턴 대통령은 the National and Community Service Trust Act(NCSTA) 법에 서명했다. 미국 청소년 자원자들의 61%가 참여한다고 밝혀진 연구(Independent Sector, 1991)에서 보듯이, 최근 들어 청소년들은 지역사회 봉사활동 참여가 꾸준히 증가하고 있다. NCSTA에 따르면, 청소년 봉사활동은 국가적 아젠다에서 중요한 부분을 차지하고 있다.

이 장에서는 법교육과 지역사회 봉사활동 연계의 이론적 근거를 살펴보고, 봉사활동에 청소년을 참여시키자고 제안할 것이다. 이 장은 지역사회 봉사활동을 법교육 프로그램의 일환으로 만들고자 하는 법교육 종사자의 이론과 수단(도구)에 초점을 맞춘다. 하지만 청소년 지역사회 봉사 프로그램의 지도자들은 반대로 그들의 프로그램에 법교육의 요소를 가미시키는 게 더 낫다고 볼 수도 있다.

이 장에서 '봉사학습'이라는 용어는 '지역사회 봉사활동'의 입장에서 사용될 것이다. 봉사학습이라는 용어는 "청소년들이 잘 조직된 능동적 참여인, 의미 있는 봉사 경험을 통해 배우고 개발하는 방법"으로 정의된다(Youth Service America's Working Group on National and Community Service Policy, 1994, p.3). '봉사학습'이라는 개념은 청소년을 봉사활동에 참여시키는 것과 더불어 봉사 경험을 통해 배울 수 있는 기회를 제공하는 것 둘 다를 중요시한다.

Ⅱ. 법교육과 봉사활동 연계의 이론적 근거

법교육과 봉사활동 프로그램은 분명히 방법론상의 공통점이 있다. 이 둘은 청소년문제에 관한 근본적인 철학을 공유한다고 말할 수 있다. 즉 청소년들이 책임 있는 시민으로 성장하는 데 있어서 정부나 지역사회에 능동적으로 참여하는 것은 아주 효과적이라는 가정에 기반을 두고 있다. 다음은 봉사학습이 지역사회에 도움을 줄 뿐 아니라 청소년들과 함께 일하는 전문가들에게도 중요한 수단을 제공한다는 다섯 가지 주요한 근거를 보여준다.

첫째, 청소년들은 미래에 공헌할 수 있는 살아 있는 자원이다. 수많은 어려움에 직면한 우리 사회에서 청소년들의 풍부한 에너지와 이상(idealism)을 통해 지역사회에 실제적인 도움을 줄 수 있다. 청소년들이 행하는 많은 프로젝트는 청소년들의 창조력을 여실히 보여준다. 법교육과 특히 잘 조화될 수 있는 봉사 프로젝트는 이민자들에게 시민권획득시험(citizenship test), 청소년지역사회정책(youth community policing) 그리고 또래갈등해결 프로그램(peer conflict resolution program)을 가르치는 것까지 포함한다.

둘째, 봉사학습은 청소년들의 발달적(발달상의) 요구를 충족시킨다. 사회는 흔히 청소년들을 결핍의 관점에서 바라보는 경우가 많다. 청소년들을 부족한 지식과 정보로 가득 찬 수동적인 사람이라고 바라본다. 청소년, 특히 위기의 청소년들이 문제를 겪는다고 보인다면 그들은 청소년들이 잘못한 무엇인가가 있다고 믿기 쉽다. 하지만 봉사학습은 청소년들을 문제로 바라보지 않고 자원으로 바라보기에 강력한 원동력을 만든다. 자신이 중요하다고 여겨지는 것은 인간의 필수적인 요구(욕구, need)이다. 이러한 요구는 특히 청소년 시기에 더 두드러진다. 봉사요소를 가미한 법교육 프로그램은 청소년들이 지역사회에 기여할 기회를 제공함으로써 자아존중감을 높일 수 있다. 의미 있는 봉사에 청소년을 참여시키는 것은 약물남용과 비행조직의 가입(gang membership)과 같은 위기로부터 방어하고 성장할 수 있도록 돕는다.

셋째, 봉사활동은 상당한 학습효과와 지적 성장을 가져온다. 수업에 진정한 의미를 불어넣는 봉사학습을 통해 학생들은 배움에 관한 내적 동기를 갖게 된다. 전통적인 교실 수업은 학생들이 경험하고 있거나 앞으로 접하게 될 진정한 삶의 문제와 거의 관련이 없다. 교육 과정이 진정한 지역사회 문제와 연계될 때, 학생들은 배움에 있어 새로운 흥미를 갖게 된다(Wigginton, 1986). 예를 들어, 시민성(시민권, 시민의 자격? citizenship)으로서 참여를 가르치는 법교육 프로그램의 노력을 생각해 보자. 시민성의 한 단원을 배운 후에, 법교육 참가자들은 이민자들에게 시민권 획득시험을 위해 가르치도록 임무를 부여할 수 있다. 교사가 되어 보는 것은 자료를 가르치기 위한 참가자들에게 동기를 증진시킨다. 더욱이 참가자들이 교사 임무를 잘 수행한다면 이는 그들이 시민성 교육 과정을 얼마나 효과적으로 배울 수 있는지를 살펴보는 데 도움을 줄 수 있다.

또한 봉사학습은 간학문적(학제적) 사고능력을 발달시킨다. 본질적으로 지역사회 문제는 간학문적이다. 학생들은 다양한 과목의 추상적 지식과 실제 경험을 관련시키는 활동을 통해 복잡한 문제에 대해 충분히 이해하게 된다. 간학문적 봉사학습 경험을 만들기 위해 법교육 프로그램은, 약물남용과 같은 위험에 대해 친구들에게 가르치도록 참가자들을 끌어들일 수 있다. 참가자들은 약물이 몸에 어떤 영향을 주는지를 알기 위해 생물과 화학을 이용할 수 있고, 지역의 법 집행 전문가(local law enforcement professional)들과 프로젝트를 함께 진행하며 실제적인 사회과 수업을 받을 수 있다. 뿐만 아니라 친구들과 토론, 문서작성을 함께하며 의사소통기능을 높일 수도 있다.

그리고 봉사학습은 학교에서 배운 지식을 학생들이 진정한 삶의 구체적 상황에 적용함으로써 배운 지식을 계속 기억하게 한다. 학생들은 시험을 위해 배운 지식들은 빨리 잊어버리곤 한다. 반대로 봉사학습은 학생들에게 배운 것을 실제로 적용할 기회를 제공한다. 예를 들어, 고등학생이 배운 것을 중학생들에게 가르치는 법교육 프로그램을 통해 지식은 더 오래 기억될 수 있다.

넷째, 봉사학습은 다양성을 수용하게 만든다. 청소년들은 봉사학습을 통해 자신과 다른 사람들과 함께 일하고 배운다. 그들은 다른 연령, 다른 인종, 다른 사회경제적 배경을 갖고 있다. 청소년들이 봉사활동을 통해 다양성을 수용하도록 봉사 학습함에 있어 있어서 다양성에 관한 많은 문제에 중점을 둔다. 예를 들어 국가 봉사 프로그램인 City Year는 대학원생들이 고등학교 중퇴자와 함께 봉사하도록 청소년의 다양한 팀을 구성했다.

다섯째, 봉사학습은 리더들을 성장시킨다. 만약 제기된 문제들을 위해 장기간의 프로그램이 만들어진다면, 청소년들과 전 지역사회는 봉사활동에 의존하기보다 지역사회 내에서 긍정적인 변화를 만들어 내기 위한 능력을 계발하게 될 것이다. 청소년들은 문제를 해결하기 위해 다른 사람(예를 들면 대통령)에게 의존하기보다, 우리가 변화를 원한다면 스스로 촉진제가 되어야 한다는 간디의 명언을 받아들이도록 배워야 한다.

이러한 능동적 시민을 발현시키는 방법을 고려할 때, 우리는 "사회에서 능동적 참여를 소극적으로 가르칠 수는 없다."는 바버의 충고를 유념해야 한다(1993, p.48). 어려움에 처한 사람들을 돕는 봉사활동을 통해, 학생들은 개인적 관심을 넘어 그들의 운명이 지역사회와 함께한다는 것을 이해하는 데까지 다다른다. 법교육 참가자들은 봉사학습을 통해 지도자의 역할을 배울 수 있기에, 더 나은 지역사회를 위한 건설자가 될 수 있다. 봉사학습의 구성요소를 통해, 법교육 참가자들은 단지 정보를 받아들이는 것이 아니라 능동적 시민성을 실천한다는 것을 확증할 수 있다.

Ⅲ. 국가적(전국적) 봉사활동의 개관

NCSTA는 법교육 종사자들에게 매우 유용하고 광범위한 국가 및 지역사회 봉사 프로그램에 자금을 제공했다. 이러한 법률제정에 관해 간략하게 개관하고자 한다.

NCSTA는 새로운 시도를 이행하기 위해 새로운 기관인 the Corporation

for National Service(CNS)를 만들었다. CNS는 이미 존재하는 두 기관, 미국자원봉사자(VISTA)를 운영하는 ACTION과 the Commission on National and Community Service의 임무와 직원을 합병했다. 그리고 NCSTA는 주 수준에서 국가 봉사활동의 실행을 감독하기 위한 초당적 위원회 설립을 요구했다. 국가 봉사활동 기금의 대부분은 주 위원회를 통해 지방 프로그램에 할당했다.

실행 첫해인 1994년, CNS는 NCSTA 프로그램을 위해 3억 8천만 달러를 승인받았고, 대다수는 지방 프로그램에 사용되었다. 1995년 재정 비용은 5억 7천 5백만 달러였다(NCSTA는 3년간의 허가기간(authorization)을 가졌다.).

클린턴은 대통령 취임연설에서 소개된 "좋은 기회(seasons)"라는 봉사개념에 기반을 두어 CNS는 세 집단의 연령대별로 세 가지 주요한 프로그램을 제공했다. (1) Learn and Serve America K－12 and Higher Education, 이것은 학생들과 대학생들을 위한 프로그램이다. (2) 아메리코어(Ameri-Corps), 17세 이상의 시민들이 장학금과 생활비를 벌기 위해 1~2년 정도 봉사하는 국가 주도 프로그램이다. (3) the National Senior Service Corps, 55세 이상의 노인들이 봉사할 수 있는 결손아동자원봉사 프로그램(Foster Grandparent), 결손노인자원봉사 프로그램(Senior Companion) 그리고 은퇴노인 자원봉사 프로그램(Retired Senior Volunteer Program)이 있다.

봉사학습에 청소년들을 참여시키는 법교육 프로그램은 Learn and Serve America(봉사활동 프로그램)으로부터 기금을 신청할 수 있다. Learn and Serve America는 주 교육관계자에 의해 조정된 학교 기반 구성요소들과, 주 위원회와 전국적 비영리 기관에 의해 조정된 지역사회 기반 구성요소들을 포함한다.

아메리코어(AmeriCorps)는 또한 법교육 프로그램의 기회를 제공한다. 보통 아메리코어는 최소한 20명의 부족한 교육적 요구, 공적 안전, 환경적 요구, 인간적 요구를 제기하며 전일제, 시간제 봉사활동에 참여한다. 그러므로 아메리코어 참가자들은 새롭고 확장된 법교육 프로젝트를 개발하는 데 참여할 수 있다. 주 관계자들, 비영리 기관, 학교, 지방정부, 고등교육 기관들은 아메리코어 기금을 신청하는 데 모두 자격이 있다(대부분의 법교육 프로그램은 주 위원회를 통해 신청해야만 한다. 한 주 이상에서 활동하는 아메리코어 프로그램은 예외이다. 이 경우에 CNS에 직접 신청한다.).

Ⅳ. 효과적인 봉사학습 프로그램의 개발

질 높은 프로그램을 개발함으로써 앞서 언급한 봉사학습의 다섯 가지 긍정적인 영향력을 높일 수 있다. 메릴랜드 학생봉사연맹(Maryland Student Service Allians)은 준비, 활동, 반성이라는 세 측면의 순환으로 봉사학습 프로그램의 질적 발달을 꾀했다. 아래에서 논의하는 이러한 측면은 봉사학습 프로그램 개발을 위한 유용한 틀이 될 수 있다.

1. 준 비

철저한 준비단계는 질 높은 봉사학습 프로그램을 개발하는 데 중요하다. 준비단계는 프로그램의 성공을 준비하는 토대가 된다. 다음의 단계들은 준비단계에서 다뤄질 수 있다.

1) 요구 평가

실행할 수 있는 봉사학습 프로젝트가 무엇인지를 결정하는 요구 평가를 수행하는 것이 첫 단계이다. 봉사학습 프로젝트는 실제 지역사회의 요구와 부합해야 한다. 만약 특정한 어떤 반(class)과 같은 이미 존재하는 청소년 집단과 함께 봉사학습 프로젝트를 진행한다면, 그들은 요구 평가과정에서 핵심적인 역할을 해야 한다. 예를 들어 청소년들은 코디네이터와 함께 요구 평가 조사의 질문지를 만들고, 누구를 조사할 것인지 결정하고, 결과를 분석할 수 있다. 법교육 프로그램은 청소년 사법제도와 관련된 연구에 집중하기를 원할 수도 있고 다른 적합한 이슈를 원할 수도 있다.

만약 봉사학습 프로젝트를 실행할 청소년 집단이 없다면, 요구 평가의 중요한 요소는 프로젝트에 참여하기 위해 모집될 수 있는 청소년들을 확인하는 것이다. 이러한 경우에 요구 평가와 모집과정에서 도움을 줄 핵심집단을 확인하는 것이 유용할 수 있다(모집은 아래에서 더 세부적으로 논의된다.).

2) 사명 선언(mission statement)의 개발

요구를 확인하면 프로그램의 사명 선언이 개발되어야 한다. 이것은 프로그램이 궁극적으로 달성하려고 하는 것에 대한 간결한 진술이다. 효과적인 사명 선언은 프로그램 개발을 이끌 중요한 목적을 나타내야 한다. 예를 들면 켄터키 베뢰아대학의 봉사학습 프로그램인 Appalachia에서 학생들의 사명 선언은 "봉사를 통해 나 자신과 세계를 바꾸자"이다.

사명 선언을 개발하는 과정에서 프로젝트를 지지하는 집단들은 이 프로젝트를 위해 더 결집하게 된다. 핵심은 코디네이터 단독으로 사명 선언을 만들지 않는 것이다. 대신 코디네이터는 프로그램 목적에 합의를 가져오도록 청소년들과 함께 일해야 한다. 그 결과 더 좋은 사명 선언을 만들게 되고 프로젝트의 목적에 전반적으로 높게 관여하게 된다.

3) 목표와 전략의 개발

집단은 개발된 사명에 기반을 두어 프로그램이 달성하려고 하는 일련의 목표를 만들어야 한다. 이것은 지역사회에서 달성될 구체적인 결과를 기술하는(describing) '봉사목표'(예. 개인지도를 통해 학생 20명의 성적을 향상시켜라)와 봉사학습 목적을 기술하는 '특별한 학습 목표'(예. 참가자들은 봉사경험을 통해 지도력을 기를 수 있다.)를 포함해야만 한다.

그리고 나서 각각의 목표를 달성하도록 구체적인 전략을 개발해야 한다. 전략은 무엇이 달성되는지, 누가 책임이 있는지 그리고 언제 임무가 완성될 것인지를 제시해야 한다. 어떤 전략은 본질적으로 logistical한(예. 운송, 감독, 달성된 형태) 반면, 다른 전략은 봉사에 대한 직접적인 준비를 수반한다(예. 개인지도, 노인방문). 다음은 전략 개발에 있어서 제기될 필요가 있는 주요한 수단과 일반적인 질문의 목록이다. 이는 실행되는 구체적인 프로젝트와는 관계없다.

1. 누가 참가자들을 감독할 것인가?
2. 만약 필요하다면 어떻게 이동을 준비할 것인가?
3. 만약 프로그램이 계속 진행되는 것이라면, 무엇이 자원자 직무기술서(job description 직무내용설명서)가 될 수 있는가?
4. 자원자들을 어떻게 모집할 것인가?
5. 어떠한 책임 문제가 제기될 필요가 있는가?

4) 자원자 모집

봉사학습 프로젝트에 참여할 청소년 집단이 없다면, 모집은 매우 중요한 문제이다. 다음은 자원자 모집에 있어서 단계적 접근의 개요이다. 특별한 자원자들의 모집에 도움을 줄 핵심 청소년 집단을 확인하는 것이 가장 효과적이다. 왜냐하면 청소년들은 성인보다 친구에 의해 자원하게 되는 경우가 많기 때문이다.

① 자원자 직무기술서를 개발하라. 모집하기 전에 자원자들이 무엇을 하게 되는지 그리고 얼마나 많은 사람들이 필요한지에 관한 분명한 기술서를 만들어야 한다. 이러한 기술서를 통해 잠재적인 자원자들은 무엇을 하게 될 것인지에 관한 보다 구체적인 생각을 하게 된다. 그리고 프로젝트를 위한 구체적인 기술이나 배경을 가진 개인들을 찾도록 도울 수 있다.

② 무엇이 잠재적인 자원자들을 동기화시킬지 고려하라. 개인들의 관심에 호소하는 것이 효과적인 모집방법이다. 이러한 점에서, 청소년들이 자원을 통해서 얻을 수 있는 잠재적인 이익이 무엇인지 목록이 고안되어야 한다. 이러한 이익은 구체화된 인센티브(예. 피자파티)에서 막연한 이익까지(예. 지역사회와의 유대 증가) 다양하게 나타날 수 있다.

③ 모집 전략을 개발하고 실행하라. 자원자 직무기술서와 자원을 통해 얻게 될 잠재적인 이익의 목록을 통해 모집 전략이 정해진다. 다음은 모집 전략을 실행할 때 명심해야 할 기본적인 사항이다.

  a. 일대일로 직접 모집에 참여하는 것이 효과적이다. 모집 포스터나 학교 안내 방송은 놓치기 쉬운 반면, 친구나 존경하는 어른의 개인적인 호소는 거절하기 어렵다. 독립 섹터(Independent Sector, 1993)에서 행한 10대 자선에 관한 조사연구에서 자원을 직접 요구받은 응답자의 90%가 하겠다고 했다.

  b. 주목하지 않을 수 없는 피치(pitch)를 개발하라. 프로그램의 기본적 설명과 자원의 잠재적인 이익이 한 문장이나 구 정도로

간결하게 통합되어야 한다. 이러한 pitch line은 포스터에서 굵은 글씨로 나타낸다. 또한 개인적으로 호소할 때에도 자원의 주제를 소개할 때 사용되곤 한다. 예를 들어 개인지도 프로그램의 피치는 "교사가 됨으로써 한 아이의 인생을 바꾸자"라고 할 수 있다.

c. 홍보(publicity) 자료를 개발하라. 시선을 끄는 것(eye-catching), 시각적으로 매력적인 자료는 자원자들을 모으는 데 중요하다. 포스터나 광고지에 정보의 양을 줄여라. 크고 굵은 글씨와 그림으로 요점만 보여주는 것이 가장 효과적이다.

d. 자원에 관련된 최초의 관심을 표현하는 사람들에게 추가 홍보를 하는 것이 중요하다. 프로젝트에 최대한의 관심을 유지하기 위해서는 몇 주 이내에 주요한 모집 방향과 첫 오리엔테이션 그리고 첫 번째 봉사프로젝트가 모두 일어나야만 한다.

5) 훈 련

효과적인 훈련은 아주 강력한 프로그램의 가장 필수적인 부분이다. 훈련은 자원자들이 그들의 임무를 효과적으로 수행하는 데 필요한 기능, 태도, 정보를 전달하는 과정으로 정의될 수 있다.

훈련은 계속 진행되는 과정으로 봐야 한다. 첫 훈련 즉 오리엔테이션은 자원자들이 프로젝트를 시작하는 데 있어서 편안하게 느끼도록 충분한 정보를 제공한다. 다음 훈련 과정은 코디네이터와 자원자의 공동 필요에 기반을 두어, 구체적인 기능 개발에 중심을 둘 수 있다. 이러한 과정은 보다 더 나은 발상을 가능하게 한다는 점에서 특히 효과적이라 할 수 있다(이러한 과정은 무엇이 더 발전된 발상과 관련될 수 있는가에 관한 경험에 기반을 두고 있기에 특별히 효과적이다.). 프로젝트 현장에서 자원자들과 함께 있는 감독관에 의해 비공식적으로 훈련이 계속될 수도 있다.

훈련 과정 개발에 있어서 다음과 같은 과정이 따라올 수 있다.

① 자원자의 역할을 명확히 하라. 훈련은 구체적인 역할을 달성하는데 필요한 기능을 개발하도록 설계되어야 한다.

② 훈련의 목적을 개발하라. 좋은 훈련을 위해서는 신중하게 정의된학습 목적이 필요하다. 다음과 같은 몇 가지 대표적인 목적들을 고려해야 한다.

    a. 자원자들의 과업이 더 큰 사회적 문제를 제기하는 데 도움을줄지 그리고 어떻게 그들의 과업이 프로그램의 전반적 임무에적합하게 되는지에 대해 개관하라. 예를 들면, 약물남용예방 프로그램의 자원자들은 사회적 심리적 문제에 대해 광범위한 이해가 요구된다.

    b. 봉사 대상자에게 민감하라. 자원자들이 둔감하다면, 봉사는 오히려 피해를 줄 수도 있다. 자원자들은 나이나 인종이나 소득에 관계없이 함께 일하는 개별 사람들을 존중하도록 훈련받을 필요가있다.

    c. 자원자들의 기대를 명확히 하라. 자원자들이 무엇을 기대하는지, 또 자원자들은 프로그램을 통해 무엇을 기대할 수 있는지를 명확히 하라. 때때로 참여한 사람들의 불분명한 기대로 인해 프로그램의 문제가 발생한다.

    d. 자원자들과 코디네이터 등의 모든 사람들이 피드백을 기대하는환경을 만들어라. 자원자들은 관리(감시)될 것이고, 만일 필요하다면 건설적인 비평도 제공될 것이라는 것을 알아야 한다. 반대로 코디네이터는 자원자들의 피드백을 적극적으로 찾고 이에따라 행동해야 한다.

    e. 배경이 되는 문헌, 안내서, 구성원들의 전화번호부와 같은 자원(resources)을 제공하라.

    f. 구체적인 기술을 개발하라. 앞서 기록된 모든 단계는 어떤 형태

의 자원자 훈련에도 적합하다. 하지만 훈련의 상당분은 실행하기에 필요한 구체적인 기능을 개발하는 데 전념해야 한다.

③ 훈련과정을 개발하라. 위와 같은 단계 이후에는 훈련을 통해 전달하는 기능, 태도, 정보의 리스트가 있을 수 있다. 정보가 전달되는 과정은 전달되는 내용만큼이나 중요하다. 알 필요가 있는 자원자들에게 정보를 단순히 제공하는 것만으로는 충분하지 않다. 흥미로운 과정은 그들이 필수적인 특징 개발을 보증하도록 실행되어야 하기 때문이다. 이것은 무엇이 첫 오리엔테이션에 포함될 것인가를 결정하는 것과, 어떤 이슈가 이후의 기간과 재교육에 제기될 것인가를 결정하는 것을 포함한다. 다음은 과정 포인터(process pointers)의 목록이다.

　　a. 훈련의 목적들과 아젠다를 주의 깊게 살피는 것으로 시작하라. 또한 이 기간 동안 자원자들이 어떤 기능을 얻게 될 것인지 그리고 어떻게 그러한 기능을 이후에 다른 사람에게 전해 줄 수 있는지를 설명하라.

　　b. 훈련을 매우 상호적으로, 또 경험적으로 만들어라. 훈련에 있어서 자원자들에게 매우 익숙한 환경을 제공해라. 예를 들면 또래 갈등 중재자를 위한 훈련은 다방면의 롤 플레이를 경험해야 한다.

　　c. 훈련 활동에서 다양성을 가져라. 이것은 과정을 더 재미있게 만들 것이다. 그리고 이는 다양한 학습과 참여 형태를 조정하기 위한 실용적인 방법이다. 유용한 활동으로 롤플레잉, 문제를 논하기 위해 아이디어를 산출하기 위한 브레인스토밍, 개별적 경험을 토의하기 위한 조 편성(짝짓기), 경험이 있는 자원자들 관찰 등이 있다.

　　d. 오로지 훈련자의 지식에만 의존하기보다는 그 공간에서 나타나는 모든 지식을 다루는 과정이어야 한다. 사람들은 참여할 수 없다고 느낄 때 좌절을 경험한다(사람들은 어떤 참여가 허락되지 않는 과정에 기여할 무언가를 가지고 있다고 느낄 때 실망하게 된다.).

2. 행 동

준비 다음 단계는 행동단계로, 의미 있는 봉사학습에 참여하는 것이다. 신중한 계획이 성공의 토대가 되는 한편, 프로그램 실행을 감독하는 코디네이터의 역할도 중요하다.

우선, 행동에 있어서 봉사는 봉사받는 대상을 존중함으로 실제 지역사회의 요구를 받아들여야 한다는 것을 기억할 필요가 있다. 코디네이터와 자원자들은 이러한 요구를 계속 인식해야만 하고, 필요하다면 재빨리 조정해야 한다. 결국 코디네이터는 프로젝트와 이를 향상시키기 위해 무엇이 필요한지에 관해 자원자들과 봉사 수혜자들의 질문에 지속적으로 반응해야 한다. 프로그램의 목적대로 운영되었는가와 같은 구조화된 학문적 평가만큼이나 비공식적 형태인 대화 역시 중요하다.

행동단계 동안 자원자들은 프로그램의 질 확보를 위해 신중하게 모니터 되어야만 한다. 만약 프로그램이 위기의 청소년을 대상으로 한다면, 자원자들을 가까이서 감독하기 위한 잠정적인 배치 장소가 특히 중요할 것이다. 자원자들의 배치 구조에 따라 모니터링의 어려움이 다양하게 발생한다. 지역사회나 지역 내에 몇 개의 구역에 걸쳐 분포해 있는 경우에 반해, 자원자 모두가 한 장소에서 있는 프로젝트는 모니터하기가 쉽다. 그러므로 새로운 프로그램을 개발할 때는 한 장소에서 시작해 점차로 넓혀 가는 것이 좋다.

청소년 자원자들에게 모니터링 과정을 도와줄 지도자 역할이 필요하다. 주어진 장소에서 각 장소나 각 과제를 위한 팀 리더를 정하는 것을 포함할 수도 있다. 자원자들의 참석여부와 시간을 기록하고, 프로그램 회의를 장려하고, 프로그램에 대해 공개적으로 발표하고, 앞으로 일어날 사건의 자원자들을 공시하는 것을 책임으로 보는 다른 입장도 있다. 이렇게 책임을 위임하는 것은 봉사 프로젝트 실행에 도움이 될 뿐 아니라 청소년 자원자들의 리더십 기능을 개발할 기회를 제공한다.

자원자들에게 책임을 위임할 때도 처음에는 비교적 쉽고 단기간의 과제를 제공하여 점차로 역할을 늘려가야 한다. 점진적으로 책임감을 늘리는 것은 코디네이터의 확신이 자원자들에게서 나타나는 것과 마찬가지로 자원자들의 자신감을 높일 것이다. 결국 자원자들은 상대적으로 지도와 감독이 불필요한 책임감의 광범위한 영역을 가정할 수 있게 되어야만 한다.

3. 반　성

반성은 봉사학습 프로그램에서 세 번째 중요한 요소이다. 반성은 봉사학습과 다른 형태의 지역사회 봉사 프로그램을 구별하는 요소이다. 반성이라는 것이 봉사를 통해 배우는 구조화된 기회를 제공하기 때문에, 반성은 봉사학습과 다른 형태의 지역사회 봉사 프로그램을 구별하는 요소라 할 수 있다. 봉사 프로그램의 맥락에서, 반성은 봉사활동으로부터 한 걸음 뒤로 물러나 경험의 근본적인 의미를 신중히 검토하는 과정이다.

자원자들이 봉사를 수행하면 자동적으로 배울 것이라는, 혹은 봉사에 개인들을 참여시키는 모든 프로그램은 봉사학습 프로그램이라는 잘못된 가정을 하는 사람들이 있다. 자신의 봉사경험을 통해 반성하고 배우는 자원자들도 있겠지만, 청소년들은 원했던 봉사학습 결과를 달성했다고 확증하기 위해 구조화된 반성이 필요하다. 이러한 점은 Cairin과 Kieslsmeier(1991, p.20)에 의해 강조된다. "학습(배움)은 반드시 봉사의 단독적인 경험에서만 기인하는 것은 아니다. 경험을 통해 의미를 생성하고 이를 반성함으로써 배움이 발생한다. 봉사학습의 요지가 경험 자체이긴 하지만, 학습은 학생들의 판단(해석)의 결과로 나타난다."

많은 봉사학습 프로그램 지도자들은 학생들이 봉사경험을 반성하는 것에 거부감을 갖고 있음을 알게 된다. 청소년들은 반성 없이 봉사만을 수행하도록 동기화되어 있을지도 모른다. 이러한 관심을 불러일으키기 위한 두 가지 전략이 있다. 첫째, 첫 훈련과 오리엔테이션에서 반성이 봉사학습 프로그램에서 중요한 부분임을 명백히 하는 것이다. 반성에 대한 대부분의 거부감은 봉사를 수행하는 최초의 기대로부터 온 결과이다. 왜냐하면 반성 활동은 그들이 자진한 것이 아니기 때문이다. 둘째 청소년들은 때때로 반성활동이 재미있다는 것을 발견하지 못하기 때문에 반성에 거부감을 보인다. 집단의 다양한 관심과 스타일에 호소하는 광범위한 반성활동을 이용하는 것이 관건이다.

D. Sawyer(personal communication, October 18, 1990)는 두 가지 형태의 반성을 설명한다. 내적 반성은 봉사경험에 의해 고무된 개인적 성장과 가치 명료화뿐 아니라 봉사에 대한 자신의 개인적 동기부여를 가져온다. 외적 반성은 자원자들에게 봉사를 통해 제기된 사회 문제의 근원적 원인을 조사하도록 촉구한다. 세 번째 형태의 반성인 프로그램 평가는 매우 신중히 고려되어야만 한다. 프로그램 평가는 자원자들의 봉사 프로젝트에 관한 효과성 분석과 프로그램 향상을 위한 전략 개발을 포함한다.

1) 내적 반성

일기나 일지는 내적 반성을 위한 일반적인 장치다. 기록을 좋아하지 않는 청소년들이라면 일지에 구체적인 질문을 제공해서 대답할 수 있도록 하는 전략이 좋다. 또한 일지에 그림, 시와 같이 다양한 표현을 사용할 수 있도록 한다. 또 다른 방식으로 자원자들이 봉사나 법교육이 왜 중요한지에 관한 것과 같은 짧은 연설을 통해 반성을 하도록 격려할 수 있다.

2) 외적 반성

일반적으로 특정 쟁점(issue)에 대한 집단 토의가 외적 반성을 향상시키는 데 사용된다. 만약 코디네이터와 자원자 중 한 사람이 토론을 이끄는 질문을 준비한다면 일지와 더불어 이러한 토의는 더 효과적일 수 있다.

외적 반성 활동의 또 다른 소집단은 'web chart'이다. 제기된 사회문제가 플립 차트(flip chart paper)의 큰 면 중앙의 원 안에 그려진다. 그 다음 자원자들은 제기된 문제의 원인이 되는 쟁점을 말한다. 이러한 원인 요소들이 웹의 중심으로부터 뻗어 나와 그려진다. 이것은 원인의 원인을 확인하면서, 혹은 수중에 있는 문제의 근원적 원인을 제기하는 잠정적 전략을 확인하는 것으로 단계가 발전하게 된다.

외적 반성의 세 번째 활동은 'values continuum'이다. 한쪽 끝인 '강한(매우) 동의'와 다른 쪽 끝인 '강한 불일치'라는 스펙트럼으로 제시되고 분명해진다. 스펙트럼의 중간은 '보통'을 의미한다. 공간이 만들어졌으면 쟁점과 관련된 흥미로운 진술들을 읽는다(예. 지역사회의 성인과 청소년은 관계가 좋다.). 그리고 나서 집단에 속한 개인들은 질문에 대한 그들의 의견을 보여주는 연속선상의 한 곳에 위치한다. 일단 사람들이 그들의 위치를 잡았으면, 스펙트럼상의 자신의 의견과 반대편에 있는 사람과의 논쟁이 시작된다. 물론 다른 사람들의 비판도 제기된다(이것은 다른 사람들의 비판에 의해 따라오게 된다.).

3) 프로그램 평가

프로그램 평가에 관한 반성에도 다양한 방법이 있다. 일반적인 방법은 서면조사이다. 그리고 프로그램의 강점, 약점, 향상을 위한 제안을 전체 집단 구성원들이 다 같이 검토하는 것도 유용하다. 자원자들보다 핵심책임자(stakeholder)들이 더 이러한 과정에 참여할 필요가 있다. 예를 들어 청소년법정 프로그램에서 판사, 학부모, 피고(defendant)는 모두 의견을 제시할 기회를 가져야만 한다.

V. 결 론

봉사학습은 법교육 프로그램의 중요한 구성요소이자 보완요소이다. NCSTA는 봉사학습 프로그램을 개발하기 위한 다양한 기회를 만든다. 법교육 종사자들은 효과적인 봉사학습 프로젝트를 개발하기 위해 준비, 행동, 반성의 봉사학습 프로그램 개발단계를 이용할 수 있다. 이러한 방법으로, 우리는 청소년들이 현재와 미래의 도전과 기회에 반응하도록 돕고 있다.

더 많은 정보가 필요한 독자들은 다음 기관에서 도움을 얻길 바란다.

National Service, 1201 New York Avenue(9th Floot), Washington, DC 20525(phone: 202-606-5000) or the Nonprofit Risk Management Center(phone: 202-785-3891).

참고문헌

Barber, B.(1993). *What you can do for your country: Report of the commission on national and community service.* Washington, D.C.: Commission on National and Community Service.

Cairn, R. W. & Kielsmeier, J. C.(1991). Growing hope: A sourcebook on integrating youth service into the school curriculum. Minneapolis, MN: National Youth Leadership Council.

Independent Sector.(1993). *Giving and volunteering in the United States.* Washington, DC: Independent Sector.

Mitchell, J. J.(1975). *The adolescent predicament.* Toronto: Holt, Reinhart and Winston.

Wigginton, E.(1986). *Sometimes a shining moment:* the foxfire experience. Garden City, NY: Anchor / Double Day.

Youth Service America's Working Group on National and Community Service Policy(1994). *Effective learning, effective teaching, effective service: Voices from the field on improving education through service −learning.* Washington, DC: Alliance for Service−Learning in Education Reform.

참고자료(역주)
정부가 앞장서서 자원봉사 제도화

연방정부가 해외지원 사업을 계획하면서 정부개입이 확대되기 시작했던 시기가 1960년대이다. 이때는 정부개입의 정당성을 중시하는 케네디-존슨 민주당 정권의 집권으로 가능해했던 시기였고, 또 60년대 중반 이후 무수한 인권운동, 반전운동, 여성운동, 환경운동, 소비자운동 등 시민운동이 급속도로 확대되면서 사회적 요청에 의해 정부의 역할 확대가 가능했던 시기였다. 그럼에도 민주당-공화당 행정부 구분 없이 시민사회와 자원봉사를 사회개발과 국가발전의 전략으로 삼아 재정을 투입하고 행정을 지원하는 적극성을 보여 왔다는 사실을 주목해 볼 필요가 있다.

연방정부가 시민사회 자원봉사 프로그램을 지원하기 시작한 것은 1961년 케네디 대통령이 평화봉사단(Peace Corps)을 창설하면서부터였다. 평화봉사단은 개발도상국을 지원하기 위해 나선 자원봉사 프로그램이었다. 한편 국내 문제해결을 위해 연방정부가 재정을 지원한 최초의 자원봉사 프로그램은 미국자원봉사자(VISTA)이다. 이 프로그램은 1964년 존슨 대통령이 육체적, 정신적 장애를 가진 아동을 노인들이 자원봉사활동으로 돌보는 프로그램, 결손아동 자원봉사 프로그램(Foster Grandparents Program)을 출범시켰다. 그 후 1970년에 다시 은퇴노인 자원봉사 프로그램(RSVP)이 시작되었다.

닉슨 행정부는 1971년 위의 세 가지 프로그램을 신설된 최초의 연방 자원봉사기관인 ACTION에 통합시켰고, 1973년에 제정된 새로운 법은 노인이 노인을 돌보는 새로운 '결손노인 자원봉사 프로그램'을 출범시켰다. 이를 계기로 ACTION은 약물 예방과 치료, 세대 간 관계개선 자원봉사 등 다양한 프로그램을 만들어 냈다.

다음 레이건 행정부는 취임 초기부터 민간부문의 창의력을 빌려 국가정책을 수행하기 위한 특별위원회, 민간창의대통령위원회를 창설해서 각계의 자원봉사활동을 어려운 경제난을 해결하기 위한 전략으로 삼았다. '작은 정부'를 추구하는 신보수주의 정치철학으로 정부의 역할을 대신하거나 보충하는 시민사회의 역할을 중시하는 정책을 추구하였다.

레이건의 신보수주의 정치철학을 계승한 부시 행정부에 와서도 시민사회 정책은 기본적으로 변함이 없었다. 한 가지 특이한 변화는 자원봉사 프로그램을 확대, 제도화시킨 일이다. 공화당 대통령후보 지명연설에서 부시는 자원봉사자와 자원봉사기관들을 가리켜 "넓고 평화로운 하늘에 빛나는 천 개의 촛불들이다."고 강조한 바 있었고, 취임 후 1990년에 연방정부가 재정지원하는 민간부문의 전국자원봉사재단인 '촛불재단'을 창설시키기기도 했다. 이때부터 의회에서는 '국가 및 지역사회 자원봉사법'을 만들어 연방정부가 대규모 시범(3개주, 2개 지역사회) 프로그램들을 재정지원하기 시작했다. 이를 체계적으로 관리하기 위해 의회는 '국가지역사회봉사위원회'를 창설하였다.

클린턴 행정부가 들어서기 전부터 자원봉사는 1992년 선거의 한 쟁점이 될 정도로 많은 관심을 끌었다. 클린턴의 당선 직후 1993년에 의회는 '국가 및 지역사회봉사 트러스트법'을 통과시켜 아메리코어(AmeriCorps)를 출범시킴으로써 이 아메리코어를 통해 연방정부 기관들뿐 아니라 주정부와 지방정부들, 공공 및 사설 비영리기관들이 자원봉사 프로그램을 조직하고 운영할 수 있는 재원마련의 길이 활짝 열리게 되었다. 아메리코어에 풀타임으로 참여하는 학생들은 연간 $4,725 학비지원을 받도록 되었다.

시민성의 함양을 위한 예행연습: 연극을 활용한 우회 법교육

Sue Larison, Deborah Williamson and Paul Knepper

제14장 "시민성의 함양을 위한 예행연습: 연극을 활용한 우회 법교육"

I. 서 론

　이 장에서 우리는 소년법원(juvenile court)으로부터 우회대상으로 지정된 청소년들을 대상으로 켄터키(Kentuchky)의 켄톤 카운티(Kenton County)에서 실시한 연극을 사용한 혁신적인 법교육 프로그램에 대해서 기술한다. 인기 있는 TV 시리즈물에 나오는 여배우의 관심과 소년법원의 전문적인 '연극을 사용한 우회 프로그램'을 결합한 이 새로운 프로그램은 문제 청소년들에게 법교육의 이점을 확장하는 강력한 수단을 제공한다. 법 관련 연극물을 제작해서 무대 위에 올릴 때 '법교육/

연극 프로그램'은 여기에 참여하는 청소년들이 남은 인생에서 시민으로서 수행할 역할을 배우기 위한 예행연습으로 작동할 수 있다.

Ⅱ. 켄톤 카운티에서 우회교육으로서 연극

켄톤 카운티의 연극 프로그램은 법원 지정 조정자(CDW)이면서 청소년 수용 사무관인 수 라리슨(Sue Larison)이 1992년 11월 지역 신문에 난 페그 필립스(Peg Phillips)에 관한 기사를 읽고 난 뒤에 시작되었다. 페그 필립스는 CBS에서 텔레비전 시리즈인 "Northern Exposure"에서 가게의 소유자인 루스 안(Ruth Ann)의 역할로 유명한 배우로 문제 청소년들에 관심을 가지고 있는 뛰어난 연기자였다. 지난 5년 동안 필립스는 Theater Inside를 감독하였다. 이 프로그램은 워싱턴 주의 스노쿠알미에 있는 청소년 범죄자를 수용하는 안전 기관인 에코 글렌의 거주자들을 위해 주말 드라마 워크숍이라는 형식을 가지고 진행되었다. 라리슨은 필립스와 접촉하였고, 필립스는 이 프로그램 개념을 공유하기로 동의하였다.

Theater Inside는 3명의 드라마 교사를 12명 감금된 청소년들에 짝지워준다. 배우들이 빠른 속도로 진행하는 워크숍에서 학생들은 드라마 연기 경험이 있거나 훈련을 받은 교사들이 제공하는 연습에 참여한다. 교사들과 학생들은 소집단에서 작업을 시작하고 난 다음 작품을 무대 위에 올릴 준비를 한다. 배우들은 심리적인 치료 또는 재활적인 교수를 제공하려는 시도를 하지 않는다. 연극 기술 그 자체도 가르치지 않는다. 예를 들어 내면화와 성격화라는 기술을 강조하는 고등학교 드라마 수업에서 가르치는 것과 달리 Theater Inside는 유연하고, 비평으로부터 자유로운 교사와 학생들의 상호 작용을 강조한다. 이 프로그램은 드라마 연구를 사용하여 협동심을 함양하고, 관계를 창조하며, 자존감을 세워주고, 상상력을 계발할 수 있도록 하는 포럼을 제공한다.

라리슨은 켄터키 주의 CDW 프로그램을 감독하는 법원 행정국(the Administrative Office of the Courts)으로부터 Theater Inside의 켄터키 버전을 시행할 허가권을 받았다. 법원 행정국(AOC) 직원들은 이 프로그램이 법교육으로서 가진 엄청난 잠재력을 인식하고 그녀가 우회교육을 받는 청소년들을 위한 시험 프로그램을 실행할 수 있도록 격려하였다. 라리슨은 버즈 데이비스(Buz Davis)의 도움을 얻었다. 뉴욕에서 5년간 연극을 한 뒤에 지역 연극단을 설립한 데이비스는 라리슨의 '연극을 사용한 우회교육'이라는 아이디어가 의미 있는 공동체 봉사활동의 형태가 될 것이라고 보았다. 그는 이 프로젝트에 자발적으로 참여하였다. 코빙턴 카네기 극장(Covingtion's Carnegie Theater)의 매니저로서 그는 작품을 무대에 올리는 데 필요한 시설을 제공하고 라리슨이 켄터키 예술회의로부터 승인을 받는 데 도움을 주었다.

1993년 3월 버즈 데이비스와 슈 라리슨은 필립스의 에코 글렌 워크숍에서 3일 동안 보냈다. 그들은 Theater Inside 프로그램을 관람하고 이 워크숍을 진행한 배우들과 함께 비디오로 촬영 중인 질의-응답 회의에 참여하였다. 데이비스와 라리슨은 또한 페그 필립스와 그녀의 행정 보조원과 만나서 프로그램에 대해서 토론하고 그녀의 오리지널 극본인 "I Wanna Be Me!"의 사용 허락을 받았다.

켄터키에서, 두 사람은 진행자들을 모집하였다. 그들은 지역대학 연극과로부터 자원한 배우 2명, 북켄터키에서 거주하는 전문배우 2명 그리고 지역 전문 연극 공동체로부터 기술 감독 1명을 알게 되었다. 그들은 법교육 주제를 포함시키면서 우회 프로그램으로 운영하기 위해 극복을 각색하였다. Theater Inside는 소년법원의 전문가들의 지원 없이 개발되었기 때문에 법교육 개념이 전혀 포함되지 않았다. 에코 글렌(Echo Glen)의 거주자들과 달리 켄터키 참여자들은 법정 내부를 보지 못하였다.

켄톤 카운티(Kenton County)의 CDW 사무국으로부터 그들은 12세에서 17세에 이르는 다섯 명의 소녀와 여섯 명의 소년들을 참여시켰다. 참여하기 위해서 청소년들은 연극 프로젝트에 관한 자신의 관심을 표현해야만 하였다. 잠재적인 참여자들에게 몇 가지 우회 옵션이 주어졌다: 전통적인 법교육 참여하기, 공동체 봉사활동 수행하기, 연극 프로젝트. 이러한 옵션은 연극 프로젝트에 참여한 청소년들도 참여하지 않은 청소년들과 동일하게 주어졌다.

공연에 앞서 6주간의 훈련이 실시되었다. 훈련하는 동안 '전문가와 인터뷰하기', '이름 연기', '조각상 만들기(Statues)' 그리고 '듣기 집중(Audience Focusing)'과 같은 기법들이 사용되었다.

1. 전문가와 인터뷰하기

워크숍의 한 구성원은 '인터뷰어(interviewer)'가 되고 다른 구성원은 인터뷰하는 사람이 상상한 어떤 분야의 전문가가 된다. 인터뷰는 토크 쇼 형식을 따라 청중을 구성하고 있는 다른 구성원들로부터 질문을 유발하는 방식으로 진행된다. 이와 같은 훈련을 통해 참여자들은 무대에서는 자신감을 얻게 된다.

2. 이름 연기(Name Acting)

참여자와 조력자는 원 안에 선다. 각자는 원 안으로 걸음을 한 걸음 내딛으면서 자신의 감정적인 상태를 나타내는 방식으로 자신의 이름을 표현한다. 각 개인의 이런 활동이 끝난 다음 집단이 걸음을 내딛으면서 누군가의 이름을 반복하고 목소리의 톤과 신체적인 제스처를 흉내 낸다. 이러한 연습을 통해서 어색함을 풀고 각 참여자들은 다른 사람들이 자신을 어떻게 보는지 알 수 있는 기회를 가지게 된다.

3. 조각상 만들기

한 참여자는 '점토'가 되고 다른 참여자는 '조각가'가 된다. 조각가는 특정한 감정을 두 사람만 알 수 있는 점토의 형태로 만든다. 나머지 워크숍 구성원들은 조각된 감정이 무엇인지 맞추고자 시도한다. 조각상 만들기를 통해 청소년들은 내적 감정과 외적 표현 사이의 관련성에 관한 통제력을 실험할 기회를 갖게 된다.

4. 듣기 집중(Audience Focusing)

두 명의 워크숍 구성원들은 무대의 한쪽 편에 서 있고, 두 명의 구성원들은 그들로부터 떨어져 서 있는 한편 다른 두 명의 참여자들은 지켜본다. 각 구성원들은 같은 시나리오를 연기한다. 한 사람이 마임으로, 다른 사람은 목소리로 하는 점만 다르다. 장면 중간에 조력자가 "변경(Switch)"이라고 소리를 치면 마임 연기자는 목소리로, 목소리 연기자는 마임으로 바꾸어 연기한다. 이러한 연습으로 인해 청소년들은 한 가지 이상의 의사소통의 수단이 감정적인 반응을 표현하는 데 사용된다는 것을 지각할 수 있다.

5. 법교육 교수 방법으로 연극 이용하기

연습 초기에 연극을 활용한 우회 프로그램 참여자들은 혼잣말로 중얼거리고 시선을 마주치는 것을 피하였다. 많은 수의 참여자들이 자신의 주위에 벽을 쌓고 다른 사람들에게 자신의 마음을 열고자 하지 않았다. 이들은 첫 몇 주 동안 리허설에 늦게 오고 몇몇 학생들은 리허설을 함께 빠지기도 하였다. 그러나 4주째쯤 큰 변화가 일어났다. 참여자들은 프로젝트에 대해 주인의식을 보였고 10주째 이르러 자신들이 표현하는 소속감의 느낌이 외부의 관찰자들에게 분명하게 드러났다.

그들은 카네기 극장에서 자신의 공연을 올렸다. 학부모, CDWs 직원들, AOC 감독관 그리고 공동체의 지도자들이 초대되었다. 몇 주 후에 연극 단원들은 주 전체 CDW 회의에서 공연하기로 하였다. 이 공연을 위해 그들은 새벽 4시에 일어나 세 시간 동안 차를 탔다. 그들이 회의실에 들어가 조명을 달고 음향장치를 설치며 전기 연장선을 연결하였다. 한 시간 뒤에 그들은 공연을 시작하였고 간간히 자연스럽게 터지는 청중들의 박수에 중단되기도 하였다. 공연이 끝났을 때 청소년 배우들은 기립 박수를 받았다.

드라마 연습이 시작되자마자 연극이 청소년들에게 법교육의 내용을 가르치는 강력한 수단이 될 것이라는 점이 분명해졌다. 공연예술—영화, 텔레비전 그리고 연극 제작—이 미국 사회의 구석구석에 퍼져 있다. 비디오에 의존하며 자라난 청소년들은 시각적인 형식에 보다 잘 반응하였다. 학생들은 정의와 법의 개념을 듣고 토론할 뿐만 아니라 연기로 나타낼 수 있다.

라리슨과 데이비스가 우회교육을 위해 각색한 "I Wanna Be Me!"의 각본은 자연스럽게 법 관련 개념들을 담고 있었다. 한 장면에서 주요 등장인물 중 한 명은 자신이 첫 번째 여성 대통령이 되는 상상을 한다. 그녀는 다른 두 나라에서 온 로비스트와 논쟁 중인 자신의 모습을 그려본다. 로비스트는 미국으로부터 귀중한 석유 채굴권을 받고자 한다. 한 로비스트는 자신의 나라뿐만 아니라 전 세계에 영향을 줄 수 있는 결정을 내릴 수 있는 권위를 대통령이 가지고 있는지 의문을 제기한다. 이 대화는 법교육의 본질적인 교수 내용인, 권위의 행사와 권위 없는 권력의 사용을 구별해 준다.

추가적인 법교육 내용을 제공하기 위하여 추가적인 각본을 개발할 수 있다. *Puddn'Head Wilson*, *The Devil in Daniel Webster*, *To Kill a Moackingbird*, *Antigone* 그리고 *All the Kin's Men*과 같은 미국 문학의 위대한 작품들은 젊은 배우들이 탐구할 수 있는 도덕적·법적 원칙의 풍부한 보고들을 담고 있다. 프레드 코레마트슈(Fred Korematsu)의 위대한 미국의 재판, 시카고의 8인(The Chicago Eight), 윌리엄 캘리(William Calley) 그리고 Standing Bear도 법교육 프로그램을 위해 각색 가능하다. 중대한 법적 이슈와 인권 관련 이슈와 관련된 다른 국가의 재판들도 가능하다. 예를 들어 남아공의 넬슨 만델라 또는 스티브 비코(Steve Biko), 나치의 전범인 클라우스 바비(Klaus Barbie), 자마이카의 첫 번째 수상인 알렉산더 부스테만테(Alexander Bustemante)가 있다. 권위, 권력, 정의 그리고 정체에 대한 질문을 제기하는 법정 드라마를 실행하는 것보다 더 상호 작용적이며 참여적인 법교육 학습 전략은 상상하기 어렵다.

제작에 이르는 수 주 동안 참여자들은 책임감과 자아존중감을 강화하는 합습의 수단에 참여한다. 준비하고 결국에는 청중들 앞에서 공연함으로써 학생들은 자신감과 자아존중감을 획득한다. 요구하는 대로 감정을 연기함으로써 학생들은 자신을 통제할 수 있게 되고 이름 연기를 하는 가운데 자신들의 행위를 다른 참여자들이 흉내 내기함으로써 그리고 다른 기법 등을 통해 능력 향상을 느끼게 된다. 박수와 악수라는 형식의 즉각적인 호응은 받아들이는 것은 즉각적이고 압도적인 수용을 제공한다. 낯선 사람으로부터 서명 요청을 받는 것도 청소년들이 그들의 성취에 대해 자부심을 갖고 공동체의 생산적인 구성원이 될 수 있는 자신의 능력에 대한 믿음을 갖도록 하는 강력한 칭찬의 형식이다.

13세 소녀에 일어난 엄청난 변화는 법교육－연극 프로그램(the LRE / theater program)의 잠재성을 잘 보여준다. 10주의 워크숍 동안 그녀는 고개를 숙인 채, 가끔씩 눈과 얼굴의 대부분을 덮고 있는 앞머리 사이로 머리를 들곤 하였다. 그녀는 시선을 마주치는 것을 거부하였다. 프로그램 진행자(Facilitator)가 엄청난 노력으로 달래고 난 후에 겨우 자신의 대사를 속삭였다. 그녀의 고민은 너무나 심각해서 공연 전날 밤 진행자가 그녀를 불러서 공연할 필요가 없다고 말해도 된다고 하였다. 그녀는 그 제안을 거부하고 예정대로 자신의 역할을 연기하였다. 두 주 후에 그녀는 앙코르 공연에 나타났다. 그녀는 머리를 말쑥하게 뒤로 묶은 채 자신감 있는 미소를 머금고 무대를 바라보는 100명의 낯선 사람들 앞에서 첫 번째 즉흥 연기를 하기로 자원하였다.

진행자들과 함께 작업하면서 청소년 참여자들은 그들에게 관심을 가진 사람들을 알게 되었다. 교사들과의 많은 관계를 가지면서 청소년들은 주위의 동료집단 이외의 사람들과 관계를 형성하는 것이 중요하다는 것을 인식하기 시작하였다. 진행자들이 보여준 가치는 청소년들이 가진 하위문화의 가치에 대한 대안을 제공한다. 청소년들이 이러한 가치에 대해서 반성하기 시작함에 따라 재활(resiliency)의 전망이 보인다.

리허설과 공연은 '일체감(a sense of togetherness)'을 강화시켰다. 작품이 예정대로 올려지기 위해서 각 개인들은 집단에 헌신해야만 한다. 연습에 늦게 오는 사람이 있으면 시간을 정확하게 지키고 동의한 사항을 이행하는 것이 중요하다는 것을 강조하는 불만을 표현한다. 연극단원들은 함께 장비 부족, 스케줄 잡기 그리고 매일 부딪치는 문제들을 해결하였다. 공연을 한다는 것은 연기하는 것 이상 무엇인가 배우는 것을 의미한다. 그들은 한 집단으로 서로 협동하는 법을 배운다.

드라마 제작은 청소년들과 지역 공동체를 연결시킨다. 드라마 제작은 시장에서 부모에 이르기까지 공동체 구성원을 하나로 묶는다. 위기의 청소년들(At-risk Youth)은 공동체 참여가 중요하다는 것을 몸으로 접하였다. 공동체 지도자들은 청소년들이 사회적인 삶의 질을 향상시키기 위해 서로 함께 노력하는 모습을 보았다. 일종의 역할 전환을 통해서 소외된 청소년들은 보다 넓은 공동체에 참여하였다. 그들은 연기를 통해 사회적인 응집력을 훼손시키기보다는 공동체의 조직자가 되고 도시 이웃들의 삶의 질을 향상시켰다.

켄터키 청소년들을 위해 각색한 '법 / 연극 개념'은 이 프로그램이 헌터가 논의한 효과적인 법교육 교수방법을 위한 다양한 처방책을 포함시킬 수 있다는 것을 입증해 보였다.

Ⅲ. 연극과 법교육의 미래

코빙턴(Covington)과 프랑크포트(Frankfort)에서 공연한 단원들은 1993

년 9월 켄터키 주 리치몬드(Richmond)에서 세 번째 공연을 하기로 동의하였다. 참여자 중 두 명이 북켄터키 예술위원회에 자원하였고 다른 두 명은 예술위원회의 작품 제작을 위한 음향 기술자로 취직되었다.

1993년 가을에 수 라리슨(Sue Larison)은 미래 프로그램 지원에 대한 관심을 평가하기 위해서 전 주에 걸쳐 대학 연극과를 대상으로 조사를 실시하였다. 그녀는 다양한 자금 지원처를 탐색하고 프로그램 향상을 위한 추가적인 방법을 모색하였다. 페그 필립스(Peg Phillips)는 또 다른 시나리오 작업을 하고 있는 중이다. 그녀는 법교육 주제를 포함하는 다른 시나리오를 준비하는 중이다. 프로그램을 주의 다른 지역이나 다른 주로 확장할 수 있는가 하는 것은 필수적인 요인들을 통합하려는 청소년 법원 종사자들의 의지에 달려 있다.

켄터키 카운티의 연극을 통한 우회교육 실험을 통해서 법교육 수단으로서 드라마 공연의 잠재성이 입증되었다. 연극은 법교육 접근 방식을 한 걸음 더 전진시켰다. 주제에 대한 높은 관심, 집단 토론 그리고 공동체 지도자들과의 만남은 법교육 개념들을 연기를 통해 표현함으로써 향상된다. 학생들은 민주주의에서 권리와 책임에 관한 내용을 학습하고 그들 자신의 능력과 흥미에 대해서 알며, 공동체로 연결되는 다리는 건설한다. 드라마 공연을 무대에 올릴 때 법교육이 제공하는 프로그램을 통해서 문제 청소년들은 문자 그대로 생산적인 사회적 역할 수행을 배운다. 법교육은 시민성 함양을 위한 예행연습이 된다.

참고문헌

Hunter, R. H.(1991). Law-related education and delinquency prevention: Implications for pre-service education. In C. C. Anderson & D. T. Nayor(Eds.), Law-related education and the pre-service teacher(pp.49-61). Chicago: American Bar Association, Special Committee on Youth Education for Citizenship.

법교육의 수단으로서 청소년법정의 가능성: 켄터키 프랭클린 카운티의 사례

법교육의 수단으로서 청소년법정의 가능성: 켄터키 프랭클린 카운티의 사례

Jeanie Lyles and Paul Knepper

I. 개 요

청소년법정은 경미한 범죄를 저지른 초범의 청소년들을 다루기 위한 재량적 대안이다. 이 프로그램은 청소년들에게 의무와 책임을 강조하는 청소년법정을 대안으로 제공한다. 이 프로그램은 또한 청소년들에게 시민의 의무와 관련된 효과적인 수업으로써 법 지식과 재판 과정을 가르쳐 준다.

1983년 텍사스에서 처음으로 청소년법정 프로젝트가 등장한 이래, 이것은 전국으로 급속히 퍼져나갔다. 청소년법정 프로그램은 지금 텍사스에서만 30개 이상이 자리잡고 있으며, 15개주의 60여 개 도시에서 운영되고 있다(미국 변호사 협회, 1993). 청소년법정에서 변호사, 집행관, 사무관, 배심원 등의 역할을 수행하는 청소년들은 일반 법정에서 판결이 이루어지는 과정과 유사한 재판 과정을 수행한다. 이것은 청소년들에게 범법 행동을 유발하도록 이끄는 또래 집단의 압력이, 준법 행동을 유도하는 영향력으로 전환될 수 있다는 전제에 근거한다.

켄터키 청소년법정은 행정국(AOC)에서 시작된 법교육의 일환으로 성장하였다. AOC는 북켄터키뿐 아니라 스콧, 워렌, 매디슨, 배런, 파이크, 프랭클린 카운티에서 청소년법정을 시작하였다. 주의 개괄적인 초기 법교육의 부분으로서, 청소년법정은 법교육의 아이디어를 발전시키는 데 한몫했다. 청소년법정과 연관된 청소년들은 법적 주제의 프레젠테이션, 그룹 토론 그리고 지역 인사와의 만남과 함께, 동료들을 위하여 실제 사법 과정에 참여한다.

법교육 운동의 부분으로서 청소년법정이 법교육을 옹호하는 다른 주에서는 정착되지 못했을지라도, 켄터키의 사례는 청소년법정과 법교육의 목표가 명백히 일치된 것을 보여준다. 특히, 프랭클린 카운티에서의 청소년법정 프로그램 발달은 청소년들에게 — 범죄자와 다른 참여자들 모두에게 — 법교육에 대한 신뢰를 가져다줄 수 있는 강력한 매개로 존재한다. 청소년법정은 자유 사회에서 시민을 위한 기본적 필요조건인 법 이해의 도구, 도덕적 의사결정을 위한 기본적인 인식 그리고 사법 과정과 관련된 정보 공유의 방법을 제공한다.

Ⅱ. 청소년법정의 아이디어

국가 최초의 청소년법정은 법교육 프로젝트의 일환으로 시작되지는 않았다. 그것은 Natalie Rothstein이 텍사스의 오데사에서 '우회와 책임'을 강조하는 새로운 프로그램을 개발하는 도구로 출발하였다. 청소년법정의 구조와 과정은 Rothstein의 노력으로 발전되었다.

1. Rothstein 그리고 텍사스 사례

약 십 년 전, 오데사의 시민들은 청소년 범죄의 증가와 사형선고 기준의 모호성에 직면했다. 체포자의 절반 정도가 청소년들이었고, Rothstein은 청소년 범죄의 중요한 부분이 청소년 범죄자들에 대한 대처에서 비롯된 것이라고 짐작했다. 도시의 많은 청소년들은 청소년 사법의 허점들 때문에 습관적으로 범죄를 저질렀다(Rothstein, 1987, p.18).

청소년법정은 피고인에게 그들의 행동을 변화시킬 수 있는 유인을 거의 제공하지 않았다. 좀도둑질, 약물중독과 같은 경범죄로 체포된 자들은 강의를 듣게 한 후 집으로 돌려보냈다. 유형화된 수많은 범법 행위들은 두 번째 그리고 세 번째의 범죄를 가져온다. 만일 범죄가 습관화되기 전에, 사법 체계를 통하여 그들의 행동에 책임을 지게 하는 시스템이 있다면, 범죄의 유형화는 깨질 것이라고 추측했다.

그녀는 시애틀, 워싱턴, 덴버를 포함하는 몇몇 도시에서 활용된 우회 계획을 다른 도시들도 채택하도록 장려하였다. 덴버 프로그램(지방검사

협회가 투자한)은 경범죄로 체포된 초범의 청소년들에게 두 가지 판결 중 하나를 선택하도록 허락했다. 이들은 청소년법정에서 절차에 의해 처리되거나 유죄 인정과 손해배상계약을 포함하는 우회 프로그램을 선택할 수 있다. 덴버 프로그램은 학생 배심원에게 사건 청문을 하고 그에 대한 판결을 내릴 수 있다(Rothstein, 1987).

Rothstein은 도시에서, 청소년 범죄 해결책을 찾기 위해 3년의 시간을 투자한 오데사의 청소년 연맹에 덴버 계획을 제안했다. 청소년 연맹은 1983년 11월 오데사 시와 협력하여 새로운 청소년 우회 프로그램을 활용한 최초의 청소년법정을 지휘하였다.

오데사의 프로그램은 초기 덴버 계획에서 한층 발전하였으며, 청소년들에게 대안적인 재판 과정의 대부분을 통제할 수 있는 권위를 주었다. 자원으로 뽑힌 판사의 감독 아래, 청소년들은 주 법원의 지역 법원을 대신했다. 그들은 변호사, 집행관, 사무관, 배심원으로 역할하면서, 사실을 듣고, 정상참작을 하여(상황을 악화시킬지 완화시킬지를 고려하며), 판결을 내린다. 766개의 사례를 추진해 본 결과 프로그램의 실패율이 10~15%에 그칠 정도였으며, 이런 자랑스러운 결과로 인하여, 시의회는 좀더 심각한 범행 즉 B급 범죄로까지 이 프로그램을 확대하였다(Rothstein, 1985, 1987).

Rothstein은 1993년 그녀가 죽을 때까지 청소년법정을 활성화시켰다. 그녀가 처음 프로그램을 접한 이래 과거 10년 동안, 청소년법정은 텍사스에서 급속히 성장하였다. 타일러에 본부를 둔 텍사스 청소년법정 연합은 30개 이상의 프로그램을 통합하였다. 이 중 대부분은 도시와 다른 조직들이 협력한, 지역 청소년 연맹에 의해 만들어진 자원자 프로젝트이다. 또 다른 프로그램의 모델이 된 나머지 청소년법정은, 애리조나, 콜로라도, 플로리다에서 발전해 왔다.

2. 청소년법정의 구조

알래스카의 앵커리지 청소년법정처럼 몇몇 눈에 띄는 예외가 있기는 하지만, 주 대부분의 청소년법정은 오데사에서 만들어진 기본적 모델을 따르고 있다. 앵커리지 청소년법정에서 판사를 포함한 모든 법정 참가자들은 12세에서 18세 사이의 청소년들이다. 피고인은 재판 패널이나 배심원에 의해 재판되고 판결된다. 오데사 모델에 기반을 둔 청소년법정 프로그램은 청소년법정을 감독하기 위해 자원한 판사를 제외한 모든 참가자들이 청소년이다. 청소년법정 배심원은 유죄나 무죄를 결정하지 않는다. 다만, 그들은 유죄를 인정하고, 청소년법정 참가에 동의하는 피고인들을 위해서만 판결한다. 판사가 배심원이 정한 판결을 바꿀 수 있는 권한을 가지고 있을지라도, 판사의 기본적인 역할은 재판을 관리하는 것이다.

주를 통틀어, 청소년법정 피고인들은 유죄인정을 한 10세에서 18세 사이의 청소년들이다. 유죄인정을 하지 않은 청소년은 정식재판을 위한 조정관으로 돌아간다. 왜냐하면 아무리 사소한 범행이라도, 피고인이 자신의 유죄를 인정하고 청소년 법정 프로그램에 참여하기를 거부한다면, 정식 재판을 받을 만한 가치는 있기 때문이다. 일반적 범죄는 파괴, 절도, 좀도둑질, 약물이나 알코올 남용, 강간 / 폭행 그리고 교통 관련 위반들을 포함한다. 프로그램이 일반적으로 우회의 목적을 가지고 있는 한에는, 그것은 재량적 대안으로서 기능한다. 그들에게 할당된 건설적인 판결을 완수한 청소년들은 공식적인 법원의 재판 기록이 남지 않는다.

일반적으로 청소년법정 프로그램은, 자원 봉사자들과 함께 프로그램을 관리하는 협조자 또는 실행가인, 단독의 유급 직원으로 운영된다. 프로그램은 공공 기관, 사적 기부금, 또는 둘의 결합에서 자금을 충당한다. 애리조나 길라 카운티의 청소년법정은 길라 카운티 청소년 보호 관찰부와 길라 카운티 대법원으로부터 지원을 받는다. 두 대법원 판사는 과정을 감독하고, 지방 고등학교 교사들은 전사의 도움을 받아 프로그램을 돕는다. 콜로라도의 아우로라 청소년법정에서, 아우로라 지방 법원 프로그램은 아우로라와 체리 크릭 공립학교 체계와 아우로라 시의 지원을 받아 운영된다. 유일한 유급 직원인 디렉터는 지방 법정을 위한 프로그램을 관리한다. 플로리다의 사라조타 카운티 청소년법정은 카운티에서 지급하는 사회봉사 보조금과 사적 기부금으로 운영된다. 보조금은 한 명의 전일 고용직원인 실행 디렉터에게 주어진다. 프로그램은 여성 유권자 연맹이 청소년 연맹에 전환 프로그램을 위한 필요로 가까워진 후에 시작되었다.

청소년법정에 회부할 수 있는 루트는 다양하다. 오데사 청소년법정의 지원은 오데사 지방 법원, 오데사 경찰국, 엑토 카운티 쉐리프의 사무소, 엑토 자치 학교구 그리고 평화의 정당성에서 이루어진다. 길라 카운티의 프로그램은 청소년 보호 감찰국으로부터 도움을 받는다. 경범죄에 대해 유죄를 인정한 청소년은 청소년 보호 감찰국과 함께 최초의 수용 회의에서 프로그램을 학습한다. 아우로라에서, 피고인들은 학교에서 승인한 학교 행정가들이나 경찰 관료들에 의해 회부를 받는다. 사라조타 카운티에서, ‘직접 전환 강화의 지역법 강화’ 관료들은, 협조가 건강과 재활 서비스국, 학교 행정가들 그리고 교통 법정에서 이루어지고 있을지라도, 유죄를 인정한 청소년들에게 청소년법정을 권장한다.

배심원의 재량 범위는 제한적인데, 그 중 하나는 배심원 활동 명령(jury duty)이다. 오데사에서, 판결의 범위는 4시간에서 30시간 사이의 공공 서비스, 3시간의 교통질서 위반과 약물오남용 예방교육 참가, 1회에서 4회에 걸친 배심원 활동 명령 등이 있다. 아우로라에서, 배심원은 8시간에서 60시간의 공동체 봉사, 배상, 사과문 작성, 협조상담, 또는 수필 작성 등을 할당한다. 모든 판결은 1회에서 4회 사이의 배심원 활동 명령이 필수적으로 포함된다. 길라시와 사라토라시의 청소년 법정의 판결은 유사한데, 다만 갈라시에서는 피고인이 비밀 준수의 의무를 깨뜨릴 우려가 있거나 배심원 활동 경험을 이용하여 개인적 이익을 취할 가능성이 있다고 판단하면 배심원 활동 명령을 내리지 않을 수 있다.

다른 청소년법정의 참가자들은—변호사, 집행관, 사무관 그리고 배심원—지역 학교에서 모집된다. 참가자들은 법적 과정과 사례를 경청하기 위한 중요한 그들의 특별 역할을 훈련받는다. 길라 카운티는 자원자들을 교사의 추천, 학생들의 설문 그리고 중요한 피고인에서 모집한다. 코디네이터의 협조는 사회과 수업과 결합되어 지역 고등학교에서 모든 자원자들을 위한 오리엔테이션을 마련했다. 아우로라에서, 자원자들은 청소년법정을 위해 그들의 학교에서 추천되거나, 자기추천에 의해 구성되었다. 그들은 아우로라의 변호사와 아라파호 변호사 연합, 시 변호사 사무소 그리고 공공 변호사 사무소로부터 훈련을 받는다. 이들은 멘토로서 그들의 시간을 투자한다. Sarasota 카운티에서, 실행가는 지역 고등학교, 웅변, 논쟁, 역사 수업에서 특별한 재능이 있는 학생을 모집한다. 젊은 법조인 모임으로부터 변호사들은 강좌 훈련을 도와준다.

3. 청소년법정 과정

청소년법정은 성인 법정의 판결 과정을 모델로 하여 진행된다. 청소년법정에 회부되는 사건은 협조자들에 의해 청소년 피고와 그들의 부모를 위한 최초의 오리엔테이션에서 제시된다. 이 모임에서, 가족들은 청소년법정 절차와 재판 날짜에 대한 소개를 받는다. 재판 시행 며칠 전에, 배심원과 청소년법정 피고인들은 출두해야 할 시간과 장소를 알려주는 소환 공지를 받는다. 재판 전날, 청소년법정 협조자들은 공식적 소송 기록이 논의될 수 있고, 사건이 승인될 수 있고, 자료가 조직될 수 있게 하기 위한 검사와 변호사 역할을 맡은 학생들을 만난다.

재판 진행 날, 청소년법정 협조자들은 소장 복사본과 함께 변호사들에게 기소와 변호를 제공한다. 판사는 적절한 재판 에티켓을 설명하고 과정의 엄숙함을 강조한다. 과정은 성인들의 재판과정과 유사하다. 배심원들은 선서하고, 집행관들은 배심원석에 그들을 앉힌다. 법정 서기는 공판번호를 공표하고 피고인을 호명한다. 판사는 피고인에게 앞으로 나올 것을 요구하고, 그들을 증인석에 앉히고 배심원들에게 혐의사실을 공지한다. 검사가 피고에게 질문한 후 변호사가 질문한다. 유죄를 이미 인정하였기 때문에 변호사의 역할은 인성변론에 집중된다. 변호사는 관대한 처분을 호소하기 위해 범죄에 대한 피고인의 자책뿐 아니라 학교 교육적 임무수행, 미래의 계획, 정규교과 외의 활동에도 집중한다. 검사는 사실을 강조하고 피고인이 명백하게 법을 위반했음을 지적하며, 배심원에게 엄격하고 의미 있는 판결을 내려줄 것을 요구한다. 검사가 최종 구형을 한 후, 변호사가 최종 변론을 한다.

배심원은 각 사건을 듣고 회의실로 물러난다. 여기서 그들은 대표를 선출하고 사례를 동의된 결정에 이를 때까지 논의한다. 법정에 돌아와, 법정경리는 배심원에게 판결을 위한 기록지를 나누어 준다. 만일 판결이 수락되면, 판사는 피고인을 앞으로 호명하고 그에게 배심원을 마주 보도록 지시한다. 완성된 배심원 판결을 넘겨받은 배심원 대표는 피고인에게 판결을 읽어주고 판결을 최종적으로 승인하기 위해 청소년법정 협조자를 만나라고 이야기한다. 만일 배심원의 판결이 판사에게 수락되지 않으면, 배심원은 다시 회의를 한다.

청소년법정 협조자들은 판결의 요구 수락을 모니터한다. 만일 피고인이 판결을 수락하면, 최초의 형은 사라진다. 이전의 피고인들은 청소년법정에서 봉사를 계속할 것을 지시받는다. 만일 피고인들이 판결에 따르는 것을 거부한다면, 청소년법정 협조자들이 그들을 만나 순응에 이르기 위하여 협상할 것이다. 만일 비협조를 고집한다면, 청소년법정 절차는 종료되고, 사건은 조정관에게로 되돌아간다.

Ⅲ. 켄터키의 청소년법정 프로그램

켄터키의 청소년법정 프로그램은 주의 법교육을 시작으로 성장하였다. 청소년법정은 노동자들에 의해 임명된 법정, 켄터키 청소년 강화 사무원들에 의해 관리되는 다른 우회를 근간으로 하는 법교육 프로그램을 따라 운영되었다. 켄터키의 청소년법정 프로그램의 기원은 법교육의 매개로서 프로그램에 깔려 있는 합리성과 잠재력을 이해하기 위하여 중요하다.

1. 켄터키 청소년법정의 발달

1990년 11월, 켄터키 대법원의 대법관 로버트 F. 슈테판은 공교육 현장에서 법교육을 발전시키기 위하여 26명 멤버의 원탁회의를 구성하였다. 원탁회의의 구성원은 1992년 2월 청소년법정 개념을 착안하고 텍사스의 오데사와 애리조나의 길라 카운티에서 청소년법정 모델을 탐색하였다. 원탁회의의 구성원들은 이러한 접근의 장점을 인정했고 켄터키 청소년 사법제도에 청소년법정을 도입하기로 결정했다. AOC 직원들은 재판관, 변호사 그리고 몇몇 지역 공동체의 공동체 지도자들을 구성원으로 하여 모임을 조직하고, 그 결과 네 지역—북켄터키, 넬슨 카운티, 페이예트 카운티 그리고 몽고메리 카운티—에 청소년법정을 선행 실험하였다. 청소년법정은 공식적으로 1992년 3월 법교육의 일환으로 시작되었다.

2. 프랭클린 카운티 프로그램의 발달

프랭클린 카운티에서 청소년법정 프로그램은 1993년 9월에 처음 시작이었다. AOC 직원 지니 라일즈가 프로그램 조정자로 임명되었다. 협조자로 지명되었다. 그녀는 동료 압력이 긍정적인 힘을 가져오고 피고인들에게 더 나은 삶의 기회를 만들 수 있는 '제2의 기회'를 제공하도록 고안된 이 프로그램에 매력을 느꼈다. 그녀가 프랭클린 카운티 구법원 판사 리드 로러와 가이 하트에게 청소년법정 개념을 처음으로 소개하면서 프로그램 발전을 시작했다. 두 판사는 그들에게 열정적 지원을 제공했고 프로그램 운영을 위한 필수적인 지원을 제공하는 것에 동의했다.

다음, Lyles는 지역 계몽 세미나를 조직했다. 지역 변호사, 교사, 공동체 지도자 그리고 변호사 일반 사무소의 구성원들이 발표를 들으러 왔고 그들의 협조를 제공했다. 다시, 청소년법정 개념은 승인을 받게 된다.

10월, Lyles는 세 지역 고등학교와 접촉했다. 이 접촉은 125명 이상의 지원자를 모았다. 흥미를 지닌 청소년들은 회의 훈련에 관한 정보를 제공받았다. 일정이 맞지 않아 많은 지원자들이 회의에 참석하는 것에 어려움을 겪었음에도, 45명의 학생들이 훈련을 마쳤다. 이 학생들은 이 프로그램이 시작되는 데 기초를 제공하였다. 그 후 그녀는 프로그램을 관리할 협조를 얻기 위해 켄터키 주립 대학에 의뢰했고(주립대학에서 추천받은), 두 범형사법 전공 학생들은 청소년법정 활동에 협조하여 인턴십 학점을 획득했다.

같은 달, Lyles는 5개의 2시간 훈련 과정을 구성했다. 교육 과정은 재판 진행과 청소년법정의 적절한 측면을 포함했다. 첫 수업은 1964년 Galt 판결 이래의 소년법정을 개관하는 것으로 시작했다. 마지막 수업은 학생들에게 처음으로 변호사, 실행가, 집행가, 사무관 그리고 읽고 논의하는 배심원의 역할을 실습시키는 모의재판으로 구성하였다.

청소년 사법제도의 몇몇 구성원은 훈련 과정에도 참여했다. 훈련을 마치고 학생과 부모들은 프로그램에 참여한 재판관들에 의해 거행된 선서식에도 참석하였다. 프로그램 협조자들을 포함하는 각각의 참여자들은 취임선서와 비밀 준수의 서약을 하였다.

첫 번째 과정은 1993년 11월 18일 프랭클린 카운티 법원에서 열렸다. 프로그램이 여름 동안 보류되기 전에, 프랭클린 카운티 청소년법정은 14개의 사례를 포함하는 6개의 청소년법정 과정을 실행했다. 이 14개의 사례들에서, 9명의 피고는 그들에게 부여된 판결을 완수했으며, 2명의 피고는 불순응으로 지역 법원으로 돌려보내졌으며, 한 명의 피고는 법정에 서는 것에 실패했다. 다른 두 피고인은 아직 그들의 판결을 완수하지 못했다.

Ⅳ. 목적과 철학

재량적 대안으로써, 프랭클린 카운티의 청소년법정은 초범의 청소년 범죄자들에게 최소의 공식 재판 과정에 참여할 수 있는 기회를 제공하였다. 주의 법교육 노력의 부분으로서, 프로그램은 피고인과 참가자 모두에게 시민교육으로써 중요한 수업을 제공했다. 청소년법정의 목적은 법교육의 일환으로 구성되는 것이다.

1. 청소년법정의 목적

Rothstein은 설명했다. "청소년법정 개념의 핵심은 초범들에게 범법 행위가 습관화되기 전에 사법 체계를 통해 긍정적인 방법으로 그들의 행동을 책임감 있는 것으로 만드는 것이고, 이것은 청소년 범죄 감소를 실현시킬 수 있다."(Rothstein, 1985, p.18).

동료집단과의 상호 작용은 책임감을 서서히 가르쳐 줄 수 있는 강력한 수단으로 제공된다. 청소년법정 피고인들은 법정에 출두해야만 하고, 그들의 행동을 설명하고, 그들에게 부여된 판결을 완수해야만 하며, 배심원의 의무를 져야만 한다. 전통적인 소년법정과는 달리, 청소년법정의 피고인들은 어른들로부터 '훈계'를 듣지 않으며, 대신 그들의 동료가 부여한 정의를 경험한다. 배심원과 변호사는 같은 학교에 다니고 있으며 이웃에 살고 있다. 그들은 청소년법정에서 권위를 가진다. 이 메시지는 그들이 보낸 것이다. "만일 우리가 범죄에서 멀어질 수 있으면, 당신도 범죄에서 멀어질 수 있습니다."

피고인들이 배심원이 되어 동료 청소년들의 운명을 결정해야만 할 때, 그들은 높은 수준의 능력을 수행하는 것에 도전한다. 그들은 책임감을 가진다. 그들은 법적 과정을 수행해야 하는 책임이 있다. 훈련 과정 중에, 그들은 긍정적인 성인 역할 모델과 긍정적인 삶의 기회를 만들어 내는 청소년들과 상호 작용한다. 이것은 긍정적 효과의 약속을 제공한다. 오데사 법원의 의장인 Ken G. Spencer 지역 판사가 설명했다. "오데사 청소년법정은 자존감의 증진, 자아발전을 위한 동기 그리고 권위에 대한 건전한 태도 발달에 의해 범죄행위가 습관화로 고착되는 것을 막아줄 수 있을 것이라 기대된다."(Rothstein, 1985, p.22) 또한 Rothstein 자신은 다음과 같이 이야기한다. "우리는 징벌이 아닌 전환, 책임, 손해배상을 믿는다. 우리는 이 아이들이 프로그램을 끝냈을 때,

실패자가 아닌 승리자로 느끼기를 원한다."(Collins, 1992, p.15)

법적 과정에서 그들의 활동적 참여를 통해, 청소년들은 또한 법정 체계에 관한 어떤 것을 이해할 수 있게 되었다. 청소년법정의 등장에서, 벌금을 부과하거나 강의를 듣는 것은 과정에 참여하는 것과 같은 교육적 가치를 제공하지 못한다. 피고와 배심원의 구성원으로서 재판 과정에 참여함으로써, 청소년들은 시스템의 양 측면을 보고, 법이 작용하는 방법에 대하여 배운다. Spencer 판사는 "청소년법정은 청소년들에게 개인, 가족 구성원 그리고 시민으로서의 책임감을 교육시키는 데 가장 주안점을 둔다."고 이야기했다(Rothstein, 1985, p.22).

2. 법교육의 목적

법교육은, 청소년들이 자신의 권리와 책임에 대한 이해가 부족하면, 자유사회의 시민으로서 갖추어야 할 필수적·지적 조건을 결여하다는 전제에 기초하고 있다. 법교육 운동은 "우리 유산의 부분으로서 그 기록에 의미와 타당성을 주기"위하여 공립학교에서 헌법과 권리장전을 가르치려는 노력으로 시작되었다(Starr, 1977, p.10). Starr와 다른 선구자들은 효과적인 법교육 프로그램이 "우리 사회에서 법의 특성을 이해하는 것은 가치 충돌에 직면했을 때 분석적인 기술을 발달시키고, 도덕적이고 윤리적인 딜레마에 봉착했을 때 도움을 주며, 사법 과정과 법의 근본을 위한 올바른 인식을 발달시킨다."고 주장했다(Starr, 1977, p.10).

Starr 그 자신은 하버드 법대 교수인 Paul Freund가 법교육의 목적에 대하여 가장 간결한 요약을 제공했다고 생각했다. Freund는 다음과 같이 썼다. "우선, 학습의 목적은 도덕적 추론이나 윤리적 분석이다." 의사결정과 정당화에 도달하면, 법교육은 청소년들에게 윤리적 의사결정을 위한 어떤 도구를 제공한다. "우리 프로그램의 두 번째 목적은 사법 과정의 올바른 인식에 있다."라고 Freund가 말했다. "세 번째, 나는 법에 관한 올바른 인식―기술적인 올바른 인식, 중립적 의미, 법의 기능에 대한 올바른 인식―을 프로그램 정보의 목적에 둘 것이다."라고 Freund는 첨가했다.

청소년 사법 인구에게 법교육의 확장은 직접적이다. 만일 청소년들이 국가의 법의 근본 토대를 인식한다면 그들은 위법행위를 덜 할 것이다. 국가의 법에 대하여 부정적인 청소년들은 준법 행동을 이끄는 긍정적 행위를 덜 할 것이다. Buzzell은 법교육이 "상호 작용적이고 협동적인 교수방법과 법과 시민 개념과 연관한 교육에 초점을 맞춤으로써 청소년 사이에서 위험요인을 처리한다"고 주장했다(Buzzell, 1991, p.4). 상호 작용적인 교수는 권위에 대한 태도를 개선하는 일반적인 이해와 참여한 청소년들의 열정에 접근한다. 법을 지지하는 개념을 다루는 것을 통해 참여자들은 명확하고 참된 방법으로 사회 현상을 이해할 수 있다. 이러한 규칙에 대한 이해의 증가와 사회에서 그들이 계획한 역할은 위법과 높은 위험의 청소년들에게 긍정적인 효과를 준다.

3. 프랭클린 카운티의 사례

프랭클린 카운티의 청소년법정은 청소년법정이 매우 효과적인 법교육의 수단이 될 수 있다는 것을 증명한다. 주의 법교육 프로그램의 하나로서, 그것은 민주주의에서 법 위상의 이해를 위한, 법적 체계 기반의 측면으로 기인한 준법 행동에 의지한다. 배심원 구성원과 다른 재판 참여자들뿐 아니라 피고인들도 각각의 청소년 사법 과정에서 시민의 책임감에 대한 강력한 수업을 받는다.

특히 프랭클린 카운티의 청소년법정은 다음을 목적으로 한다. (1) 법과 사법 과정 계몽하기 (2) 지식과 법의 이해에 대한 확장 (3) 균형 잡힌 법관점 제공하기 (4) 비판적 사고 능력 발달시키기 (5) 비행 예방하기 (6) 사법 공동체 구성원들 사이의 상호 작용 증가시키기 (7) 또래 집단 사이의 긍정적 상호 작용 강화하기 (8) 청소년들에게 법 앞에 권리와 책임 가르치기(Williamson & Young, 1992)

법정을 감독했던 Reed Rhorer 판사는 많은 소년법원에서 일어나는 일은 "대부분 수용하지 않을 청중을 꾸짖고 강의하는" 책임을 맡고 있는 것이라고 인정했다. 그는 청소년법정이 "청소년이기 때문에 나타날 수밖에 없는 특수성을 가진 청소년들을 위한 기회와 다른 청소년들에게 재판을 할 수 있는 기회"를 제공한다고 믿었다. 그는 청소년 법정에는 또래 집단의 힘을 긍정적인 힘으로 전환할 수 있는 잠재성이 있다고 느꼈다(Nepper, 1994a, pp.19-20).

프랭클린 카운티의 청소년법정에 참가했던 청소년들은 동의한다. 프로그램의 최초의 피고인 중 하나는 지역 봉사활동에 두 번의 배심원 의무를 추가적으로 부여받았다. 그는 그의 임무를 완수했으며, 그 후 변호사, 배심원 또는 다른 역할에 참여할 것을 요구받았다. 배심원 의무 없이 지역 봉사활동을 부여받은 또 다른 피고는 설명했다. 그는 배심원이 그를 배심원 봉사를 담당할 수 있을 정도로 믿음직하지 않다고 하여 상처를 입었다. 인터뷰를 마치고, 참여자들은 그들이 재판 과정에 관해 매우 많은 것을 배웠다고 반복적으로 이야기한다. 하나를 예로 들어 보자. "나는 정말로 우리의 사법 체계를 더 잘 이해할 수 있도록 도와준 좋은 경험이었다고 생각한다. 우리는 학교에서 경험보다 더 좋은 것은 없다는 것을 배웠다."(Nepper, 1994b, 부록 3)

V. 결 론

10년 전 텍사스에서 시작된 프로그램인 청소년법정은 초범인 청소년 범죄자들에게 그들의 친구들이 진행하는 재판과정에 참여할 수 있는 기회를 제공한다. 프로그램은 법체계에 대한 존경심을 발달시키고 자신의 행동에 대한 책임감을 길러주기 때문에 사법대상자에게 법교육의 이점을 확장시키기 위한 가치 있는 수단이다. 또한, 프로그램은 청소년법정에 참여하는 피고인이 아닌 다른 청소년들에게도 법교육의 이점을 가르쳐 준다. 청소년법정 참가자들은 시민성 함양에서 가치 있는 교육을 받는다. 왜냐하면 피고인들은 책임감과 우회를 강조하는 재량적 대안을 받기 때문이다.

켄터키 프랭클린 카운티의 사례는 청소년법정이 법교육의 매개로서 잠재력이 있음을 드러낸다. 청소년법정은 법교육이 좀 더 앞서 나갈 수 있는 최선의 방법이다. 최상의 흥미로운 주제, 집단 토의 그리고 지역사회 지도자들과의 만남은 청소년들이 실제 사법과정을 수행할 때 강화된다. 참여자들은 민주사회에서 권리와 책임감을 배우고, 그들은 그들 자신의 능력과 흥미에 관해 배우며 긍정적인 선택을 하고 동료집단과의 연계를 시작한다.

참고문헌

American Bar Association, Special Committee for Youth Education for Citizenship. National Contact List. Chicago: ABA / YEFC National LRE Resource Center.

Center. Buzzell, T.(1991). Using law−related education as an intervention with "high risk" youth. LRE Project Exchange, 8, 3−7.

Collins, J.(1992). Trial by jury of teen peers. Insight, July, pp.14−16, 38.

Knepper, P.(1994a). The Kentucky guide to teen youth courts. Frankfort, KY: Administrative Office of the Courts.

Knepper, P.(1994b). Attitudinal change among teen court participants. Frankfort, KY' Administrative Office of the Courts.

Rothstein, N.(1985). Teen court. Corrections Today, February, pp.18, 20, 22.

Rothstein, R.(1987). Teen court: A way to combat teenage crime and chemical abuse. Juvenile and Family Court Joumal, 38, 1−3.

Starr, I.(1977). The law studies movement: A memoir. Peabody Joumal of Education, October, 6−11.

Starr, I.(1985). Reflections on the law studies movement in our schools. In C. J. White & N. Gross(Eds.), The bulwark of freedom: Public understanding of the law(pp.37−44). Chicago: American Bar Association.

Williamson, D., Chalk, M. & Knepper, P.(1993). Teen court: Juvenile justice for the 21st century? Federal Probation, 57, 54−58.

Williamson, D. & Young, C.(1992). Law−related education as a diversion option for juvenile offenders in Kentucky. Journal for Juvenile Justice and Detention Services, 7, 16−21.

제16장

청소년, 범죄, 지역사회 프로그램

"청소년, 범죄, 지역사회 프로그램"

ERIN DONOVAN

Ⅰ. 도 입

청소년은 청소년 범죄를 줄이기 위한 지역사회의 여러 활동에서 많은 기여를 할 수 있다. 청소년들이 그러한 노력에 적극적으로 기여하려면, 청소년과 지역사회 사이의 유대감을 강화하는 것과 Hawkins(1992)가 "위험요인(risk factors: 예, 가족 갈등, 학교에서의 소외감, 경제적 빈곤 등)"이라고 부른 것들을 극복하는 것이 중요하다.

모든 사람들은 위험요인으로 가득 찬 환경에서 살고 있을지도 모르지만, 그렇다고 해서 개인이 모두 비행을 저지르게 되는 것은 아니다. 연구들은 매우 위험한 환경에서 살고 있는 청소년을 보호할 수 있는 문제를 해결하기 위한 기술과 속성(재활요소)이 있음을 제시한다. Bernard(1993)에 따르면, 재활에 성공해서 돌아간 청소년들은 다른 사람과 의사소통을 잘 할 수 있고, 공감을 나타내며, 추상적으로 생각하고, 문제를 해결하기 위한 대안을 개발할 수 있다. 이러한 청소년들은 자존심, 자기 절제, 충동 통제, 긍정적인 독립심 등을 보인다.

청소년 사법 기관과 학교가 모든 위험요인에 영향을 줄 수 있는 것은 아니지만, 그들은 청소년들이 재활능력을 키우는 데 중요한 역할을 할 수 있다. 재활능력이 있는 청소년이 나타내는 속성과 기능을 키우는 학습 경험을 제공하는 것이 문제가 되며, LRE는 이러한 문제를 해결하도록 도울 수 있다. LRE는 사고력과 문제해결기술의 발달, 청소년과 성인 간 긍정적 관계 정립, 청소년에게 구체적이고 의미 있는 방식으로 지역사회에 공헌할 수 있는 기회 제공에 초점을 맞추고 있다.

Ⅱ. 법교육모델: 청소년, 범죄 그리고 지역사회

TCC(Teens, Crime and the Community) 프로그램은 일종의 법교육으로, 청소년과 지역사회 간 유대를 형성하고, 10대 청소년들의 희생(victimization)을 막고, 청소년 비행을 줄이기 위하여 계획되었다. National Institute for Citizen Education in the Law와 National Crime Prevention Council이 개발한 TCC는 청소년의 희생을 막는 데 가장 중점을 둔다는 점에서 다른 법교육과 다르다. 1986년에 이 프로그램을 시작한 이래로, 40개주 400개 이상의 학교에서 500,000명 이상의 청소년들이 이 프로그램에 참여하고 있다. 이 프로그램은 청소년 교정 시설에서도 사용된다. TCC는 10대의 희생을 줄이기 위해 청소년과 성인을 묶어 서로 협력하도록 하고, 자신이 속한 학교와 지역사회를 더 안전하고 더 활기찬 곳이 되도록 변화를 일으키는 행위자로서 10대가 참여하도록 한다. 이러한 과정을 통하여, 청소년은 자존감과 리더십 기술을 발달시킨다.

TCC는 세 부분으로 구성된다: (1) 교육 과정, (2) 지역사회 자원의 사용, (3) 봉사활동 프로젝트. 이 장에서는 학교와 청소년 사법 시설에서 청소년의 재활능력(resiliency)을 기르는 수단으로 TCC를 적용하는 것에 초점을 맞출 것이며, 그러한 시설들에서 프로그램을 개발하는 데 필요한 단계를 검토할 것이다.

Ⅲ. 학교에서의 TCC

프로그램을 학교에 적용함으로써, TCC는 교육을 통해 10대의 희생과 비행을 줄이려고 열심히 노력한다. 다른 연령 집단과 마찬가지로 청소년도 범죄와 범죄예방에 대해 알 필요가 있다고 전제한다. TCC 수업은 청소년들에게 개인의 안전이라는 구체적인 근심이 지역사회의 안전이라는 더 일반적인 염려로 확대되도록 청소년들에게 기초를 제공한다.

TCC의 목표는 다음과 같다.

1. 청소년들이 범죄의 결과와 그들이 직면한 피해에 대한 위험성에

대해 안다.

2, 개인적, 지역사회 전략을 통하여 어떻게 청소년들이 범죄를 인식하고 예방하는지 가르친다.

3. 청소년들이 범죄를 신고하고, 증인으로서의 역할을 하고, 피해자를 돕는 방법을 배우도록 돕는다.

4. 청소년들이 지역사회에서 적극적으로 참여하도록 동기를 북돋아 주고, 참여하도록 만든다.

TCC 교육 과정은 종종 중학교 혹은 고등학교 저학년 사회과나 보건 수업에 사용된다. 이 교육 과정은 학생, 교사, 지역사회의 요구를 잘 충족시킬 수 있다는 것이 경험적으로 밝혀졌다. 협동 기술, 봉사활동 학습 기술에 바탕을 두고, 학습 방식과 상관없이 학습 활동에 모든 학생들을 참여시키도록 되어 있다.

TCC는 다음과 같은 다양한 수업 기술을 필요로 한다: 지역사회 자원인사의 사용, 역할극, 글쓰기와 조사, 비디오테이프, 강의, 개념을 학생의 실제 삶의 경험에 적용하기, 학습하는 것과 지역사회에서의 학생 역할과의 관계, 비판적 사고와 문제해결 전략, 소집단 활동, 브레인스토밍 그리고 논의. 이 교육 과정은 청소년들이 새롭게 배운 지식을 그들이 이전에 경험한 것들과 연관시키고, 새로운 기술과 정보를 학교나 지역사회의 요구에 적용하도록 촉진한다. 봉사활동과 협동 학습은 이 프로그램의 일부이기 때문에, 청소년들은 더욱 안전한 지역사회를 만들기 위해 새로운 정보를 즉시 사용할 수 있다. 게다가 협동 학습은 예방 활동에 대해 동료집단이 긍정적이고 지지적으로 인식하도록 돕는다.

TCC는 청소년들이 직면하는 일상 문제들에 관한 실제적인 정보를 제공한다. Iowa, South Carolina, Texas, Washington의 시골 학교에서 TCC를 사용하는 교사들은 다루는 문제들이 그들의 삶에서 매우 현실적인 것이기 때문에 청소년들이 매우 흥미 있어 한다고 보고했다. 교사들은 자주 학생에게 TCC를 굳이 강조하지 않아도 오히려 학생들 스스로 자료를 받아들이고, 자신의 개인적 생활에 즉각적으로 연관지을 수 있는 기술을 제공하는 정보를 습득하는 것에 대해 즐거워 했다고 말한다.

Ⅳ. 청소년 교정시설에서의 TCC

Buzzell(1988, 1992a, 1992b)은 청소년 교정 시설에서의 TCC 프로그램과 밀접한 관련이 있는 일을 하고 있었고, 그 프로그램을 연구하였다. Ross와 Fabiano(1985)의 연구를 통해, Buzzell은 구체적인 인지 기술을 개선해서 부정적인 환경적 (위험) 요인으로부터 개인을 보호할 수 있다고 제안했다.

Buzzell(1992a)에 따르면, 어떤 교정 계획가들은 TCC가 비행청소년들 간에 긍정적인 자율성뿐만 아니라 사회적 기술과 문제해결 능력을 기르는 데 사용될 수 있고, 그러므로 재활능력도 기른다고 믿고 있다. Buzzell은 TCC 교육 과정 내용은 청소년이 다른 사람의 의견을 존중하는 태도를 발달시키고 의사소통 기술을 발달시키며, 사고의 유연성을 촉진하는 것을 도울 수 있는 다양한 수업을 포함하고 있음을 언급했다. 그는 이러한 기술들이 일반적으로 비행청소년들에게 늦게 발달되거나, 부족한 것처럼 보인다고 강조했다(cf. Jessor & Jessor, 1977; Werner & Smith, 1982).

비행청소년에게 가장 흔하게 나타나는 위험 요소는 충동 통제가 잘 안 된다는 것이다. 충동 통제를 제대로 하지 못하는 청소년들은 종종 그들의 행동이 가져올 장기적 결과를 생각하지 않고 행동한다(Gottfredson &

Hirschi, 1990을 볼 것). Buzzell(1992a)에 따르면 TCC 교실 모의실험에서 문제해결을 강조하는 것은 청소년들이 교실 밖에서 비슷한 문제에 직면할 때 사용할 기술을 가르칠 수 있다. TCC 교육 과정은 문제해결과 대안적 해결책의 발달을 강조한다. 비행청소년들이 마주하게 될지도 모르는 상황을 가장하기 위하여 역할 놀이를 이용하고, 가능한 반응과 결과에 대해 생각해 볼 기회를 제공한다.

V. 지역사회를 교실 안으로 끌어들이기

지역사회의 사람들의 참여를 통해 교육적 잠재성을 증가시키는 것은 TCC의 다른 특징이다. 청소년들은 지역사회 구성원들과 관계를 맺을 수 있고, 자신의 이웃에 있는 자원들을 파악할 수 있으며, 그들이 가지고 있는 신화와 편견들을 깨뜨리기 시작할 수 있다. 법집행관과 같은 이러한 자원들의 활용은 학생들의 개인적 성장을 촉진시킬 수 있으며 TCC의 범죄예방 메시지에 신뢰도를 부여할 수 있다.

TCC에서 지역사회 자원봉사자들이 단지 강의만 하는 것은 아니다. 그들은 학생들과 함께 역할 놀이에 참여하고, 모의재판을 구성하며, 소그룹 활동에 참가한다. 지역사회 자원인사는 그들의 전문적 지식을 공유할 수 있으며, 지역사회에서 최근 무슨 일이 일어나고 있는지 말해 줄 수 있으며, 학생들에게 정보와 도움을 제공할 수 있고, 지역사회를 더 안전하게 만들기 위한 방안을 제시할 수 있다.

청소년 사법제도에서 지역사회 자원인사의 활용은 청소년과 지역사회의 유대를 촉진시킬 수 있다. 예를 들어, California Youth Authority(CYA) 내의 학교들은 학습을 위한 TCC의 상호 활동적인 학습 전략을 경험한다. 1990년에 CYA의 모든 학생이 참여하는 "피해자들에 대한 범죄의 영향"이라는 교육 과정에 TCC를 포함했다. 학생들은 피해자 측 변호사, 피해자와 관련된 분야에서 봉사활동을 하고 있는 사람 그리고 그들의 경험을 공유할 실제 범죄 피해자를 초청한다. 다른 시설에서의 TCC와 함께, 지역사회 자원봉사자들은 학생들을 교육시킬 뿐만 아니라 지역사회와 청소년 간의 유대를 증가시킨다. 많은 학생들은 대개 권위적인 인물들과 부정적인 상호 작용을 해 왔다. 학생들이 CYA를 떠나 지역사회로 다시 돌아갈 때, 유대는 가치 있는 것으로 밝혀졌다.

지역사회 자원봉사자를 교실에 끌어들이기 전에 다음의 질문들을 고려해야만 한다.

1. 어떤 종류의 연설자가 수업의 목표에 적합할 것인가?
2. 어떻게 연설자를 수업에 활용할 것인가? 어떤 형식을 사용할 것인가?
3. 수업 전에 교사와 자원봉사자가 만나야 하는가?
4. 자원봉사자가 교육 과정, 특히 구체적인 주제에 대해서 검토했는가?
5. 자원봉사자가 어떻게 준비해야 하는가? 교실과 교육 과정에 대해 무엇을 알고 있어야 하는가?
6. 연설자로부터 배우기 위해서 학생들은 어떤 준비를 해야 하는가?
7. 평가는 어떻게 할 것인가?

많은 지역사회에서 사용가능한 자원의 예는 법 관련 직원, 공무원, 사회사업가, 사회단체, 대학 직원, 목사를 포함한다. 다른 지역사회 구성원들도 참여할 수 있다. 예를 들어, 지역의 농부나 광산 소유가는 공공시설물 파괴와 절도의 효과에 대해 가르치는 것을 도울 수 있다.

Ⅵ. 청소년 자원봉사활동

자원봉사 프로젝트는 TCC 프로그램의 중요한 다른 부분이다. 지역사회에서는 너무 자주 청소년들을 문제아들로 본다. 청소년들은 범죄에 대응한 의미 있는 행동을 통해 그들이 지역사회에 긍정적인 영향을 주고 있음을 배울 필요가 있다. 봉사활동 프로젝트는 그들이 지역 범죄예방 노력에 일부가 되도록 도와준다.

사회의 가장자리에 있는 청소년들에게 지역사회에 공헌하도록 요구하는 것은 성인들과의 긍정적인 관계를 향한 첫 번째 단계가 될 수 있다. 자원봉사 프로젝트는 성인들이 청소년을 긍정적으로 인식하도록 돕는다. 청소년들은 자신들이 성인에게 인정받았고 자신이 가치 있다고 느끼게 된다. 주체성과 소속감으로 설명되는 자존감은 청소년들에게 중요한 재활 요인이다.

Calhoun(1988)은 인식되어야 할 청소년들의 필요성을 다음과 같이 묘사했다.

우리 사회에서 폭력 행위를 하는 사람들은 자존감을 세우고 자기 이미지를 방어하고 그들이 아주 의미 있다는 것을 보여주려고 노력하는 사람들이다. 타인으로부터의 인식에 대한 열망은 특히 청소년들에게서 격렬하다.

청소년들이 그들을 성인 사회가 묘사하는 사회적 관계와 유대를 갖고 있다고 자신을 보지 않는다면 그들이 그것을 따라야 할 이유가 없을 것이기 때문에, 그러한 이해관계의 부재는 우리 정치 체계를 위험에 빠뜨리게 된다.

청소년에게 요구하고, 그들에게 가치를 부여하는 것은……자기 존중감을 강화하고, 지역사회와 미래에서 중요한 이해관계를 늘리고, 더 많은 시간과 노력을 투자하도록 할 수 있다. 이러한 이해관계를 맺고 있는 청소년들은 폭력에 의존할 이유가 전혀 없다. 폭력을 피하고 비껴가며, 그들의 환경에서 폭력을 몰아내는 것이 당연해진다.

봉사활동 프로젝트는 긍정적인 인식의 방법과 에너지, 의미 있는 작업, 지역사회와 연관되어 있다는 느낌을 표현하는 수단을 제공한다. 프로젝트는 긍정적인 역할 모델을 드러내고, 목표 설정과 충동 통제의 중요성을 설명하며, 존중과 효능이라는 감정을 증대시킬 수 있다. 청소년들은 비판적 사고, 문제해결, 의사소통, 리더십 기술을 연습할 수 있고, 이러한 기술들을 자신의 삶에서 이용할 수 있다.

CYA 한 학교에서 "피해자가 범죄로 인해 받는 영향"이라는 과정을 가르친 F. Jones(개인서신, April 1994)는 TCC 지역사회 봉사활동 프로젝트를 교육 과정으로 도입하는 것은 그 과정을 성공적으로 이끄는 데 중요한 요소라고 믿는다. Jones에 따르면, "대부분의 청소년은 실제 사람들이다." "그들은 단지 앉아서 교사의 말을 듣는 것이 아니라 프로젝트에 직접 참가한다." "봉사활동 프로젝트는 학생들 간의 사회적 기술을 발달시키고 동료애를 촉진시키기 때문에 그 수업에서 중요한 다른 부분이 된다."고 CYA의 프로그램 관리자인 S. Shumsky가 말했다 (personal communication, May 1994). "그들은 또한 협동적 교수 기법을 통해 의사소통 기술과 문제해결 기술을 발달시킵니다."

단지 CYA 학생들만 이 프로그램으로부터 혜택을 받은 것이 아니다. 지역사회는 TCC를 통해 청소년의 참여를 얻었다. "이것은 상호 호혜적인 관계죠."라고 shumsky가 말했다. "모든 사람이 혜택을 봅니다." 예를 들어, Jone의 수업에서 학생들은 기금을 모금하려고 계획했고, 봉사활동 프로젝트의 일부분으로서 그들이 선정한 피해자의 가족에게 4,700$를 기부했다. 다른 청소년 봉사활동 프로젝트는 여성 쉼터와 강간 피해 전화상담 서비스에 돈과 서비스를 제공하고 있다.

CYA에서 학생들이 수행한 프로젝트는 고등학교 학생들이 전통적으로 수행한 것과 많이 다르지 않다. 그러나 이전의 학생들에게, 폭력 범죄의 피해자를 돕는 것은 개인적인 일이었다. "형법 체계에 대해 더 많이 알고, 그들이 연루되었던 범죄에 대해서 더 많이 알게 됩니다."라고 CYA 훈련 지도자인 K. Lowe가 말했다(개인서신, May 1994).

"고등학교 학생들이 절도, 공공시설물 파괴, 좀도둑에 초점을 맞출지도 모르는 반면, 우리 애들은 그 모든 것뿐만 아니라, 더 많은, 자살이나 강간과 같이 더 심각한 범죄까지도 다루고 있습니다. 청소년 사법 시설과 다른 시설 사이의 차이점은 청소년 사법 프로그램은 더욱 집중적이어야만 한다는 것이죠. 그들은 그들이 프로젝트에 포함시킨 작업들을 즐기고, 그 프로그램을 수행하고 그것이 성공적인 것을 알게 되는 것의 이점을 가지게 되죠." Shumsky에 따르면, "TCC 프로그램에서의 프로젝트는 모든 연령이나 글을 읽지 못하는 사람에게 효과적입니다. 청소년들은 이러한 실제 경험을 가지고 지역사회로 되돌아가게 됩니다."

VIII. 봉사활동 프로젝트의 기준

어떤 환경이든 간에, 성공적인 TCC 봉사활동 프로젝트는 네 가지 조건을 구비하고 있다. 첫째, 봉사활동 프로젝트는 학생들이 주도해야 하고, 그들이 중요하다고 인식한 것을 문제로 설정해야 한다. 프로젝트의 주요 목적 중 하나는 청소년들이 범죄를 예방하는 데 있어서 자신의 역량을 깨닫도록 돕는 것이다. 봉사활동 프로젝트를 계획하고 수행하기 위해 기술과 자유를 가지고, 변화를 이끌어내도록 요구받은 청소년들은 학급에서 배운 지식을 효과적인 지역사회 활동으로 바꾸는 데 훨씬 성공적이다.

둘째, 청소년의 태도와 지역사회와 연관되어 있다는 생각의 변화가 중요하지만, 봉사활동 프로젝트는 지역사회에 실제 변화를 가져와야 한다. 프로젝트의 목표는 청소년들이 그들의 환경을 변화시키도록 고무시키는 것이다. 변화의 예는 범죄와 범죄예방 문제에 대해 학교나 지역사회가 더 인식하도록 하고, 구체적인 범죄 방지 메시지로 사람들을 교육시키고, 범죄예방 혹은 피해자 원조 프로그램을 지지하거나 원조하는 것이다.

셋째, 봉사활동 프로젝트는 한 학기 안에 끝내야 한다. TCC를 배운 그 학기 내에 프로젝트를 계획하고 실행할 때 가장 효과적이고 교육적이다. 이는 학생들이 프로젝트가 완성되는 것을 보도록 하고, 참여한 모든 사람이 프로젝트의 이상이나 계획 과정을 제어하기 쉬운 것임을 확실하게 알도록 해 준다. 또한 학생들이 프로그램 목표와 관련하여 그들의 경험을 반영할 기회를 가지도록 한다. 수업 과정 중에 행해진 프로젝트는(혹은 바로 그 직후에) 그들이 배운 정보에 따라 행동하고 싶어 하는 학생들의 열정을 이끌어내기 쉽다. 그러나 학기를 넘어서는 프로젝트가 제외되어서는 안 된다. 동기가 부여된 학생들은 항상 지역사회 서비스를 계속해서 추구하도록 장려되어야 한다.

넷째, 봉사활동 프로젝트는 지역의 문제를 다루어야 한다. 예를 들어 학교나 지역의 요구와 같이 지역 맥락에 기반을 두는 것은 청소년들이 지역사회와 유대를 갖도록 돕고, 학급에서의 학습과 즉각적인 관련성을 보는 데 필수적이다.

어떤 타입의 프로젝트나 특정 범죄예방 문제가 모든 상황에 적합한 것은 아니다. TCC는 그것이 수행되는 지역사회에 대응적이고 적응할 수 있도록 계획되었다. 학생들은 지역 정황을 평가하고, 지역 상황에 가장 적합한 문제(예를 들면, 약물 남용, 음주 운전, 폭행, 절도, 교육 손실 등)를 선택하도록 장려되어야만 한다. 프로젝트는 교실에서 범죄 방지 포스터 그리기와 같이 단순한 것일 수 있으며, 동네 대청소처럼 야심 찬 것일 수도 있다. 문제는 청소년들이 지역의 문제들을 처리하는 과정이다. 학생들이 성인 멘토와 함께 작업을 하기는 하지만, 중요한 것은 프로젝트는 청소년이 계획하는 것이고 가장 좋은 효과를 얻기 위해서는 청소년이 주도적이어야 한다는 것이다.

IX. 수업과 프로젝트 연계

봉사활동 프로젝트는 학생들이 교실에서 배운 것을 강화시켜 준다. 학생들은 그들이 항상 교육 과정으로부터 많은 것을 배웠다고 대답하지만, 프로젝트에 참여함으로써 지식을 내면화할 수 있다. 예를 들어, 수업은 십대들이 구체적인 재정적, 신체적, 감정적 피해를 알도록 해 준다. 봉사활동 프로젝트는 청소년들이 그 문제를 해결하기 위해 그들이 행하는 역할뿐만 아니라 범죄의 결과에 대해 더욱 예민하게 한다. 또한 프로젝트는 청소년이 지역사회 자원인사와의 접촉을 강화할 기회를 제공한다. 교실에서 특정 자원 제공자가 제시한 주제에 관심을 보인 학생들은 그 문제를 해결하거나 제공자가 속한 단체를 돕는 프로젝트를 설계함으로써 더욱 관심을 발달시키고 싶어 할지도 모른다.

TCC는 수업과 지역사회 활동 사이를 밀접히 연결시킴으로써 학습을 최대화시킨다. TCC 프로젝트는 청소년들이 적극적인 활동을 하도록 촉진하고, 그들이 가치 있는 사람이라고 느낄 수 있게 만들며, 지역사회와 유대감을 갖도록 하고, 견고한 시민성을 만들어 내는 더 큰 지역사회 구조의 부분이 될 수 있다.

Ⅹ. TCC를 지역사회에 끌어들이기

TCC 전국 평가에 따르면(Hwalek, 1992), 성공적으로 TCC를 수행한 학교와 청소년 사법 시설에서 다섯 가지 요소를 찾아볼 수 있다. 첫째, 교육 과정을 가르칠 사람들은 TCC에 관련될 필요가 있다(commit). 둘째, 교사를 훈련하고 학생들을 프로젝트에 참여시키기 위해 행정가의 지원이 있어야만 한다. 셋째, 프로그램은 integrity를 발휘해야만 한다. 예를 들면, 프로젝트 지도를 받은 학생들이 책임을 맡아야만 하고, 지역사회 자원인사들이 포함되어야 한다. 넷째, 학생들은 프로젝트의 선정, 계획, 수행 단계에 모두 포함되어 있어야 한다. 다섯째, 재정 자원은 자원인사, 현장 학습, 서비스 프로젝트를 확보하는 것과 관련된 비용을 지원하기 위해 충분해야 한다.

TCC를 지역사회에서 사용할 때, 다음 질문을 고려해야만 한다.

1. 교육 과정이나 프로젝트를 수행하기 위해 학교나 청소년 사법 시설에서부터 어떤 지지를 필요로 하는가?
2. 현존하는 교육 과정 어디에 TCC를 이용할 수 있는가?
3. 서비스 프로젝트를 개설하기 위해 학생들에게 어떤 배경이 필요할 것인가?
4. 수업에서 중요한 자원인사는 누구인가?
5. 프로젝트에서 중요한 자원인사는 누구인가?
6. 교육 과정과 프로젝트를 지원하기 위해 물품이나 금전 기부를 제공할 지역사회 내의 중요 인사는 누구인가?
7. 지역사회 내에서 프로그램을 어떻게 촉진시킬 것인가?

위의 질문 중 마지막 것과 관련하여 부연하자면 TCC를 촉진하고 학교나 청소년 사법제도 외부에서 지지를 증진시키는 열쇠는 지역사회를 더 안전하게 만드는 것에 이해관계가 있는 지역사회 집단과 접촉하는 것이다. 그러한 집단의 예는 기업, 시민단체, 보험사, 성직자들을 포함한다. 또한 지역 언론을 간과해서는 안 된다. 언론은 청소년들이 주도하는 범죄예방 초안과 성인이 청소년들에게 보내는 지원에 대한 관심을 이끌어낼 수 있다.

XI. 결 론

TCC는 청소년들이 자신의 잠재력과 사회 구성원으로서의 가치를 나타내 보이고, 활동적 시민성을 장려하며, 그들이 사는 지역사회를 더 좋고 안전한 장소로 만들도록 한다. 또한 TCC는 청소년들이 범죄 희생자에 대해 공감과 책임감을 발달하도록 도울 수 있고, 지역사회와의 유대를 촉진할 수 있다. 교육 과정과 지역사회봉사를 통하여 청소년들은 목적을 더 분명하게 하고, 자존심을 키울 수 있다. 따라서 TCC 교육은 범죄와 범죄로 인한 피해를 줄이기 위한 지역사회의 노력에 중요한 자산이 될 수 있다.

참고문헌

Bernard, B.(1993). Fostering resiliency in kids. *Educational Leadership, November,* 44 − 48.

Buzzell, T.(1998). Law − related education in a juvenile justice setting. *New Desighs for Youth Development,* 8, 43 − 47.

Buzzell, T.(1992a). Using law − related education with high − risk youth. *Journal for Juvenile Justice and Detention Services,* 7, 42 − 47.

Buzzell, T.(1992b). *Using law − related education to foster social development: Towards a cognitive / structural intervention.* Des Moines, IA: Iowa Center for Law and Civic Education.

Calhoun, J. A.(1988, March 9). Violent youth and a way out. Testimony presented before the Select Committee on Children, Youth and Families of the United States House of Representatives.

Gottfredson, M. R. & Hirschi, T.(1990). *A general theory of crime.* Stanford, CA: Stanford University Press.

Hawkinson D.(1992). *The social development strategy: Building protective factor in your community.* Seattle, WA: Developmental Research and Programs, Inc.

Helge, D.(1990). *A national study regarding at − risk students.* Washington, DC: National Reral Development Institute.

Hwalek, M.(1992). *Evaluation of Teens, Crime and the Community.* Bingham Farms, MI: Social Program Evaluators and Consultants, Inc.

Jessor, R. & Jessor, S. L.(1977). *Problem behavior and psychosocial development.* New York: Academic Press.

Ross, R. & Fabiano, E.(1985). *Time to think: A cognitive model of crime and delinquency prevention and rehabilitation.* Johnson City, TN: Academy of Arts and Sciences.

Werner, E. & Smith, R.(1982). *Vulurable but invincible: A longitudinal study of resilient children and youth.* New York: McGraw − Hill.

법교육의 미래: 지속적인 발전을 위한 제안

"법교육의 미래: 지속적인 발전을 위한 제안"

DEBORAH WILLIAMSON, DAVID E. MELCHER and JENNIFER VANHOOSE

Ⅰ. 도 입

슐츠와 비졸드, 모나한(Schultz, Bezold and Monahan, 1993, p.9)은 "미래에 대해 상상하고 대비하는 것은 중요하지만 어렵다. 왜냐하면 미래에 관한 정보가 없기 때문이다."라고 말했다. 그러나 우리는 과거의 경험으로부터 미래의 지침을 이끌어낼 수 있다. 이 책은 과거와 현재의 경험을 통해 법교육의 미래에 든든한 기반을 구축하기 위한 것이다. 명시적이든 암시적이든 앞선 모든 장에서도 미래의 방향은 제시되어 있다. 이 마지막 장에서는 제시된 방향들을 종합하고 법교육의 지속적인 발전을 위한 제안을 하려 한다. 이 제안들은 소년 사법제도하의 프로그램들뿐 아니라 모든 법교육 프로그램들에 관한 것이다.

완벽한 것은 아니지만 다음 제안들은 법교육의 지속과 제도화를 촉진하기 위한 것이다. 이 제안들 중 많은 것들은 현재 다양한 형태로 다른 교육적 영역과 전국의 개별 실무자들에 의해 적용되고 있다. 그러나 앞으로 법교육 프로그램을 유지하고 질을 향상시키기 위해 보다 체계적인 노력이 필요하다. 법교육의 제도화는 교과의 생존을 위해 매우 중요하다.

커버와 에릭슨(Cover and Erickson, 1989)처럼 우리는 법교육의 제도화를 포괄적이고 영속적이며 널리 알려진 장기 계획에 의해 법교육이 시행되는 것으로 정의한다. 미래에 대한 계획에 창조적 비전도 중요하겠으나 전략적인 계획(예를 들어 비전을 실현시키기 위한 방법의 구상 등)도 마찬가지로 중요하다. 다음의 제안들에 따라야 할 체계적인 순서가 있는 것은 아니지만 전략적 계획수립은 법교육 운동을 진전시키기 위해 핵심적인 역할을 한다. 논의를 계획 과정에 맞추어 시작해 보자.

Ⅱ. 전략적 계획 수립

이 책의 13장에서 크롤리(Crowley)에 의해 논의된 바와 같이 법교육과 같은 프로그램들을 제도화하려는 기관에서는 집중적인 계획 수립 과정에 참여하여 많은 도움을 받을 수 있다. 전략적 계획 수립은 기관들이 주도권을 쥐고 정보를 바탕으로 미래에 관한 의사결정을 하며 의사결정에 일관되고 믿을 만한 기반을 확보할 수 있고 기관 내부와 외부에서 팀워크를 향상시킬 수 있다. 계획 수립 과정에서는 행정가와 실무자 모두 참여해야 한다. 이러한 과정은 조직 내의 다양한 수준에서의 참여가 법교육 프로그램의 성공에 중요하다는 3장의 저자들의 관점과 일치하는 것이다. 전략적 계획 수립 과정에서의 참여도 이와 다르지 않다.

선택가능한 전략적 계획 수립 모델은 다양하게 존재하지만 일반적으로 참가자들은 다음의 일곱 가지 작업을 해야 한다(Governmental Service Center, 1996).

1. 프로그램 결정의 기준이 되는 핵심적 가치의 확인
2. 프로그램의 미래를 묘사하는 비전에 대한 진술
3. 다양한 역할 진술
4. 상황 분석(예를 들어 장점과 약점, 기회, 문제점, 경향, 잠재적 위험 요소들에 대한 철저한 확인 등)
5. 프로그램의 목적과 목표에 대한 정의
6. 원하는 목표를 달성하기 위한 자원 배치 전략에 대한 분석
7. 개별 과제를 완수하기 위한 실행 계획 수립

이 과정은 3년 혹은 5년마다 반복되어야 한다.

잘 짜여진 전략적 계획은 법교육 프로그램의 생존에 중요하다. 어려운 과정이지만 수립된 계획은 법교육이 원하는 수준의 지원을 받는 데 도움을 줄 것이다.

Ⅲ. 의회와 주 차원의 지원

법교육 프로그램의 질을 유지하기 위해 연방과 주 차원에서 적절한 지도와 지원이 필요하다. 민주적 원칙이 유지되기 위해서는 법교육은 간과될 수 없는 대상이다. 미래 세대들에게 법과 법적 절차, 우리의 입헌 민주주의를 구성하는 원칙들을 가르쳐야 한다는 요구는 지속적으로 존재하는 것이다. 이는 오직 적절한 지원과 지도를 통해서만 달성될 수 있다. 프로그램 개발자들과 법교육을 지원하는 전국적 기관들은 의원들과 지속적으로 대화를 나눌 필요가 있다. 사회 지도적 위치에 있는 사람들에게 주와 지역 단위에서 법교육이 갖는 다양한 장점들을 알릴 필요가 있다.

지도자들에게 법교육 프로그램 문제를 알리는 것은 다양한 방법을 통해 이루어질 수 있다. 중요한 것은 이 지도자들이 법교육 프로그램을 지속적으로 인식하도록 상호 작용의 흐름을 유지하는 것이다. 그러나 직접 참여하거나 참관하도록 초대하는 것이 훨씬 더 도움이 될 수도 있다. 무리한 스케줄은 지속적인 참여를 막을 수도 있지만, 의원과 그의 직원들은 프로그램에 적극 참여하도록 초대될 필요가 있다. 3장에 제시된 바와 같이 많은 법교육 수업에서는 입법 관련 논쟁을 다루며 의원들이 외부 자원인사로 참여하도록 계획된 수업도 있다. 더구나 시민교육센터(Center for Civic Education, CCE)의 We the People Program처럼 많은 프로그램들에서는 지도자들이 논쟁적인 입법 청문회에서 판단을 내리도록 하고 있다. 수준 높은 법교육 프로그램에서 뿜어내는 에너지와 열정을 직접 목격할 경우 지원의 가능성은 높아진다.

Ⅳ. 교실에서의 법교육 프로그램 확대

법교육은 주로 학교를 기반으로 한 상황에서 실시된다. 1장에서 냅퍼(Knepper)는 법교육의 역사를 설명하면서 교육 과정 발전이 과학과 수학에 초점을 맞추던 시절에 시민성 교육이 등장했다는 점에 주목했다. 판사, 교육자, 시민 지도자, 그 외에 많은 사람들은 자유로운 사회를 보존하기 위해 시민성 교육이 우선시되어야 한다고 주장했다.

법교육이 학교에서 광범위하게 활용되고 있지만 주요 과목으로서의 지위를 확보하지는 못하고 있다. CCE(1994)의 보고서에서 알 수 있듯이 전국교육목표설정과 모든 주의 정책에서는 시민교육의 필요성을 강조하고 있다. 그러나 이러한 필요에 대한 체계적인 관심은 거의 없다. CCE(1994, p.2)는 체계적인 관심의 부족은 "시민에게 필요한 지식이나 기술은 다른 과목들의 부산물로 나타나거나 학교 교육 과정 자체의 결과물로 생기는 것이라는 가정에서 비롯된다."고 단정 지었다.

우리의 영역을 넘어서는 주장이지만, 우리는 법교육이 학교 커리큘럼의 기본 틀 구성에 포함되어야 한다고 강하게 주장한다(Timar, 1989 참고). 16장에서 도노반은 TCC 프로그램을 중학교 사회 교과 수업에 적용하여 법교육의 기존 교과와의 융합 사례를 보여주었다. 초등학교, 중학교, 고등학교에 이르는 대학교 이전의 모든 교육 과정에 적용되어야 한다. 교육 수준에 따라 법교육이 다른 교과에 융합될지 아니면 독립적으로 제공될지 결정될 수 있을 것이다.

로치와 아콘지오(Roach and Accondio, 1989)는 모든 학교에서 효과를 거둘 수 있는 하나의 방법은 있을 수 없지만 교육 단계와 상관없이 법교육이 학생들에게 제공될 때 지켜야 할 일반적인 가이드라인들이 있다고 말했다. 초등학교 단계에서 규칙, 협력, 안전과 관련된 폭넓은 개념들이 모든 교과와 융합될 수 있다. 로치와 아콘지오는 초등학교 단계에서는 법교육의 독립적인 코스는 필요하지 않다고 주장했다. 중학교에서는 교수학습이 주제별로 이루어지는 경우가 많으므로 법교육이 간학문적 주제로 활용되는 것을 권장했다. 마지막으로 고등학교 단계에서는 법교육이 다른 교과와 융합되는 동시에 독립적인 코스로 다루어져야 한다고 주장했다. 이를 통해 코스를 선택하지 않는 학생들은 다른 수업에서 내용을 학습하고 법교육 코스를 선택한 학생들은 다른 수업에서 강화를 받을 수 있을 것이라고 예상했다(1989, p.25).

교육개혁이 전국을 휩쓰는 가운데 모든 학년 수준에서 규칙과 법의 목표, 민주적 정부의 기능, 개인적 권리와 책임 등의 이슈에 초점을 맞춘 핵심 내용 평가가 실시되면서 법교육의 필요성은 더욱 분명해지고 있다(Kentucky Department of Education, 1996). 학교 상황에서 법교육을 제공하는 데 단일한 접근만이 가능한 것은 아니겠지만 우리는 모든 학생들이 이 과목을 배울 수 있어야 한다고 강하게 주장한다.

V. 다양한 환경에서 법교육 활용의 증가

이 책 전체에서 제시된 바와 같이 법교육이 다양한 상황에서 유용한 대안이 될 수 있다는 많은 증거들이 제시되고 있다. 이 영역에서 과학적 연구가 아직 광범위하게 이루어지지는 않았지만 폭스, 마이너, 펠키(9장 참고)나 버젤(10장 참고)이 수행한 사전 연구들은 법교육이 다양한 소년 사법의 관점에서 효과적인 도구가 될 수 있음을 보여주었다(예를 들어 우회교육이나 수용시설 내 프로그램으로서의 활용). 교정교육 상황에서는 물론이고, 수준 높은 법교육 프로그램들은 청소년들을 건전한 활동에 참여시키고 학생들의 법과 사법 체계에 대한 이해를 높이며 타인의 관점에 대한 이해력을 기르며 대인 의사소통 기술을 향상시키고 사회적 인식과 자기인식을 증진시킬 수 있다. 간단히 말하자면, 다양한 상황에서 법교육 수업은 청소년들에게 긍정적인 경험을 제공한다.

윌슨과 하웰(Wilson and Howell, 1993, p.13)이 말한 바와 같이 대부분의 비행청소년 대책은 그들을 비행으로부터 격리시키는 데만 집중하여 부정적인 접근을 취했기 때문에 실패했다. 라이트가 지적한 것처럼 (4장) 사회적 발전의 기회를 제공하는 법교육과 같은 긍정적인 접근들이 성공 가능성이 더 높다는 것을 무시했던 것이다. 다행히 윌리엄슨과 컬럼비아가 8장에서 논의했던 법교육 / 소년 사법 운동은 확대되고 있다. 1990년 이 운동에 처음 참여했던 16개의 시범 프로그램들은 지금도 위기의 청소년들을 교육시키고 있다. 전국적으로 법교육을 실시하는 새로운 기관들도 늘어나고 있다(National Training and Dissemination Program, 1993).

법교육의 동력을 강화하기 위해 우리는 세 가지 제안을 하고자 한다. 첫째, 각 법교육 기관들은 프로그램 활동들을 철저하게 문서화하고 잘 계획된 평가를 실시하는 한편 프로젝트의 성과물들을 지역과 주 단위의 다른 담당자들에게 확산시켜야 한다. 둘째, 법교육 프로그램 담당자들이 만나 정보와 프로그램 전략들을 공유할 기회가 있어야 한다. 마지막으로 지역, 주, 전국 단위의 프로그램 지도자들은 이러한 다양한 상황에서의 법교육이 1990년에 겨우 시작되어 아직도 걸음마단계라는 것을 인식해야 한다. 우리가 법교육의 장점을 철저하게 분석한다 해도 엄밀한 평가와 이에 따른 적절한 지원이 핵심 정책 결정자들로부터 제공되는 데에는 많은 시간이 필요하다.

VI. 대학과의 협력 증가

학교, 교정기관, 지역사회 기관에서 법교육 프로그램을 실행하는 사람들은 자신의 프로그램에 대해 엄격한 평가를 해야 한다. 대학은 훌륭한 외부 평가자가 될 수 있다. 대학의 사회과학 영역 학부는 표집기술, 설계, 자료분석, 보고서 작성 등에 기술적 전문성을 보유하고 있다(Yewell, Williamson, Barton & Knepper, 1995). 마이너와 웰스, 조단이 5장에서 살펴본 바와 같이 평가는 1) 프로그램의 성과 측정, 2) 프로그램에 대한 객관적 평가 제공 3) 기금 마련 가능성 증대 4) 프로그램의 계획과 수정 등에 도움을 준다. 연구결과는 출판되거나 다른 방식으로 비슷한 영역에 종사하는 사람들이 접근할 수 있도록 해서 수준 높은 법교육 프로그램들이 지속될 수 있도록 해야 한다.

이런 전문적인 연구를 수행하는 것뿐 아니라 대학은 학생이라는 가치 있는 자원을 제공할 수 있다. 법, 사회과학, 사회복지, 교육 등 관련 학문 분야의 학생들이 법교육을 청소년들에게 가르치는 활동에 참여할 수 있다. 이와 관련된 성공적인 사례로 조지타운 대학 스트리트로 클리닉의 예를 들 수 있다. 1972년부터 이 대학에서는 로스쿨 학생들을 고등학교, 청소년 및 성인 교정 기관, 지역사회 등에서 생활법을 가르치도록 파견했다. 조지타운의 모델은 현재 미국 내 40개 도시와 외국 19개 로스쿨에서 모방하고 있다(National Institute for Citizen Education in the Law, 1995). 학생들은 협동 학습, 학점제, 인턴십 등의 형태로 법교육 프로그램에 참여할 수 있다. 조지타운의 경험에서와 같이 다양한 청소년 관련 기관(학교, 소년 사법기관, 지역사회 프로그램 등)에서는 학생들이 공부하고 참여할 여지를 마련해야 한다. 마지막으로 일단 협력 관계가 성립되면 교사와 프로그램 담당자들은 매 학기 학생들이 법교육 프로그램에 참여할 수 있도록 대학과의 정기적인 연락체계를 유지해야 한다. 만약 지역 단위의 법교육 프로그램이 없다면 대학은 주 법교육 담당자나 변호사협회, 전국 법교육 담당자들을 통해 지역 단위에서의 프로그램을 개발하기 위한 정보를 얻을 수 있다.

Ⅶ. 평생교육으로서의 법교육 프로그램

소년 사법제도하에서의 법교육 프로그램이 갖는 문제점 중 하나는 상대적으로 부모님들이나 다른 성인들에 대한 프로그램은 없다는 것이다. 부모님들이 사전모임이나 오리엔테이션, 졸업식 등에는 참여하지만 (7장과 8장 참고), 정기적인 참여의 기회는 없다. 소년 사법제도하의 법교육 프로그램에 적극적으로 참여하고 싶다는 부모들이 점점 더 늘고 있다. 불행히도 부모님들이 참가하면 학생들이 솔직하게 자신의 마음을 털어놓고 수업에 참여하지 못한다는 이유로 부모들은 참석을 거부당하는 경우가 많다.

성인 대상의 법교육 모델은 매우 전망이 밝다. 담당자들은 성인에 대한 교육 커리큘럼이 청소년들에 대한 것과 양립 가능하도록 해야 할 것이다. 예를 들어, 만약 청소년이 가정과 학교에서의 규칙을 분석하는 법을 배웠다면 부모들은 이에 맞추어 효과적이고 일관되면서도 공정한 규칙을 만드는 방법을 배우도록 해야 할 것이다. 청소년들이 가정과 학교에 대한 새로운 지식과 기술을 모두 익혔다면 성인들은 함께 토론에 참여하여 자신들의 입장을 설명하고 함께 해결책을 고민해야 할 것이다. 만약 이런 과정이 없이 법교육에서 배운 지식을 성인들이 들은 체 만 체하고 무시한다면 결과적으로 법교육에 참여하여 얻은 성과들은 사라지게 될 것이다.

성인 법교육 모델의 발전은 부가적이면서도 매우 중요한 이득을 가져올 수 있다. 만약 사람들이 부모와 지역사회 구성원으로서의 책임과 권리를 더 강하게 인식하게 된다면 권위를 적절하게 사용하게 되어 장기적으로 비행 감소에 도움을 줄 수도 있다. 또한 참여를 통해 법교육의 장점을 확인하게 되면 부모들이 지역 단위의 프로그램에 대한 지지자가 될 수도 있다.

요약하자면, 전국 법교육 담당자들은 주별 담당자들과 협력하여 성인들을 위한 법교육 모델을 개발하고 실험해야 한다. 이 모델들은 분명히 소년 사법제도하의 실무자, 법원, 학교 단위 프로그램 담당자들에게도 도움이 될 것이다.

Ⅷ. 네트워킹 강화

법교육 프로그램과 관련하여 연방기금을 지원받는 전국 단위 기구들은 법교육 프로그램 담당자 간의 네트워킹을 유지할 필요가 있다. 3장에서 지적된 바와 같이 법교육 프로그램이 성공하려면 동료 간 훈련과 지원네트워크가 확립되어야 한다. 최근엔 이러한 과제가 몇 가지 방식으로 이루어지고 있다.

첫째, 전국 단위의 만남을 통해 다양한 법교육 실무자들의 요구가 다루어질 수 있다. 예를 들어 OJJDP가 후원하는 정의의 청소년 회의 (Youth for Justice Summit)에는 주 단위의 법교육 담당자들이 참여하여 청소년 폭력 등 특화된 주제에 대해 토론한다. 전국 단위 이벤트에 참여하는 과정을 통해 담당자들은 주 단위에서도 새로운 프로그램들을 적용시키게 된다. 이렇게 실행된 프로그램의 결과는 이어지는 다음 전국 단위 회의에서 공유되게 된다.

둘째, 전국시민법교육연구소(National Institute for Citizen Education in the Law)에서 후원하는 대법원연구소(Supreme Court Institute)와 같은 심화된 법교육 훈련 세미나들이 학교 교사들을 위해 정기적으로 열리고 있다. 이런 기회를 통해 교사들은 동료들과 네트워크를 형성할 기회를 갖고 법교육 커리큘럼에 포함될 새로운 자료나 전략들을 제공하기도 한다.

셋째, 법교육 / 소년사법운동에 참여하여 전국 단위의 회의를 통해 훈련받았던 사람들은 지역 수준의 후속 모임에 참여하고 있다. 이런 기회를 통해 프로그램 초기에 발생한 문제점들과 성공의 경험을 나눌 수 있기 때문에 실무자들에게는 아주 소중한 기회이다. 이를 통해 지역 단위에서 성장동력을 유지하고 발전을 이룰 수 있다.

담당자들 사이의 네트워크를 형성하고 유지하는 것은 매우 중요한 일이다. 이러한 네트워킹은 전국 단위의 후원을 통해 지속적으로 유지되어야 한다. 또한 이와 비슷한 기회가 주 단위에서도 교사와 실무자들에게 제공되어야 한다. 이것이 미래에 수준 높은 법교육을 유지할 수 있는 핵심적 요소가 될 것이다.

IX. 지역사회의 인식 증가

지역사회에 법교육의 장점과 적절한 프로그램 등에 대해 정기적으로 알릴 필요가 있다. 이는 친(7장)과 냅퍼(12장)가 강조한 내용이기도 하다. 우리는 법교육 교사이자 실무자로서 주 전체를 여행하며 지역사회 단위에서 법교육 알리기 프로그램을 정기적으로 실행한다. 설명을 들은 사람들은 누구나 "왜 우리가 이런 훌륭한 프로그램들을 예전엔 알지 못했을까요? 만약 이런 프로그램과 좋은 자료들이 있는 것을 알았다면 틀림없이 법교육을 우리 지역사회에서 실시했을 텐데"라고 말한다. 우리는 이러한 경험을 통해 지역사회에 법교육을 알리는 작업이 모든 법교육 프로그램에 중요한 요소로 포함되어야 한다는 사실을 알게 되었다.

지역사회 홍보 작업을 잘 하려면 법교육이 실시될 지역의 여러 사정들을 잘 고려해야 한다. 법교육에 관한 정보는 교원 연수, 시민단체 회합, 지역 사법기관연수, 법대, 대학 강의 등을 통해 적극적으로 제공되어야 한다. 이러한 과정에서 누가 수업을 주관하고 법교육의 장점을 설명하며 법교육 프로그램 실행과 관련된 질문에 답할지 결정해야 한다. 또한 시간을 잘 할당받고 이 시간을 잘 활용하여 설명을 제시하는 것도 중요하다. 가능하다면 지역 방송이 이러한 홍보과정에 참여하는 것이 좋다(Alvez, 1991과 12장 참고).

이러한 과정에서 법교육의 핵심을 설명하고 사례 수업을 짧게 보여주고, 지역 단위 법교육 프로그램들을 제시하고 평가연구에서 밝혀진 법교육의 장점을 부각시키고 앞으로의 교육 일정 등을 보여줄 수 있다 (Rodriguez, Pereira & Zimmer, 1991). 얼마나 많은 시간을 확보할 수 있느냐에 따라 얼마나 많은 정보들이 효과적으로 전달될 수 있을지가 결정될 것이다. 이러한 홍보는 대상자들의 흥미와 필요를 고려하여 이루어져야 한다.

지역사회에서의 적극적인 홍보활동은 많은 결실을 거둘 수 있다. 이런 노력을 통해 기존의 지역 프로그램이 향상될 수 있고 법교육 수업에 참여하는 외부 자원인사가 확대될 수도 있으며 학생들 스스로 만드는 지역사회 프로그램이 늘고 기금도 늘 수 있으며 무엇보다도 가장 중요한 것은 지역사회 단위에서 프로그램에 대한 전반적인 지지가 증가하게 될 것이라는 점이다.

장기적으로는 전국 단위 프로그램 담당자들이 주 단위 실무자들에게 효과적인 홍보 프로그램을 지속적으로 교육시켜야 할 것이다. 또한 지역 단위에서는 프로그램 담당자들이 자신들의 전략 계획에 홍보 파트를 신중하게 포함시켜야 할 것이다.

Ⅹ. 기술의 활용

이 장에서 마지막으로 제안하려고 하는 법교육 촉진을 위한 기술의 활용은 너무 큰 주제라서 제대로 다루려면 책으로 몇 권이나 될 것이다. 지면상의 제약으로 법교육 프로그램의 발전에 커다란 영향을 준 최근의 기술 활용과 관련된 내용들만 살펴보기로 하겠다.

8장에서 다루어진 바와 같이 기술 발전 덕분에 몇 명의 담당자들에 의해 운영되는 소규모의 법교육 프로그램들이 학교와 교정 기관의 폭증하는 교육수요를 감당할 수 있게 되었다(Williamso, Hinkle, McCarty & Nally의 출간 예정인 책도 참고). 화상 회의를 통해 법교육 수업이 지리적 한계를 넘어 확산될 수 있다. 예를 들어 단 네 명의 직원으로 구성된 켄터키 법교육 프로그램의 경우 해마다 "청소년을 위한 법"(Under Eighteen: Under the Law) 방송을 통해 25,000명의 중학교 청소년들과 만나고 있다. 원격회의를 통해 법교육 프로그램 관련 전문 연수 세미나가 비용과 시간을 절약하면서 주 전체와 전국 단위에서 이루어질 수 있고, 참여자의 숫자도 대폭 늘릴 수 있다. 자동응답시스템과 이와 연동된 컴퓨터 영상은 세미나에 대한 참여를 늘리고 복잡한 문제들에 대해 즉각적인 통계적 응답을 제공할 수 있다. 이메일을 통해 법교육 수업안을 다운로드받고 기관 뉴스레터나 회의 정보를 제공받을 수 있다. 아베트만(Arbetman)은 전국시민법교육연구소의 회의담당자가 일 덕분에 전 세계의 전문가들이 서로 '대화'를 나눌 수 있으며 이를 통해 세계시민의식을 기를 기회가 늘어났다고 말했다고 전했다(개인서신, 1996년 7월).

기술 전문가들은 장비를 구입하기 전에 그 활용도를 면밀히 검토하라고 주의를 주면서도 그들 역시 이러한 기술들의 활용이 커다란 도움을 줄 수 있을 것이라고 강조했다. 예를 들어 교육평가기구(Educational Testing Service)의 평가연구 담당자는 기술을 통해 교사들은 더 복잡한 주제를 학생들에게 제시하고 이러한 정보를 직접 전달하기보다는 학생들의 학습을 돕는 역할을 할 수 있으며, 학생들은 독립적이면서도 개개인의 필요에 맞추어 학습할 수 있게 될 것으로 전망했다(Olson, 1992).

새로운 교육적 기술의 활용은 분명히 주의와 세심한 계획이 필요하지만 앞으로 교육적 전달체계에 혁신적 기술들이 도입될 것임은 자명하며 법교육의 미래에도 이러한 요소들을 고려해야 할 것이다.

ⅩⅠ. 지역사회 봉사

크롤리(13장)와 도노반(16장)은 학생들이 스스로 프로젝트를 만들어 내어 교실에서 배운 것을 강화시키기 위해 지역사회 봉사의 중요성을 강조했다. 청소년들이 직접 만들어 내는 지역사회 봉사 프로젝트는 수준 높은 법교육 프로그램의 필수 요소이다. 그러나 이 요소는 무시되거나 제대로 시행되지 않는 경우가 많다. 청소년들이 12주 또는 한 학기 동안 법교육에 참여하는 것만으로는 부족하며 이를 스스로 적용해 볼 기회가 프로그램 담당자에 의해 제공되어야 한다. 맥마흔에 의하면 학생들은 거의 대부분 법교육 수업으로부터 많은 것을 배웠다고 말하지만 이를 실제로 적용해 보는 프로젝트 실행과정에서 지식들을 내면화할 수 있었다고 대답했다고 한다(McMahon et al, 1992, p.7).

이러한 봉사 단계를 포함시키는 것의 또 다른 장점은 봉사가 지역사회에 실제로 도움이 된다는 것이다. 법교육 프로그램 내 지역사회 봉사 활동에 참여한 청소년들은 약물남용방지교육 후원금을 모금하고 아동학대 문제를 알리는 광고판을 세우며 노인들을 돕고 환경 정화 활동과 더 어린 청소년들에 대한 폭력 예방 프로그램을 수행했다. 자신의 지역사회 내에서 가능한 미니 프로젝트들을 수행하면서 학생들은 기본적인 조직 구성 기술, 지역 기관들과의 연계 방법 등을 익히며 여러 노력들이 조화를 이룰 때 변화를 가져올 수 있다는 것을 깨닫게 되었다. 이러한 활동은 성인들이 청소년들을 능력과 책임이 있는 사회의 구성원이며 법교육이 미래를 위한 가치 있는 투자라는 생각을 갖게 한다.

XII. 결 론

법교육의 거대한 가능성은 아직 다 발현되지 못하고 있다. 처음 학교에서의 법교육 프로그램들이 도입된 이래 많은 발전이 이루어졌고 다양한 상황에서의 법교육들이 증가하고 있지만 이러한 노력들이 미래에도 지속되려면 아직 많은 과제들이 남아 있다.

미래의 법교육을 발전시키기 위한 마술 같은 정답은 없다. 그러나 짧은 법교육의 역사를 통해 축적된 지식과 경험의 유산들을 잘 살핀다면 앞으로도 법교육의 성장동력을 유지하기 위한 전략적 계획이 수립될 수 있을 것이다. 다시 말해 바퀴를 다시 만들 필요는 없다. 그보다는 법교육 실무자들의 노력이 조화되는 것이 중요하다. 실무자들은 수준 높은 법교육 실행, 지역사회와의 연계, 전문가 네트워킹, 철저한 평가가 지속적으로 맞물리도록 노력해야 한다. 협동과 비전, 인내를 통해 법교육은 유지되고 발전될 수 있을 것이다.

참고문헌

Alvez, A.(1991). National training and dissemination program: Public relations manual. Washington. DC: National Institute for Citizen Education in the Law.

Center for Civic Education.(1994). National standards for civics and government. Calabasas, CA: Center for Civic Education.

Cover, M. & Erickson, R.(1989). The process of institutionalizing LRE curriculum. Perspectives on LRE in the year 2000. Chicago, IL: American Bar Association.

Governmental Services Center.(1996). Core content for social studies assessment. Frankfort, KY: Kentucky Department of Education, Division of Curriculum and Assessment Development.

McMahon, E, Zimmer, J., Modgiln, T., O'Neil, J. & Kelly, T.(1992). Teens, crime and the community. St. Paul, MN: West.

National Institute for Citizen Education in the Law(1995). Building better communities: 1995 annual report. Washington, DC: National Institute for Citizen Education in the Law.

National Training and Dissemination Program(1993). Law related education for juvenile justice settings. Washington, DC: Office of Juvenile Justice & Delinquency Prevention.

Olson, L.(1992). Contray to predictions, use of technology in schools is elusive. Education Week, Special Report, January 8.

Roach, C. & Accongio, J.(1989). The role of LRE in pre－collegiate curriculum. Perspectives on LRE in the year 2000. Chicago, IL: American Bar Association.

Rodriguez, K., Pereira, C. & Zimmer, J.(1991). Developing law related education: Awareness manual. Washington, DC: National Training and Dissemination Program.

Schultz, W., Bezold, C. & Monahan, B.(1993). Reinvention courts for the 21st century: Designing a vision process. Honolulu, HI: Hawaii Research Center for Future Studies.

Timmer, T.(1989). Developing strategies of curricular change. Perspectives on

LRE in the year 2000. Chicago, IL: American Bar Association.

Williamson, D., Hinkle, H., McCarty, J. & Nally, J.(in Press). Under eighteen, under the law: Kentucky explores telecommunications as a vehicle to teach LRE. Chicago, IL: American Bar Association.

Winson, J. & Howell, J.(1993). Comprehensive strategy for serious, violent and chronic juvenile offenders. Washington, DC: Office of Juvenile Justice and Delinquency Prevention.

Yewell, P., Williamson, D., Barton, S. & Knepper, P.(1995). Collaborative evaluation: An approach to effective program evaluation. Manuscript submitted for publication.

· 옮긴이 ·

박성혁   · 약   력 ·
          서울대학교 교육학 박사
          전주교대 교수
          현재 서울대학교 사회교육과 교수

곽한영   · 약   력 ·
          서울대학교 교육학 박사(법교육 전공)
          이화여자대학교 교육대학원 겸임교수
          현재 한국법교육센터 본부장

법교육학개론

· 초판 인쇄   2007년 10월 30일
· 초판 발행   2007년 10월 30일

· 옮 긴 이   박성혁, 곽한영
· 펴 낸 이   채종준
· 펴 낸 곳   한국학술정보㈜
            경기도 파주시 교하읍 문발리 526-2
            파주출판문화정보산업단지
            전화   031) 908-3181(대표)·팩스   031) 908-3189
            홈페이지 http://www.kstudy.com
            e-mail(출판사업팀사업부) publish@kstudy.com
· 등   록   제일산-115호(2000. 6. 19)
· 가   격   26,000원

ISBN   978-89-534-7573-1 93360 (Paper Book)
          978-89-534-7574-8 98360 (e-Book)